나무를
품은
선비

나무를 품은 선비

사계절
나무에 담긴
조선
지식인의 삶

강판권 지음

위즈덤하우스

나무가 이루어준
고금古今 성리학자의 조우

지식인의 삶은 나무의 삶을 닮아야 한다. 중국의 지식인은 청동기 시대를 거치면서 점차 하나의 직업으로 등장했다. 생산력의 증가로 노동이 육체노동과 정신노동으로 분화하면서 지식인은 한 사회의 중심에 서기 시작했다. 지식인이 지배층으로 자리를 잡은 시대에 이르면서 그들의 삶은 많은 사람들의 표상이 되었다. 조선시대의 지식인이 여기에 해당한다. 이처럼 같은 생명체가 누군가의 관찰 대상으로 자리 잡는다는 것은 결코 바람직하지 않다. 궁극적으로 모든 생명체는 동시에 표상이어야 정상이기 때문이다. 누군가의 관찰 대상이라는 것은 결국 불평등을 전제한다. 나는 평등을 염원한다. 문제는 평등의 내용이다.

　누군가는 나를 한국사회의 지식인이라 부른다. 그러나 나는 스스로 지식인이라 부르고 싶지 않다. 조선시대처럼 신분사회에서는 지식인과 비지식인의 구분이 곧 사회의 기준이었지만, 현대사회는 지식인과 비지식인을 구분하는 기준이 모호하기 때문이다. 더욱이 굳이 지식인이라고 해서 다른 사람들과 차이가 없다. 그런데도 내가 조선시대 지식인의 삶에 관심을 가지는 것은 지금까지 그들의 삶이 나의 삶에 일정하게 영향을 주고 있고, 한국사회에도 여전히 적지 않은 영향을 주고 있기 때문이다. 조선의 지식인들이 가졌던 관심사 중에서 나를 자극하는 것은 자연생태와 인문생태의 융합 방법이다.

조선의 지식인들은 성리학자였다. 조선시대는 성리학자가 아니면 지식인으로 대우받을 수 없었다. 다른 분야의 사상에 관심을 가지는 성리학자들은 가차 없이 '사문난적斯文亂賊'으로 몰렸다. 조선시대의 사문난적은 '주홍글씨'처럼 무서운 단어였다. 사문난적은 '사문을 어지럽히는 도적놈'이라는 뜻이다. 사문난적의 '사문'이야말로 조선 성리학자의 강고한 정신을 드러내는 단어다. '사문斯文'은 단순히 '이 글'이 아니라 '유교 문화 혹은 유학자'를 의미하는 대명사다. 조선의 지식인은 오로지 '사문'을 통해서만 존재의 가치를 유지할 수 있었다. 조선사회는 다른 어떤 문화도 허용하지 않았던 폐쇄적인 공간이었다. 그러나 사문 안을 잘 들여다보면 다양한 요소들이 자리 잡고 있었다. 이 점이 내가 봉건사회의 상징인 성리학에 큰 관심을 가지는 또 다른 이유다.

사문의 다양한 요소는 성리학의 공부론 덕분이다. 성리학의 공부 목적은 인간 본성의 실현이다. 인간 본성은 하늘이 부여한 천성이고, 그 천성은 착하다. 성리학자들은 오로지 자신의 타고난 본성을 드러내기 위해서 공부했다. 그래서 그들의 관심은 아주 다양했다. 성리학자들은 근대 이후 지식인들에 비해 훨씬 폭넓게 공부했다. 그들이 남긴 작품을 살펴보면 현대 지식인들과는 관심사가 무척 다르다는 것을 알 수 있다. 성리학자들은 정치·학문·문학·음악·미술·서예 등을 겸비한 종합지식인이었기 때문이다. 성리학자들이 이처럼 다양한 분야에 관심을 가진 것은 기본적으로 먹고살 만한 위치에 있었기 때문이기도 하지만 무엇보다도 그런 태도가 중요한 공부였기 때문이다.

성리학자들의 공부 결과는 《조선왕조실록朝鮮王朝實錄》을 비롯한 중앙정치와 관련한 기록만이 아니라 '글 모음집'인 문집文集에서 확인할 수 있다. 조선시대 중앙의 기록과 의례는 벌써 세계기록문화유산으로 지정되어 그 가치를 세계적으로 인정받은 데 이어 한국국학진흥원 보유의 유교 책판까지 세계기록유산으로 인정받았다. 성리학자들의 공부 결과는 문집에만 남아 있는 것이 아니라 현장에서도 확인할 수 있다. 그러나 기록문화는 국가 차원에서 꾸준히 관리하고 있지만 현장의 성리학 관련 문화에 대한 관리는 턱없이 부족하다. 특히 성리학의 중요한 공부 대상이었던 식물에 대한 관심과 관리가 부족하다.

나는 성리학이 우리나라가 세계에 내놓을 수 있는 중요한 문화라는 인식 아래 본격적으로 성리학과 관련한 공간을 답사하고 있다. 그래서 2014년 성리학의 개념을 중심으로 구성한 《선비가 사랑한 나무》를 출간했다. 이 책은 성리학자들이 남긴 글과 현장을 통해서 그들의 삶을 들여다보았다. 나는 특히 성리학과 관련한 현장을 중시한다. 우리나라에는 조선시대 성리학을 연구하는 분들이 적지 않지만 대부분 문헌 자료에 '집착'한다. 그러나 문헌자료만큼 중요한 것이 현장이다. 성리학자들이 남긴 문헌에 현장이 녹아 있기 때문이다. 따라서 성리학을 제대로 이해하기 위해서는 반드시 현장을 보아야 한다. 내가 이번에 관심을 가진 성리학자는 고위관직을 지낸 사람부터 관직에 거의 나아가지 않은 사람까지 대상으로 삼았다. 시기도 조선 전기부터 후기까지 폭넓게 다루었다.

조선시대 지식인들의 나무에 대한 관심을 찬찬히 들여다보면 한 그루의 나무가 살아 있다는 것을 느낀다. 조선시대 지식인들이 나무를 공부의 대상으로 삼은 것은 나무의 삶이 곧 자신의 삶이기 때문이었다. 이 같은 사례는 우리 주변의 성리학 공간이나 나무를 통해 쉽게 확인할 수 있다. 주변에서 쉽게 만날 수 있는 조선시대 지식인 가운데 대표적인 인물은 강희안姜希顔이다. 그가 남긴 《양화소록養花小錄》은 우리나라 최초의 원예서로 평가받고 있다. 그는 나무와 함께 생활한 조선시대 최초의 지식인이었다. 조선시대 지식인의 표상으로 평가받고 있는 점필재佔畢齋 김종직金宗直은 함양에서 관직 생활하던 시절 차밭을 조성해서 백성들이 겪던 차의 세금 문제를 해결했다. 이러한 김종직의 목민관은 곧 다도茶道의 실천이었다. 조선시대 지식인들이 공부의 대상으로 삼았던 나무 가운데 쉽게 만날 수 있는 나무는 콩과의 박태기나무다. 조선시대의 지식인들은 잎보다 먼저 피는 박태기나무의 붉은 꽃을 '형제의 우애'로 읽었다. 이 같은 공부 방식은 나무의 생태를 통해 성리학의 가치를 구현한 사례다.

조선시대 지식인들이 공부의 대상으로 삼았던 나무는 수백 년이 지난 지금도 우리 주변에서 살고 있다. 그래서 수백 년 전 조선의 지식인들이 추구한 공부 방법은 현재에도 누구나 실천할 수 있다. 나는 조선시대 지식인들이 살았던 현장에서 그들의 희로애락을 느낀다. 특히 현장의 나무를 통해서 그들과 진정으로 해후邂逅할 수 있었다. 고대인들이 나무를 통해 신과 만났듯이, 나는 나무를 통해 조선시대 지식인들과 만났다.

나의 꿈 중에 하나는 나무를 통해 성리학의 가치를 인류의 보편적인 가치로 만드는 것이다. 조선시대의 성리학자와 그들의 삶이 서린 공간은 우리나라 문화의 핵심이다. 그러나 성리학자들의 발차취가 남아 있는 공간에는 여전히 두꺼운 먼지가 쌓여 있다. 더욱이 성리학자의 유산을 체계적으로 정리하고 그것을 인류 보편의 가치로 만들 수 있는 사람도 아주 드물다. 그러나 나는 성리학의 가치가 누구를 위한 공부가 아니라 자신을 위한 공부에 있었듯이 혼자서라도 끝까지 노력해서 꿈을 이룰 것이다. 그동안 전국 방방곡곡의 성리학 공간을 많이 찾아다녔지만 여전히 가보지 못한 곳이 엄청나다는 것을 이번 책을 준비하면서 실감했다. 때로는 예전에 찾았던 곳을 다시 갈 때도 있지만 도착하면 이전과 다른 모습에 또 한 번 놀란다. 예컨대 남명南冥 조식曺植, 우암尤菴 송시열宋時烈 등 조선의 유명 인사들이 찾았던 경남 합천의 함벽루의 경우 30년 전 대학원 시절에 처음 답사한 뒤로 다시 가보니 완전히 다른 모습이었다. 당시 함벽루는 처마의 비가 바로 황강에 떨어지는 곳으로 유명했지만 지금의 함벽루 앞에는 자전거 길이 들어섰다. 아울러 예전에 가본 장소라도 무슨 목적으로 가느냐에 따라 눈에 들어오는 장면이 상당히 다르다. 위즈덤하우스 덕분에 성리학자들의 삶을 한층 깊숙이 들여다볼 기회를 가졌다.

성리학자들이 머물렀던 공간을 찾아가는 여행은 늘 행복하다. 더욱이 같은 곳을 바라보는 사람과 함께 떠나면 함께한 사람과의 관계는 물론 성리학자에 대한 이해도 깊어진다. 특히 성리학자들의 공간에서 그들의 삶을 도란도란 이야기하면서 시간을 보내면 텅 비어 있던 공간을 따뜻하게 채울 수 있다. 전국에는 텅 빈 성리학자의 공간이 아주 많다. 나는 앞으로도 그런 곳을 찾아다니면서 성리학자들의 묵은 이야기를 세상 사람들과 나누면서 빛내고 싶다. 아울러 앞으로는 현장을 통해 성리학자 개인의 삶만이 아니라 그들의 관계망도 세상에 의미 있게 드러내서 우리나라의 미래를 조금이나마 밝게 하는 데 일조하고 싶다.

2017년 6월
영암관 목련꽃그늘 아래서
강판권(쥐똥나무[樻+鼓])

제2부
생기로 가득 찬 여름나무에게
지속성을 배우다

일러두기

- 인명·지명·서명 등 한자어는 원칙적으로 처음 나올 때만 병기했다. 단, 본문의 이해를 돕기 위해 필요한 경우 다시 병기했다.
- 본문의 전집이나 총서, 단행본 등은《 》로, 개별 작품이나 편명 등은〈 〉로 표기했다.

제1부

한 해의 시작을 알리는

봄나무에게

선비정신을 배우다

끊임없이 피고 지는
매화의 지속성

● 남명 조식의 매실나무

조선 선비들은 매화를 통해 하늘이 부여한 본성을 드러냈다. 선비들이 유독 매화를 사랑한 것은 매실나무가 선비정신을 가르쳐준다고 생각했기 때문이다.

조선시대 지성사의 전환

1501년은 16세기의 시작이자 조선시대 지성사의 전환을 알리는 해다. 남명 조식이 1501년 음력 6월 26일, 퇴계退溪 이황李滉이 음력 11월 25일에 태어났기 때문이다. 두 인물이 같은 해에 태어났다는 것은 조선 중기 지성사는 말할 것도 없고, 우리나라 전체 지성사, 나아가 세계 지성사의 큰 영광이다. 특히 두 사람이 지금까지 우리나라의 사상과 철학에 미치는 영향을 생각하면 두 사람의 탄생에 큰 의미를 부여할 필요가 있다. 더욱이 두 사람은 같은 해에 태어났으면서도 남명은 경상우도를, 퇴계는 경상좌도를 대표해 색깔이 상당히 다르다는 점에서도 아주 흥미롭다. 나는 경상우도 출신이기도

활짝 핀 매화. 매실나무는 주로 나무가 아닌 꽃을 강조하기 때문에 '매화'라고 부른다.

하고 창녕이 고향이라는 점에서 조식과 간접으로 인연을 맺고 있
다. 조식의 본이 창녕이면서 그의 제자인 망우당忘憂堂 곽재우郭再祐
가 임진왜란 때 창녕을 위해 목숨을 바쳤기 때문이다.

조식의 발자취를 처음 찾은 것은 대학원 석사과정을 막 졸업할
때였다. 그때 경상남도 합천군 삼가면 외토리에 위치한 뇌룡정을 답
사했다. 한문 공부하는 분들과 찾았던 뇌룡정은 조식이 학문하면
서 제자를 가르친 곳이다. 외토리는 조식의 외가다. 조선시대 양반
의 부인은 대부분 친정에서 자식을 낳았던 탓에 조식도 외가에서
태어났다. 현재 뇌룡정 근처에 조식이 태어난 생가지生家地가 복원
중이다. 외토리는 조식의 정신적인 고향이다. 부모의 묘소도 이곳

에 있다. 조식이 처가가 있는 경상남도 김해 산해정에서 이곳에 와 뇌룡사(현재 뇌룡정)와 계부당을 짓고 제자를 가르친 것도 이곳이 그의 고향이었기 때문이다.

조식이 합천에서 보낸 흔적은 함벽루에서 확인할 수 있다. 1321년 합주陜州 지주사知州事가 창건한 함벽루에는 조식을 비롯한 이황·송시열의 현판이 걸려 있다. 암벽에 새겨진 함벽루는 송시열의 글씨다. 아래 시에서 조식이 함벽루에서 무엇을 느꼈는지 짐작할 수 있다.

함벽루涵碧樓

남곽자南郭子처럼 무아지경에 이르지 못해도

강물은 아득해서 알 수 없구나.

뜬구름의 일을 배우고자 하나

높은 바람이 오히려 흩어버리네.

[喪非南郭子 江水渺無知. 欲學浮雲事 高風猶破之.]

《장자莊子》〈제물론齊物論〉 첫 구절에 등장하는 남곽자는 초나라 장왕莊王 때의 사람이다. 남곽자는 남곽자기南郭子綦라고 부른다. 남곽자기는 장자莊子가 가장 존경한 사람이었다.

조식의 호號 남명의 의미

조식은 조선의 성리학자이면서도 노자老子와 장자, 즉 노장사상에 상당히 심취했던 인물이다. 조선의 성리학자가 노장사상이나 불교 사상에 큰 관심을 가지는 것은 상당히 위험한 행동이었다. 율곡栗谷 이이李珥가 젊은 시절 불교에 심취했다가 반성문을 쓴 일이나 서계西溪 박세당朴世堂이 장자에 심취했다가 성리학자들에게 비난받았던 것도 조선시대가 성리학 중심의 사회였다는 것을 단적으로 보여주는 사례다. 그러나 조식은 성리학자면서도 노장사상을 신봉한 사람이었다. 그가 노장사상을 신봉한 가장 핵심증거는 그의 호 '남명南冥'이다. 남명은《장자》〈소요유逍遙遊〉에 나온다.

> 북쪽 바다[北冥]에 물고기가 있으니, 그 이름을 곤鯤이라 한다. 물고기의 크기는 몇천 리인지 모른다. 물고기는 변해서 새가 되며, 그 이름을 붕鵬이라 한다. 붕의 등덜미는 몇천 리인지도 모른다. 그 새가 한번 기운을 떨쳐 날면 날개가 마치 하늘에 드리운 구름과 같다. 바다 기운이 한번 크게 움직일 때면 남쪽 바다[南冥]로 옮겨 가려고 한다. 남쪽 바다는 곧 천지다.

《장자》〈소요유〉는 장자 철학의 핵심을 담고 있다. 장자 철학의 특징은 인간이 쉽게 상상할 수 있는 원대한 꿈을 담고 있다는 것이다. 남명을 호로 삼은 것을 보면 조식이 그만큼 인생의 포부가 엄청나게 컸다는 것을 알 수 있다. 뇌룡사도《장자》의 "죽은 것처럼 가만히 있다가 때가 되면 용처럼 나타나고, 깊은 연못처럼 묵묵히 있다가 때가 되면 우레같이 소리친다[尸居而龍現, 淵默而雷聲]"는 구절에서 따

온 말이다. 현재 뇌룡정 주련에 뇌룡의 유래를 적어놓았다. 조식의
또 다른 호인 방장노자方丈老子와 방장산인方丈山人도 조식의 정신세
계를 가늠할 수 있는 호다. 방장노자는 지리산을 의미하는 방장과
중국 춘추시대의 노자를 합한 호다.

지리산을 방장산이라 부르는 것은 삼신三神사상과 밀접한 관계가
있다. 중국에서는 발해만 동쪽에 위치한 봉래산·방장산·영주산을
삼신으로 모신다. 우리나라에서는 금강산·지리산·한라산을 삼신
으로 모신다. 금강산은 계절에 따라 봄에는 금강산, 여름에는 봉래
산蓬萊山, 가을에는 풍악산楓嶽山, 겨울에는 개골산皆骨山이라 부른다.
금강산은 중국에 비유하면 봉래산에 해당한다. 한라산은 부악釜
岳·원산圓山·진산鎭山·선산仙山·두무악頭無岳·영주산瀛州山·부라산
浮羅山·혈망봉穴望峰·여장군女將軍 등 이름이 다양하다. 한라산을 중
국 영주산에 비유하는 것은 두 산 모두 섬에 있기 때문이다.

조식의 삶은 지리산과 밀접한 관계가 있다. 사람이 어디에 사느냐
에 따라 그의 성품도 영향을 받는다. 조식의 인생관도 지리산의 영향
에서 벗어날 수 없었다. 구체적인 사례는 바로 아래의 시에서 엿볼 수
있다.

덕산 시냇가 정자의 기둥에 쓴다[題德山溪亭柱]
천 섬을 담을 수 있는 큰 종을 보게나
크게 치지 않으면 소리가 없다네.
어떻게 하면 두류산頭流山처럼

하늘이 울어도 울지 않을까?

[請看千石鍾 非大叩無聲. 爭似頭流山 天鳴猶不鳴?]

시에 등장하는 덕산德山은 경상남도 산청군 시천면 사리에 위치한 산이다. 사리는 조식이 살던 당시에는 사륜동絲綸洞으로 불리었다. 시에 등장하는 두류산은 지리산의 옛 이름이다. 두류산은 지리산이 백두대간의 끝자락이기 때문에 붙인 이름이다. 조식은 늘 두류산을 바라보면서 자신의 삶을 생각했다. 시에서는 천석 같은 무게의 지리산을 울리고 싶은 거대한 포부와 어떤 어려움에서도 울지 않을 강한 의지를 엿볼 수 있다. 조식이 스물여섯 살 때 승문원 판교를 지낸 부친 조언형曹彦亨이 돌아가자 삼년상을 치르고 친구 성우成遇와 함께 지리산을 유람하면서 지은 아래의 시에서도 그의 꿈을 엿볼 수 있다.

두류산에서 짓다[頭流作]

고상한 마음 천 자나 되어 걷기 어려운데

방장산 제일 높은 꼭대기에나 걸어볼까?

옥국관玉局官에 모름지기 삼세의 문적 있을 테니

다른 날 내 이름자를 직접 볼 수 있겠지.

[高懷千尺掛之難 方丈于頭上竿? 玉局三生須有籍 他年名字也身看.]

시에 등장하는 옥국관은 중국 사천성 성도에 있는 도교 사원이다. 후한後漢의 장도릉張道陵이 여기에서 도를 얻었다. 이 시에서도 조식이 일찍부터 도교에 심취했다는 것을 알 수 있다.

고매한 선비정신의 상징

조식은 평생 거의 벼슬하지 않고 노자와 장자처럼 자유롭게 살았다. 그러나 그는 언제나 세상의 일을 직시했다. 그는 단순히 산속에 묻혀 자신이 좋아하는 학문에만 전념한 것이 아니라 세상의 걱정은 그 누구보다도 먼저하고 세상의 즐거움은 그 누구보다도 뒤에 한 선비정신의 실천자였다.

그는 1520년 스무 살 때 진사·생원 초시와 문과 초시에 급제했지만 진사·생원 회시에는 응시하지 않았다. 뜻이 없는 터라 시험에 합격할 가능성이 높지 않았기 때문이다. 물론 다음 해에 부모의 권유로 회시에 응시했지만 낙방했다. 대신 그는 친구들과 함께 절간에서 중국 명나라 영락제 때 편찬한 《성리대전性理大全》을 읽는 등 학문에 전념했다. 그는 회재晦齋 이언적李彦迪과 이림李霖의 천거로 헌릉 참봉에 임명되었으나 사양하고 벼슬에 나가지 않았다. 그가 벼슬을 사양한 사례는 아래 시에서 알 수 있다.

　덕산에서 우연히 읊다[德山偶吟]
　우연히 사륜동에 살면서
　조물주도 속이는 줄 오늘 비로소 알았네.

일부러 공연한 전갈로 수나 채우는 은자로 만들어놓아

나를 부르는 임금의 사자 일곱 번이나 왔네.

[偶然居住絲綸洞 今日方知造物紿. 故遣空緘充隱去 爲成麻到七番來.]

    조식이 벼슬길에 나아가지 않았던 것은 이언적과 이황에게 보낸 편지에서 확인할 수 있다. 이언적은 1543년 경상감사 때 조식에게 만나자는 편지를 보냈다. 그러나 조식은 이언적의 요청을 거절했다. 조식은 이언적에게 보낸 편지에서 성리학을 집대성한 중국 남송南宋 시대의 주희朱熹가 평생 네 명의 황제를 거치면서도 관직에 있었던 기간이 고작 40여 일에 지나지 않았다는 사실을 강조하면서 만남을 정중하게 거절했다. 대신 조식은 이언적이 퇴임하면 만나자고 제안했다. 조식은 1553년 벼슬길에 나오라는 이황의 편지를 받았지만 거절했다. 조식은 건강상의 이유를 들었으나, 무엇보다도 스스로 벼슬할 능력이 없다고 생각했기 때문에 거절했던 것이다. 조식이 두 사람의 요청을 거절한 이유는 이황에게 보낸 아래의 글을 통해 충분히 짐작할 수 있다.

    요즘 공부하는 자들을 보건대, 손으로 물 뿌리고 비질하는 절도도 모르면서 입으로는 천리天理를 담론하며 헛된 이름이나 훔쳐서 남들을 속이려 하고 있습니다.

    조식이 벼슬길에 나가지 않은 것은 철저하게 성리학의 기본을 실천하는 것이 도리라고 생각했기 때문이다. 그의 시 〈좌우명座右銘〉과 '패검명佩劍銘'은 조식이 생각한 성리학의 도리를 담고 있다.

좌우명

언행을 신의 있게 하고 삼가며

사악함을 막고 정성을 보존하라.

산처럼 우뚝하고 못처럼 깊으면

움 돋는 봄날처럼 빛나고 빛나리라.

[庸信庸謹 閑邪存誠. 岳立淵沖 燁燁春榮.]

패검명

안으로 마음을 밝히는 것은 '경敬'이요,

밖으로 행동을 결단하는 것은 '의義'다.

[內明者敬, 外斷者義.]

조식이 벼슬의 유혹을 뿌리치고 산청군 산천재에 자리를 잡은 때는 그의 나이 예순한 살인 1561년이었다. 산천재는 조식에게 낯선 곳이다. 그동안 그는 고향 합천이나 처가의 김해 등지에서 많은 시간을 보냈다. 특히 김해 산해정은 노모를 모신 만큼 조식에게 남다른 곳이었다. 그가 산천재에서 만년을 보내기로 한 것은 다름 아닌 지리산을 닮고 싶었기 때문이다. 그는 지리산을 무릉도원이라 생각했던 사람이다. 그래서 그는 열일곱 번이나 지리산을 찾았다. 특히 조식은 산천재에 오기 3년 전인 1558년 음력 5월 10일부터 25일까지 16일 동안 합천 삼가의 계부당에서 제자들과 출발해 경승지를 탐방한 후 뇌룡사에 도착하기까지의 여정을 〈두류산유산록頭流山遊山錄〉으로 남겼다. 아래 시는 그가 산천재에 자리를 잡은 연유를 알려준다.

덕산에 살 곳을 잡고서[德山卜居]
봄 산 어느 곳인들 향기로운 풀 없겠는가?
다만 천왕봉 하늘나라에 가까운 걸 사랑하기 때문이라네.
빈손으로 돌아와서 무엇을 먹고살 것인가?
은하수같이 밝은 물 10리나 먹고도 남겠네.

[春山底處無芳草? 只愛天王近帝居. 白手歸來何物食? 銀河十里喫有飮.]

나는 산천재의 기둥에 걸린 위의 시를 보면서 환갑을 넘긴 조식의 빈털터리 신세를 생각했다. 생의 마지막을 정리하기 위해 이곳에 오기까지 그가 겪었던 일들을 생각하니, 지난날 나의 삶이 주마등처럼 지나갔다. 단청으로 화려한 산천재의 마루에 앉아 은하수 같은 덕천을 바라보았다. 나는 조식이 1522년 스물두 살 때 남평南平조씨曺氏 충순위忠順衛 조수曺琇의 딸과 결혼한 후 20년 만인 1544년 나이 마흔네 살 때 얻은 큰아들 차산次山을 병으로 잃은 사실과, 다음 해 1545년 10월 아버지 상을 마치고 지리산을 함께 유람한 친구 성우를 비롯해서 친구 이림과 곽순郭珣을 잃었던 사실, 그뿐 아니라 그해 12월 어머니마저 돌아가신 일들을 생각했다. 조식이 겪은 일 가운데 나의 마음을 가장 아프게 한 것은 큰아들을 잃고 지은 시였다.

아들을 잃고[喪子]

집도 없고 아들도 없는 것이 스님과 비슷하고
뿌리도 꼭지도 없는 이내 몸 구름 같구나.
한평생 보내면서 어쩔 수 없었는데
여생을 돌아보니 머리 흰 눈처럼 어지럽구나.

[靡室靡兒僧似我 無根無蔕我如雲. 送了一生無可奈 餘年回首雪紛紛.]

인간이 평생 살면서 가장 가슴 아픈 것은 자식을 먼저 보내는 일이다. 부모는 죽은 자식을 땅에 묻지 못하고 평생 가슴에 묻고 살아가야 한다. 조식은 큰 아들을 잃고 산천재에 오기 전까지 차석次石·차마次磨·차정次矴 등 세 명의 아들을 얻었다.

조식이 백수임에도 산천재에서 병든 몸을 가눌 수 있었던 것은 지리산 외에도 자신이 심은 매실나무 덕분이다. 조식은 세 편의 매실나무 관련 시를 남겼다. 그의 매실나무 관련 시는 107수를 남긴 퇴계와 비교하면 아주 적은 편이다. 그러나 그가 심은 매실나무가 아직도 산천재에 살고 있다는 사실은 시만큼 가치가 있다. 450살이 넘은 산천재의 매실나무는 남명 조식이 직접 심었다고 해서 '남명매南冥梅'라 부른다. 장미과의 매실나무는 주로 꽃을 강조하기 때

경남 합천군 함벽루 연호사의 매화. 조식이 합천에서 보낸 흔적은 함벽루에서 확인할 수 있다.

문에 '매화'라 부른다.

　조선 선비들이 매화를 사랑한 것은 나무를 통해 하늘이 부여한
본성을 드러내는 공부를 위해서였다. 선비들이 유독 매화를 사랑
한 것은 매실나무가 다른 나무보다 자신들이 추구하는 선비정신을
배울 수 있다고 생각했기 때문이다.

　장미과의 꽃잎은 다섯 장이다. 조식은 매실나무를 심은 후 무엇
을 했을까? 아래 시에서 그의 일상을 엿볼 수 있다.

　우연히 읊다[偶吟]
　작은 매화 아래서 책에 붉은 점을 찍다가
　큰소리로《서경書經》의 〈요전堯典〉을 읽는다.
　북두성 낮아지니 창이 밝고
　강물 넓은데 아련히 구름 떠 있네.

　[朱點小梅下 高聲讀帝堯. 窓明星斗近 江濶水雲遙.]

　위의 시는 산천재 남명매 아래 돌에 새겨놓았다. 시에 따르면 조
식은 매화 아래서 책을 읽곤 했다. 책을 읽다가 중요한 부분이 나오
면 붉은 점을 찍었다. 그는 점을 찍다가《서경》1권에 나오는 〈요전〉
을 크게 읽었다. 〈요전〉은 요饒임금에 관한 이야기를 수록하고 있
다. 요임금은 유가에서 첫 성인으로 꼽고 있는 인물이다. 조식이 요
임금에 관한 구절을 큰소리로 읽었다는 것은 유가의 전통을 되새기
고 있었다는 것을 의미한다. 위의 시가 봄날에 읊었다면 아래 시는

겨울에 읊은 것이다.

눈 속의 매화[雪梅]

한 해 저물어 혼자 서 있기 어려운데

새벽부터 날 샐 때까지 눈이 내렸네.

선비 집 오래도록 매우 어렵고 가난했는데

네가 돌아와서 다시 조촐하게 되었네.

[歲晚見渠難獨立 雪侵殘夜到天明. 儒家久是孤寒甚 更爾歸來更得淸.]

조식은 자신이 심은 매실나무 아래에 모란을 심었다.

매화 밑에 모란을 심다[梅下種牧丹]

화왕花王을 심고 보니

조정 신하는 매어사梅御史로다.

외로운 학은 끝내 무엇을 하는가?

벌이나 개미만도 못하구나.

[栽得花王來 廷臣梅御史. 孤鶴終何爲? 不如蜂與蟻.]

모란은 시에 표현한 것처럼 화왕, 즉 '꽃의 왕'이라 불릴 만큼 풍성한 꽃을 자랑한다. 그 덕분에 일찍부터 '부귀'를 상징하는 나무로 인기를 끌고 있다. 특히 중국 동진東晉시대 도연명陶淵明이 모란을 언급하면서부터 선비들이 무척 사랑했다. 조식이 사군자의 하나인 매실나무 아래에 모란을 심은 것도 모란에 대한 전통적인 인식을 보여준다. 더욱이 그는 매실나무와 모란을 보면서 보잘것없는 자신을 성찰하고 있다.

조식은 매화가 피는 날 단속사에 머물고 있던 사명당四溟堂 유정惟政과 만났다. 아래 시의 내용으로 보면 두 사람이 만난 것은 매화가 만개한 후 꽃잎이 떨어진 때였다.

유정 산인에게 준다[贈山人惟政]
꽃은 조연의 돌 위에 떨어지고
옛 절 축대에는 봄이 깊었구나.
이별하던 때 잘 기억해두게나!
정당매 푸른 열매 맺었을 때.
[花落槽淵石 春深古寺臺. 別時勤記取! 青子政堂梅.]

시에 등장하는 조연은 단속사 아래의 계곡 이름이다. 꽃잎이 계곡에 떨어졌다는 것은 정당매의 꽃이 늦은 봄바람을 타고 계곡으로 날아갔다는 뜻이다. 정당매가 있는 곳과 계곡 간에는 약간의 거리가 있기 때문이다. 매실나무는 꽃이 지면 곧장 열매를 준비한다. 두 사람은 이별했지만 정당매가 아니더라도 매년 매실을 볼 때마다 서로의 우정을 기억할 것이다. 더욱이 두 사람의 우정은 450년 전에 끝난 것이 아니라 누군가 매실나무를 찾는다면 계속 이어진다. 정당매가 아직까지 살아남을 수 있었던 이유도 나처럼 나무를 사랑하는 사람들의 발걸음이 잦았기 때문이다. 그렇지 않다면 벌써 정당매는 사라졌을 것이다. 정당매·원정매·남명매, 즉 산청삼매 중에서 가장 나이가 어린 남명매가 그런대로 건강한 상태로 남아 있는 것은 조식의 후손과 제자들이 잘 보존했기 때문이다. 남명매는 그 어떤 것보다 조식의 분신 같은 존재다.

조식은 산천재에서 11년의 세월을 보내다가 돌아갔다. 조식이 산천재에 머무는 동안 많은 사람이 찾아와 그에게 배웠다. 그중에서도 내암來庵 정인홍鄭仁弘, 동강東岡 김우옹金宇顒, 한강寒岡 정구鄭逑, 망우당 곽재우 등은 조식이 죽은 후 조선사회에 큰 역할을 담당했다. 조식은 1572년 1월 자신을 문병 온 옥계玉溪 노진盧禛과 김우옹, 정구 등에게 자신이 죽은 후 칭호를 '처사處士'로 하라고 이야기했다. 처사는 벼슬하지 않고 재야에서 학문에 전념한 사람을 의미한다. 조식은 자신의 평생을 '처사'라는 두 단어로 정리하고, 2월 8일 산천재에서 숨을 거두었다. 당시 경상감사는 임금에게 조식의 병을 치료해달라고 부탁했다. 임금은 전의를 산천재로 보냈으나 조식은 전의가 도착하기 전에 숨을 거두고 말았다. 조식은 숨을 거두기까지 임종을 지켜보고 있는 제자들에게 자신의 패검명에 새긴 경과 의를 강조했다. 그가 숨을 거두자 4월에 산천재 뒷산에 장사지냈다. 남명기념관 뒤편에 자리 잡은 조식의 묘소는 무덤 주위를 돌로 에워싸고 있는 게 특징이다.

조식의 일대기를 기록한 행장行狀은 합천에서 250리 길을 달려와 임종을 지켜본 제자 정인홍이 썼다. 조식이 죽자 유림과 제자들이 덕산에 덕산德山서원, 삼가에 회산晦山서원, 김해에 신산新山서원을 세웠다. 세 서원은 모두 조식이 일정 기간 동안 머물렀던 곳이다. 1609년 광해군光海君은 덕산서원은 덕천德川서원으로, 회산서원은 용암龍巖서원으로, 신산서원은 같은 이름으로 사액했다. 그러나 조식은 문인들이 오랜 기간 동안 노력했는데도 끝내 성균관 문묘文廟에 배향되지 못했다.

여행으로 지친 나그네를 위로하는 나무

● 장유와 산수유·수유

중양절重陽節은 수유가 붉게 익는 시기다. 이날 쉬나무의 열매를 따서 주머니에 넣고 산에 올라 국화주를 마시면 사악한 기운이 모두 사라진다고 믿었다. 중양절 뿐 아니라 집 동쪽에 백양나무와 수유를 심으면 나쁜 것을 없앤다고 믿었다.

노란 별을 닮은 산수유꽃

층층나뭇과의 갈잎작은키나무 산수유山茱萸는 꽃이 잎보다 먼저 핀다. 우리나라 어디서나 살 수 있는 산수유는 노란 꽃으로 지친 사람들의 발걸음을 멈추게 할 만큼 매혹적인 나무다. 춘삼월이나 4월에는 전국 곳곳에 산수유꽃이 만발한다. 전국에는 산수유 명소가 적지 않지만 전라남도 구례군 산동면은 그중에서도 산수유 마을로 가장 유명하다. 그 이유는 산동면 전역에 산수유가 많이 있기 때문이기도 하지만, 우리나라 산수유 중에서 나이가 가장 많은 나무가 살기 때문이다. 이곳의 산수유는 아파트 주변이나 공원 혹은 고택에서 만나는 산수유와 차원이 다르다. 산동면 달전마을의 산수유

시목始木, 즉 시조목은 천년의 이야기를 품고 있을 만큼 나이가 많다. 시조목은 중국 산동성 처녀가 이곳에 시집올 때 가져온 나무였다. 시조목에 얽힌 이야기는 우리나라 산수유가 중국 산동성에서 수입한 나무라는 것을 암시한다.

산동면 전역의 산수유는 모두 시조목의 후손들이다. 지금까지 시조목이 살아남을 수 있었던 것은 무엇보다도 산수유의 열매가 이곳 마을 사람들의 생계에 절대적인 영향을 주었기 때문이다. 산동면의 산수유는 전국 산수유 열매의 70퍼센트를 생산한다. 이는 이 마을의 중요한 경제기반이다. 이 지역은 산동성처럼 구릉지가 많아서 밭농사 외에는 달리 소득을 얻을 만한 토지가 없다. 게다가 구릉에서 밭농사를 짓는 것도 결코 쉽지 않다. 반면 이곳의 지형은 산수유가 잘 살 수 있는 조건을 갖추었다.

산수유의 꽃은 '노란 별'과 같다. 꽃송이를 찬찬히 들여다보면 우주의 신비를 느낄 수 있다. 특히 산수유의 꽃은 멀리서 볼 때와 가까이에서 볼 때 전혀 다른 모습인데, 반드시 가까이에서 관찰해야 아름다움을 만끽할 수 있다. 나는 산수유의 꽃을 관찰하는 것이 산수유 여행의 백미라 생각한다.

어떤 나무든 꽃은 열매를 얻기 위한 과정이고, 꽃을 피우고 열매를 맺기 위해서는 나무의 뿌리와 줄기, 그리고 가지와 잎의 역할이 필수지만, 산수유를 찾는 사람들은 대부분 꽃과 열매에 집중한다. 산수유의 뿌리는 쉽게 볼 수 없지만 줄기는 이 나무의 중요한 특징이다. 나이가 아주 많은 산수유를 제외하면 대부분 산수유의 줄기

산수유 시목. 전라남도 산동면 달전마을에는 천년 기억을 품은 산수유 시조목이 살고 있다.

는 껍질이 벗겨져서 단풍나뭇과의 중국단풍 줄기처럼 너덜너덜하다. 산수유 잎은 부모인 층층나무의 잎과 닮았다. 층층나무의 잎에는 향기가 없는 반면 산수유의 잎에는 좀 진한 향기가 풍긴다. 산수유는 꽃이 지면 열매가 맺히면서 잎이 돋는다. 산수유처럼 꽃을 먼저 피우는 나무는 꽃이 지면 곧장 잎을 만든다. 열매를 보호하기 위해 잎이 반드시 필요하기 때문이다. 우리나라 선비들은 산수유에 관심을 많이 가졌지만 대부분 잎이 아닌 꽃과 관련한 시를 남겼다.

수유와 산수유를 구분한 선비들

산수유는 산에서 사는 '수유茱萸'를 뜻한다. 적지 않은 사람들이 수유와 산수유를 혼동한다. 그래서 《조선왕조실록》이나 문집에 등장하는 수유에 대한 해석도 오류를 범하고 있다. 수유는 운향과의 갈잎큰키나무다. 우리나라에서는 쉬나무라 부른다. 쉬나무는 '조선오수유朝鮮吳茱萸'라 부른다. 쉬나무의 특징 가운데 하나는 잎에서 나는 냄새다. 그래서 쉬나무를 '취단臭檀'이라 부른다.

　수유는 산수유와 이름이 비슷하지만 역할은 전혀 다르다. 수유와 산수유의 차이는 중국 명대 이시진李時珍의 《본초강목本草綱目》에서 확인할 수 있다. 중국에서 수유를 오수유吳茱萸라 부른다. 오수유는 중국 강남의 오나라에서 자라는 수유의 약효가 가장 뛰어나서 붙인 이름이다. 그러나 수유의 뜻은 알 수 없다. 장유張維의 문집인 《계곡집谿谷集》에 실린 아래 시는 수유를 읊었다.

산수유나무 열매(위)와 수유나무 열매(아래). 산수유는 '산에 사는 수유'를 뜻하며, 두 나무의 역할도 전혀 다르다. 그러나 적지 않은 사람들이 수유와 산수유를 혼동한다.

여산 가는 도중에[礪山途中]

만고토록 장탄식이 나오는 이곳

나그네 길 머리 더욱 희어지려 하는구나.

고향 정취 수유회茱萸會가 아련히 떠오르고

산초 꽃필 때 맞추어 돌아가는 마음.

저녁나절 눈 내리는 어둑한 계성 마을

창산의 역참 길은 더디기만 하네.

그래도 별 수 있나 피곤한 말 몰아쳐서

까마귀 잠들기 전에 도착해야지.

[萬古長嗟地 羇遊鬢欲華. 鄉情憶茱菊 歸興趁椒花. 暮雪鷄城暗 蒼山驛路
賖. 惟應策羸馬 莫遣後棲鴉.]

　　시에 등장하는 수유회는 음력 9월 9일 '상구上九'라 부르는 중양
절의 풍속을 일컫는다. 중양절은 수유가 붉게 익는 시기와 맞물려
있다. 이날 사람들은 쉬나무의 열매를 따서 주머니에 넣고 산에 올
라 국화주를 마셨다. 그러면 사악한 기운이 모두 사라진다고 믿었
기 때문이다. 중국 사람들은 쉬나무를 중양절만이 아니라 집 동쪽
에 백양나무와 수유를 심으면 나쁜 것을 없앨 수 있다고 믿었다. 아
울러 우물가에 쉬나무를 심어서 잎이 우물 안에 떨어진 물을 먹으
면 역병이 사라진다고 생각했다. 수유 열매를 지니고 국화주를 마
시는 중양절 풍속은 장유의 아래 시에서도 확인할 수 있다.

중양절 맞아[重九]

객지에서 맞는 9월 9일 중양절

하늘 끝에 있다 보니 계절도 빠르네.

고향 집 울타리 아래의 국화

오늘쯤 몇 떨기나 피었을까.

속절없이 서리바람에 모자를 여미지만

막걸리 잔 권해줄 사람 누가 있으랴.

수낭 따위는 아예 관심도 없고

그저 망향대에 오르고 싶을 뿐이네.

[客裏逢重九 天涯節序催. 故園籬下菊 今日幾叢開. 漫整霜風帽 誰拈濁酒
盃. 茱囊總無興 欲上望鄉臺.]

　중양절의 이러한 풍속은 중국 당나라의 시인 왕유王維의 〈중양절
에 산동의 형제를 그리워하다[九日懷山東兄弟]〉에서도 확인할 수 있다.
장유의 아래 시에서도 '수茱'를 언급하고 있지만 그것이 수유인지
산수유인지 확인하기 어렵다.

경주부윤으로 부임하는 권첩 어른을 전송하며[送鷄林尹權靜吾年伯]

발해 건너 돌아온 길 하얗게 센 귀밑머리

남쪽 수령 떠나다니 착잡하리라.

유명한 도읍지 서라벌로 가건만

평소의 명망 비추어볼 때 외직이 웬 말인가.

신령스러운 김유신金庾信의 묘 예부터 전해오고

유학자들 상기도 떠올리는 회재 이언적의 고향

생각하면 가을 열매 수유며 구기자 풍성한 곳

아끼지 말고 한 보따리 멀리 보내주셨으면.

[蓬海歸來兩鬢霜 一麾南去意何長. 名都自是徐耶伐 雅望其如替戻岡. 靈跡
舊傳舒發墓 儒風尚記晦齋鄕 仍思茱杞饒秋實 莫惜封題寄遠將.]

수유와 산수유의 열매 모두 가을에 익는다. 그래서 타향살이하
면서 보내달라고 한 것이 수유 열매인지 산수유 열매인지를 분간하
기 어렵다. 그런데 김창업金昌業의《노가재집老稼齋集》의 시에서 보듯
이 조선시대 선비들은 수유와 산수유를 분명히 구분할 줄 알았다.

산수유

노란 조 알맹이 같은 꽃이 모여 있고

산호 같은 열매 매달려 있네.

약효(본초)를 시험해보면

혹 같고 다름이 있지 않을까.

[金粟花簇簇 珊瑚實纍纍. 試將本草考 還訝有同異.]

김창업은 산수유의 특징을 정확하게 파악하고 있다.《본초강목》
에서는 산수유를 촉산조蜀酸棗 · 육조肉棗 · 계족雞足 · 서시鼠矢라 불렀
다. 이는 대부분 산수유의 열매를 강조한 이름이다. 이시진도 산수

유와 오수유는 전혀 다른 나무라는 것을 강조하고 있다.

또 다른 수유는 식수유食茱萸다. 이는 운향과의 갈잎큰키나무 머귀나무다. 쉬나무와 머귀나무는 같은 과면서도 비슷하다. 큰 차이점은 머귀나무의 경우 줄기에 가시가 있다는 점이다.

양명학, 근대사유의 시작

조선은 성리학 중심이었고, 그중에서도 주자학 일변도의 사회였다. 주자학은 성리학의 일부였지만, 고려 말 회헌晦軒 안향安珦이 원나라에서 《주자전서朱子全書》를 도입하면서부터 주자朱子를 숭배할 수밖에 없었다. 특히 주자는 송대부터 일어난 성리학을 집대성했으니 그를 숭배하는 것은 지극히 자연스러운 일이기도 했다. 그러나 문제는 조선 후기의 사회가 이전보다 복잡한 단계로 변하면서 주자학은 한계를 드러내기 시작했다는 사실이다. 특히 조선의 주자학에 대한 교조적인 수용 자세는 조선 후기 역동적인 사회현상과 충돌할 수밖에 없었다.

중국의 경우 명나라 중기인 16세기에 양명학이 성리학의 한계를 지적하면서 등장했다. 성리학이 부자관계, 즉 수직관계를 강조한 사상이었다면 양명학은 형제관계, 즉 수평관계를 강조한 사상이었다. 양명학에서 형제관계를 강조한 것은 당시 지주였던 신사紳士와 신사의 땅을 빌려 농사짓고 있는 전호佃戶 사이의 갈등이 첨예하게 대립하고 있었기 때문이다. 양명학은 사회갈등을 국가차원에서 해결할 사상이 필요했던 시점에 등장했다.

조선에서는 허균許筠을 거쳐 하곡霞谷 정제두鄭齊斗가 인천 강화도에서 양명학 연구에 힘을 쏟아 이른바 '강화학파'를 형성했다. 서울 출신의 정제두는 처음에는 주자학을 믿었지만 강화도에서 점차 변화하는 사회현상을 목격하면서 양명학에 몰두하기 시작했다. 그래서 정제두의 묘가 강화도에 있다. 장유가 일찍부터 양명학에 관심을 보인 것도 주자학 중심의 편협한 학문풍토에 대한 비판의식 때문이었다. 그는 현장 혹은 현실에 대한 검증도 없이 책상에서 명분만 강조하는 당시 지배자들에게 크게 실망했다. 성리학은 '성즉리性卽理'에 입각한 사상이었다. 성즉리는 하늘이 부여한 인간의 본성이 곧 세상을 움직이는 원리라는 뜻이다. 이러한 논리는 모든 인간에게 적용되었지만 욕망을 완벽하게 제거한 상태에서만 실현할 수 있었다. 더욱이 성리학은 인간사회에 적용하면서 조선의 신분제도를 뒷받침하는 논리로 작용했다. 그러나 조선 후기 신분제도가 흔들리면서 성리학도 문제를 드러내기 시작했다.

심즉리心卽理를 주장한 양명학은 지행합일의 정신으로 사회변화를 적극적으로 수용하기 시작했다. 그러나 양명학을 주자학의 반대로 여긴 조선의 주자학자들은 양명학에 관심을 가진 자들을 공격했다. 이식李植이 장유를 공격한 것이 좋은 예다. 이식은 장유를 중국의 육상산陸象山과 왕양명王陽明을 일컫는 '육왕학파陸王學派'로 지목하면서 공격했다. 이식은 1623년 장유와 함께 이조좌랑에 임명되었다. 그러나 당시 주자학을 가장 신봉한 우암 송시열은 장유를 변호

했다. 송시열은 장유가 양명학에 관심을 가진 것은 사실이지만 문장에 뛰어나고 정자程子와 주자에 기본하고 있다는 점을 강조했다.

송시열의 평가대로 장유는 이정구李廷龜·신흠申欽·이식 등과 조선 문학의 사대가四大家라 불릴 만큼 뛰어난 문장가였다. 장유가 문장가로 이름을 떨칠 수 있었던 이유는 힘든 고통의 시간을 잘 견디었기 때문이다. 열세 살 때 아버지를 잃은 그는 사계沙溪 김장생金長生의 문하에서 배웠다. 송시열이 장유를 변호한 것도 그가 김장생의 문인이었기 때문이다. 장유는 지천遲川 최명길崔鳴吉, 포저浦渚 조익趙翼, 조암釣巖 이시백李時白 등과 잘 지냈다. 최명길을 비롯한 세 사람은 장유의 앞날에 적잖은 영향을 주었다. 그래서 장유를 비롯한 네 사람의 관계를 '사우정四友情'이라 불렀다.

장유는 1609년 문과에 급제한 후 예문관과 승문원 등에서 관직 생활을 시작했지만, 김직재金直哉의 옥이 일어났을 때 매제 황상黃裳이 연루되어 파직당했다. 이 일로 장유는 고향 안산에 내려가 12년 동안 어머니를 모시면서 독서와 저술에 전념했다. 장유는 이 기간 동안 엄청난 어려움을 겪었지만 덕분에 대가들의 문장을 읽고 또 읽어 대문장가로 성장했다. 《묵소고默所稿》는 바로 이 기간 동안 엮은 작품이었다. 이 작품에는 장유가 공부한 과정이 담겨 있다.

장유는 아버지가 일찍 돌아간 힘든 시기를 겪었지만 어머니를 극진히 모셨다. 그는 훗날 예조판서를 거쳐 우의정에 임명되었으나 어머니의 죽음을 이유로 열여덟 차례나 사직소를 올려 끝내 사퇴했다. 장유는 어머니의 장례를 마친 후 과로로 죽었다. 그의 죽음에서 조선시대 양반의 효성을 엿볼 수 있다.

장유는 글을 읽으면서 담배를 즐겨 피웠다. 장유가 애연가라는 사실을 알려주는 자료는 정조正祖의 작품인 《홍재전서弘齋全書》다. 정조는 "담배는 더위를 씻어주고, 기氣를 평안히 하며, 추위를 막아주며, 음식을 소화시키며, 변을 볼 때 악취를 쫓아낸다. 잠을 청할 때나 시를 짓고 문장을 엮을 때 피우면 좋다. 사람에게 유익하지 않은 점이 없다. 옛사람 사이에서 오로지 장유만이 담배 맛을 조금 알았다"라고 담배를 찬양하면서 장유의 애연 사실을 세상에 알렸다. 매암梅庵 이옥李鈺의 《연경煙經》에서 알 수 있듯이 정조시대에 담배는 임금을 비롯해서 당시 지식인의 중요한 기호품이었다.

장유는 문학뿐 아니라 천문·지리·의술·병서 등 각종 학문에 능통했고, 서화에도 탁월했다. 그가 관심을 가진 천문·지리·의술·병서와 양명학은 밀접한 관계가 있다. 천문·지리·의술·병서는 주자학에 심취한 자들에게는 결코 관심의 대상일 수 없는 분야다. 설령 성리학자가 천문·지리·의술·병서에 관심을 보인다 하더라도 대놓고 그 사실을 드러내기가 어려운 사회가 조선이었다. 특히 장유가 관심을 가진 천문과 지리는 철저하게 과학이자 실용이었다. 과학과 실용은 실학의 정신이자 근대사회를 이끄는 정신이기도 했다. 장유가 크게 관심 가졌던 양명학도 근대사유의 시작을 알리는 학문이었다.

꽃이 핀 산수유나무. 우리나라 선비들은 산수유에 관심을 많이 가졌지만 대부분 잎이 아닌 꽃과 관련한 시를 남겼다.

목련꽃으로
자신만의 문장을 표현하다

● 이건창과 목련

목련을 노래한 사람은 많지만 이건창李建昌만큼 창조적으로 해석한 경우는 드물다. 조선시대 학자들의 글은 천편일률적이지만 이건창의 글은 때로는 매우 파격적이면서도 자신만의 색깔을 분명히 드러낸다. 그는 자신만의 글을 쓰기 위해 문장에 대한 철학을 구축했다.

조선의 마지막 문장가

명미당明美堂 이건창은 어려운 시대의 참 지식인의 표상이다. 그러나 우리나라는 여전히 참 지식인을 제대로 평가하거나 대우하지 않는다. 그래서 이건창을 생각하면 무척 가슴이 시리다. 내가 이건창을 처음 만난 것은 2000년 9월 한문을 같이 공부하는 모임인 주덕회周德會에서 이건창의 《명미당전집明美堂全集》을 읽으면서부터였다. 이건창의 문집은 아직까지 번역본조차 없다. 문집 번역은 대부분 국가나 문중에서 간행한다. 개인은 문집을 간행할 여력이 없을 뿐 아니라 출판사를 찾기도 어렵기 때문이다. 이건창의 문집이 아직도 번역되지 않았다는 것은 적어도 그에게 투자할 주체가 없다는 뜻이다. 국가 차원에서 번역하지 않는 것은 이건창에 대해 크게 평가하지 않는다는 뜻이다. 아울러 이건창의 후손은 현재 겨우 생계를 유지할 정도로 가난하다.

이건창은 고려와 조선의 10대 문장가 가운데 한 사람이다. 열 명의 문장가의 글을 수록하고 있는 《여한십가문초麗韓十家文鈔》는 처음 창강滄江 김택영金澤榮이 《여한구가문麗韓十家文》을 정리해서 친구 경암敬菴 왕성순王性淳에게 주었다. 김택영에게 글을 받은 왕성순은 다시 김택영의 글을 보태서 장계직張季直, 즉 중국의 장건張謇을 통해 중국의 양계초梁啓超에게 서문을 부탁했다. 장건과 양계초는 당시 중국 최고의 지식인이었다. 이런 연유로 《여한십가문초》에는 양계초의 서문이 실려 있다.

양계초는 처음에 서문을 쓰지 않으려 했다. 왜냐하면 그는 평소 문장 전체를 보지 않고서는 그 사람의 글 수준을 평가할 수 없다고 생각하고 있었기 때문이다. 그러나 글을 직접 읽어본 그는 일부 문장만 보고서도 글의 수준을 충분히 가늠할 수 있다고 생각해 기꺼이 서문을 허락했다.

《여한십가문초》를 중국 당대 최고의 문장가였던 양계초가 인정했다는 것은 이 작품이 그만큼 권위가 있음을 의미한다. 왕성순이 양계초에게 서문을 부탁한 것도 양계초를 통해 《여한십가문초》의 가치를 높이려는 의도와 함께 우리나라 문장가들의 실력이 대단하다는 자신감이 함께 깔려 있었기 때문이다.

1914년에 쓴 양계초의 서문에서 주목할 것은 "문장은 나라를 다스리는 큰일이며, 썩지 않는 장한 일이다"라는 구절이다. 아울러 양계초는 '민족성은 문학으로 드러난다'고 지적했다. 따라서 문장은 단순히 글의 수준이 아니라 그 민족의 수준을 드러내는 상징이다. 내가 이건창의 문장에 큰 관심을 가지고 있는 것도 이건창의 문장이야말로 우리나라의 수준이며, 이건창의 문장을 더 높이는 것이 우리 민족의 장래를 밝게 하는 일이라고 믿기 때문이다.

《여한십가문초》에 고려시대 문장가는 김부식金富軾과 이제현李齊賢 두 사람뿐이며, 조선시대 문장가는 장유·이식·김창협金昌協·박지원朴趾源·홍석주洪奭周·김매순金邁淳·이건창·김택영 등 여덟 명이다. 김택영이 아홉 명의 문장가를 뽑으면서 이건창을 선택한 것은 조선 후기 홍석주와 김매순을 이을 사람이 이건창 밖에 없다는 결론에 도달했기 때문이다. 특히 김택영이 이건창을 뽑은 이유는 그의 산문을 아주 높이 평가했기 때문이다. 김택영이 뽑은 글은 세 편의 서문을 비롯해서 전체 열두 편이다. 《여한십가문초》에 실린 그의 글은 열 명 가운데 열두 편의 박지원과 같고, 열세 편의 김택영보다 적지만 다른 다섯 명의 글보다 많다.

소론 강화학파의 이건창은 마흔여덟 젊은 나이에 죽었지만 그의 삶은 강화도 마니산처럼 신령스럽다. 그는 명미당의 호처럼 "바탕이 아름답고 명철함을 다한[質美明盡]" 인물이었다. 그는 할아버지 이시원李是遠이 개성 유수였기 때문에 그곳 관아에서 태어났지만 줄곧 강화에서 살았다. 그의 삶은 할아버지의 영향을 강하게 받았다. 그는 할아버지에게 글을 배웠을 뿐 아니라 1866년 병인양요 때 자결한 할아버지 덕분에 별시를 치렀고, 합격했다. 이건창이 별시에 합격한 나이가 열다섯이었다. 그는 열 살 때 삼서삼경四書三經을 통독할 만큼 영민했다. 그는 우리나라 과거시험 역사상 가장 어린 나이에 합격한 인물이었다. 그는 나이가 어리다는 이유로 관직에는 임명되지 못했지만, 열아홉 때 옥당玉堂, 즉 홍문관弘文館에 들어가는 영광을 얻었다. 스물두 살 때는 사신의 기록을 담당하는 서장관으로 중국에 다녀왔다.

이건창의 문장력은 중국의 당시 명망가였던 장가양張家驤 · 서부徐郙 등이 "이 사람이 중국에서 태어났다면 마땅히 우리가 이 벼슬자리를 양보해야 할 것이다"라고 할 정도로 어릴 적부터 높은 평가를 받았다. 할아버지를 닮은 강직한 성품은 1875년 스물세 살의 나이에 충청우도 암행어사가 되어 충청감사 조병식趙秉式의 비리를 들추어내다가 오히려 모함을 받아 함경도 벽동碧潼으로 유배되는 등 그의 앞날을 무척 힘들게 만들었다. 그러나 원리원칙에 입각한 그의 태도는 국내외에 강한 인상을 남겼다. 특히 고종高宗이 지방관을 파견할 때 "그대가 가서 잘못하면 이건창이 가게 될 것이다"라고 할 정도로 이건창의 공직 자세는 엄격했다.

이건창은 1894년 갑오경장 이후 새로운 관제에 따라 각부의 협판 · 특진관 등에 임명되었으나 모두 거절했다. 더욱이 그는 1896년 해주관찰사에 임명되었지만 끝내 나가지 않다가 전라북도 군산의 고군산도로 유배되었다. 두 달 후에 유배에서 풀려난 그는 강화에 와서 지내다가 2년 뒤에 세상을 떠났다. 이건창의 생은 길지 않았

지만 그가 남긴 문장은 아주 찬란하다. 그러나 대한민국은 그가 죽
은 뒤 전혀 관심을 가지지 않았다. 나는 대한민국이 그를 어떻게 대
우하고 있는지를 강화도의 이건창 묘소에서 확인했다. 그의 문집을
모두 읽고 난 주덕회 회원들은 그의 무덤을 찾아 강화도로 떠났다.
그러나 그의 무덤을 찾는 데 상당히 많은 시간이 걸렸다. 무덤을 알
리는 안내문조차 제대로 없었기 때문이다. 더욱이 막상 어렵게 찾
은 묘는 20세기 전까지 대한민국 최고의 문장가였던 인물이 묻혀
있을 것이라고는 상상할 수 없을 만큼 초라했다. 회원들은 부끄럽고
어안이 벙벙해서 한동안 말문을 열지 못했다. 우리는 한참 뒤에 정
중하게 인사를 올렸다.

　2008년에 회원 가운데 한 분이 대표로 명미당 전집의 핵심을 번
역·출판했다. 완역하지 않고 발췌·번역한 것은 출판사의 사정도
있었지만 번역 과정에서 풀어야 할 과제가 적지 않았기 때문이다.
그만큼 이건창의 작품은 완역에 많은 시간이 필요하다. 우리는 출
판을 기념하기 위해 다시 강화도 이건창의 묘소에 가서 책을 헌정
했다. 아울러 강화군청에 이건창의 묘소를 정화해줄 것을 요청했
다. 그래야만 한학을 공부하는 사람으로서 조금이나마 부끄러움을
줄일 수 있다고 생각했기 때문이다.

좋은 글을 쓰는 방법

나는 이건창의 글을 읽으면서 순식간에 그의 매력에 빠져들었다.

이건창의 작품을 읽으면서 김택영의 평가가 결코 과장이 아니라는 것을 직접 경험했다. 이건창의 글은 매우 어렵지만 기존의 학자와는 전혀 다른 문장을 구사하고 있다. 그래서 그의 글을 읽으면서 여러 차례 무릎을 치며 감탄했다. 그의 글을 통해 깨달은 것은 기존의 방식을 깨는 용기였다. 조선시대 학자들의 글은 대부분 천편일률적이지만 이건창의 글은 때로는 매우 파격적이다. 이건창의 글은 파격적이면서도 자신만의 색깔을 분명하게 드러낸다. 이건창이 우리나라 최고의 글쟁이로 평가받고 있는 이유는 끊임없는 노력 덕분이었다. 그는 자신만의 글을 쓰기 위해 문장에 대한 철학을 구축하기 시작했다. 그래서 그의 작품에는 문장론에 대한 내용이 적지 않다.

당시 이건창을 비롯한 이른바 글쟁이들도 어떻게 하면 좋은 글을 쓸 수 있는지에 대해 고민했다. 이건창의 친구들 중에는 그에게 편지를 보내 좋은 글을 쓰는 방법을 묻곤 했다. 그중에서 하정荷亭 여규형呂圭亭은 600리 밖에서 사람을 보내 이건창에게 작문 비법에 대해 물었다. 여규형이 시·서화·불경佛經에 뛰어난 것도 작문에 대한 공부와 무관하지 않았다. 인편으로 편지를 받은 이건창은 여규형의 요청을 겸손하게 사양하고 있지만 여규형의 정성을 생각해서 나름의 글쓰기 철학을 답장에 썼다. 이건창의 답글에서 나의 마음을 끄는 것은 작문에 대한 일반론이 아니라 자신의 경험담을 고스란히 드러낸 점이다.

이건창은 작문에서 우선 뜻을 읽어야 한다[搆意]는 점을 강조했다. 그에 따르면 뜻에는 처음과 끝이 있고 중간 뼈가 있다. 처음과 끝, 그리고 중간 뼈가 대략 갖추어지면 곧 빠른 속도로 쓴다. 다만 쓰면서 뜻이 연속하고 관통해야 하고, 분명하고도 쉬워야 한다. 특히 어조사 따위의 쓸데없는 말을 구사할 필요가 없으며 속어 사용을 꺼릴 필요도 없다. 다만 바른 뜻을 놓치는 것과 하고자 하는 말을 싣지 못하는 것을 걱정해야 한다.

이건창의 지적은 글 쓰는 사람이 반드시 갖추어야 할 자세다. 글의 뜻은 그 어떤 것보다 중요하기 때문이다. 글에서 뜻이 없다면 굳이 글을 쓸 필요가 없을 것이다. 뜻을 세운 다음에 언어를 다듬어야 한다[修辭]는 이건창의 지적은 더욱 옳다. 글쓰기는 오탈자를 걸러내는 것보다 뜻을 세우는 것이 훨씬 중요하다. 그러나 우리나라 학교에서 이루어지고 있는 글쓰기는 대부분 수사에 초점을 맞춘다. 나는 '사학 전공 글쓰기'라는 과목에서 한 학기 내내 학생들에게 뜻을 엮는 데 시간을 보내게 했다. 반면 수사에 대해서는 아주 간단하게 지도했다. 이른바 창의적인 글쓰기는 생각하는 방법을 스스로 익히는 과정이 매우 중요하다. 그렇지 않으면 결코 자신만의 글쓰기를 할 수 없다.

이건창의 글쓰기 이론에서 눈길을 끈 대목은 '자신의 글이 마음에 들어야 한다'는 지적이다. 글은 분명 누군가에게 보여주기 위한 작업이지만 자신의 마음에 들지 않으면 상대방에게도 감동을 줄 수 없다. 설령 자신의 글을 읽더라도 읽은 사람이 어떤 반응을 보일지를 알 길이 없다. 독자들이 일일이 저자의 글에 대해 이야기하지 않기 때문이다. 그래서 무엇보다도 저자 스스로 글에 대해 흡족한 단계에 이르러야만 글의 수준을 가늠할 수 있다. 이건창이 제시한 내용 가운데 다음의 지적은 정말 가슴을 울린다.

> 내가 문장을 짓는 데 겪은 고생과 어려움은 매우 심해서 다른 사람이 할 수 있는 것이 아니다. 반드시 세상일에 어둡고 집안일에 어둔해서 세상 사람들의 웃음거리 혹은 조롱의 대상이 되어야 하고, 집안에서 식구와 종들의 놀림감이 되어야 한다. 밥을 먹을 때 맛이 있는 줄을 몰라야 한다. 문장 짓는 일은 조금이라도 성취함이 있으면 다른 일은 모두 폐해야 한다.

이건창은 참으로 지독한 사람이다. 그러나 그가 글쓰기에 목숨을 걸지 않았다면 대한민국 최고의 글쟁이로 평가받을 수 없었을 것이다. 어떤 분야에서 최고가 되기 위해서는 하는 일에 지독한 병이 걸리지 않고서는 불가능하다. 특히 주변의 질시와 손가락질을 받으면서도 그 일을 해낸다는 것은 어지간한 배짱과 의지가 없으면 이룰 수 없다. 그래서 이건창의 글은 그 어떤 사람의 글보다 아름답고 감동을 준다.

이건창의 상상력과 목련

《명미당전집》에는 429수의 시가 실려 있다. 그가 남긴 시 중에서 식물을 구체적으로 드러낸 작품은 아주 드물다. 내가 읽은《명미당

전집》에는 《명미당집》 권6 시의 보유補遺(문집의 편차가 끝난 뒤에 수집한 시를 모은 것)가 빠져 있다. 그런데 시를 보충한 〈원중칠영園中七詠〉에 이건창이 식물을 읊은 시가 수록되어 있다. 이곳에 수록되어 있는 식물은 삼나무·매실나무·구기자·목련·모란·정향·앵두 등 일곱 종이다. 그중에서 나는 아래 〈목련木蓮〉 시를 가장 좋아한다.

목련

꾸미는 것은 당연히 없애야 하고

진흙인들 어찌 혼탁하게 하리오.

치열하게 설법을 새롭게 해서

육지와 언덕에서 사네.

[雕飾固當去 淤泥豈必渾. 熾然新說法 陸地又高原.]

갈잎큰키나무 목련은 글자대로 '나무의 연蓮'이라는 뜻이다. 이는 이 나무의 꽃모양이 연을 닮아서 붙인 이름이다. 이건창이 목련을 읊은 이유 가운데 하나는 아마도 꾸밈없는 순백의 목련꽃을 무척 사랑했기 때문일 것이다. 그는 목련이 하얀 꽃을 피우더라도 연꽃이 진흙에 더럽히지 않는 것과 같다고 생각했다. 내가 이건창의 시에서 감동받은 부분은 "치열하게 설법을 새롭게 해서 육지와 언덕에 산다"는 상상력이다. 나무인 목련이 육지와 언덕에 사는 것은 풀인 연꽃이 수행한 덕분이라는 발상은 정말 놀랍다. 우리나라 시인 중에서 목련을 노래한 사람이 적지 않지만, 이건창만큼 창조적인

목련꽃. 이건창은 목련이 하얀 꽃을 피우는 모습이 연꽃이 진흙에 더럽히지 않는 것과 같다고 생각했다.

목련 시는 보지 못했다.

목련과의 목련은 꽃이 잎보다 먼저 핀다. 사람들은 목련꽃이 피면 봄을 알아차렸다. 그래서 목련을 '영춘迎春'이라 불렀다. 그러나 사람들은 목련처럼 꽃이 잎보다 먼저 피는 나무의 경우 꽃이 지면 잊어버린다. 그래서 목련의 잎과 열매를 기억하는 사람은 많지 않다. 매월당梅月堂 김시습金時習은 〈목련木蓮〉에서 "잎은 감과 같고, 꽃은 백련과 같고, 꽃송이는 창이자蒼耳子, 즉 도꼬마리 열매와 같고, 열매는 붉다"라고 표현했다. 김시습은 목련의 생태를 정확하게 이해하고 있었다. 특히 목련의 열매를 본 사람은 아주 드물다. 그러나 목련의 열매를 알아야만 꽃을 알 수 있다.

강화도 화도읍 사기리의 이건창 생가 앞 길가에는 강화 사기리 탱자나무(천연기념물 제79호)가 살고 있다. 강화군에는 갑곶리에도 천연기념물 제78호 탱자나무가 살고 있다. 이건창 생가의 탱자나무는 전국에서 두 그루 밖에 없는 탱자나무 천연기념물 가운데 한 그루다. 강화도에 탱자나무 천연기념물이 남아 있는 이유는 몽골의 침략에 대비하기 위해 심었기 때문이다. 이건창의 생가에서 탱자나무를 보고 있노라면 나라를 걱정한 이건창과 이건창의 할아버지 이시원의 모습이 겹쳐서 떠오른다. 이건창의 생가 앞은 바다다. 바다를 바라보면 금방이라도 이건창이 배를 타고 올 것만 같다.

이건창 생가 앞 탱자나무. 이는 전국에 두 그루밖에 없는 탱자나무 천연기념물이다. 현재 천연기념물 제79호로 지정되어 있다.

인정받지 못한
조선시대 최고의 역관

● 이상적과 살구나무

이상적李尚迪은 시문학에 탁월했다. 그의 능력은 국내외의 쟁쟁한 지식인들과의
교유관계에서도 드러난다. 그는 추사秋史 김정희金正喜는 말할 것도 없고, 청나라
의 유명한 문인들과도 교유했다. 그가 문인들과 주고받은 시에는 종종 살구나무
가 등장한다.

신분제도 사회에 역관의 위치

조선시대는 신분사회였다. 신분은 능력과 관계없이 태어나면서부
터 얻는 지위다. 신분은 우리나라와 중국의 봉건시대 산물이었다.
신분은 죽을 때까지 변하지 않았다. 자식은 부모의 신분을 따랐다.
지금도 우리나라에서는 신분사회의 유풍이 남아 있다. 나이 많은
사람들 중에는 여전히 집안 내력을 이야기하고, 조선시대의 관직을
역임한 선조를 자랑한다. 조선시대의 신분 중에서 가장 높은 지위
는 양반, 그중에서도 문반이었다. 양반 밑에는 중인이, 중인 밑에는
상민, 상민 밑에는 천민이 있었다. 중국의 경우 주나라 봉건시대에
는 천자·제후·사·평민 순이었다. 신분사회에는 직업도 신분에 따

라 결정되었다. 양반은 과거시험을 통해 관직에 나아갈 수 있었을
뿐 아니라 지배층으로 행세할 기회가 많았다. 중인은 양반과 다른
과거시험을 통해 관직에 나아갈 수 있었지만 정치권력과 꽤 거리가
멀었다.

  조선시대에 역관은 중인의 몫이었다. 역관에 대한 명칭은 역어지
인譯語之人·역어인譯語人·역인譯人·역학인譯學人·역자譯者·설인舌人·설
자舌者·상서象胥 등 다양했지만, 통역 혹은 번역을 담당했다. 역관은
외국과의 관계 속에서만 필요한 직업이었다. 따라서 역관의 역할은
외국과의 관계 여부에 따라 다를 수밖에 없었다. 우리나라의 경우
역관이 필요했던 것은 중국과의 관계 때문이었다. 우리나라는 고대
부터 중국과의 관계를 통하지 않고서는 국가를 운영할 수 없었기
때문이다. 물론 중국 외에도 왜·몽골·여진과의 관계를 유지하는
데 역관의 역할도 필요했다. 그러나 어디까지나 역관의 중요한 역할
은 중국과의 관계에 있었다.

  조선시대 역관은 기술관을 뽑기 위한 잡과에서 배출되었다. 3년
마다 실시하는 식년시와, 식년시와 관계없이 국가에 경사가 있을 때
실시하는 증광시에 한학 열세 명, 몽학·왜학·여진학 각 두 명씩을
뽑았다. 합격자에게는 종7품에서 종9품의 품계가 주어졌지만, 아
무리 능력이 뛰어나도 정3품 당하관까지만 승진할 수 있었다. 물
론 역관은 통역만 담당한 것이 아니라 외국을 출입하면서 밀무역
으로 재산을 불리는 자들도 있었지만, 신분의 한계가 있었다. 특
히 이들 중에는 행정실무와 기술을 전담하면서 양반 못지않은 지

식과 경제력이 있었는데도 늘 양반과 차별대우를 받았다.

역관에 대한 제도와 대우는 우리나라 문화에 큰 영향을 주었다. 역관의 역할은 국제교류가 활발할수록 그 비중이 높지만, 조선시대 중인 신분으로서의 역관은 언제나 제대로 평가받을 수 없었다. 조선시대의 역관이 신분차별 때문에 제대로 평가받지 못한 결과는 단순히 그 시대만의 문제로 끝나지 않고 이후에도 상당한 영향을 주었다는 데 주목할 필요가 있다. 역관이 담당했던 통역은 물론 번역에 대한 평가가 지금도 여전히 높지 않기 때문이다. 특히 번역은 한국·중국·일본 등 동아시아 삼국 가운데 근대사회를 여는 데 매우 중요한 역할을 담당했지만, 일본을 제외하면 중국과 우리나라에서는 제 역할을 담당하지 못했다.

일본의 근대사회를 '번역의 근대화'로 평가하고 있는 것은 서양의 문물을 수용하는 과정에서 번역의 역할이 대단했기 때문이다. 그러나 중국과 한국은 근대화 과정에서 번역을 크게 중시하지 않았다. 중국의 경우 근대화 과정에서 설치한 번역기구인 동문관同文館을 당시에 과거 합격자들은 관심조차 보이지 않았다. 오히려 과거 합격자들이 동문관에 입학하는 것 자체를 반대했다. 번역은 지식인이 담당할 만큼 중요한 분야가 아니었던 것이다. 우리나라도 중국과 크게 다르지 않았다. 지금도 번역자에 대한 대우는 그다지 높지 않다. 이 같은 현상은 여전히 번역을 등한시하는 오랜 전통에서 벗어나지 못하고 있다는 반증이다.

중국이 극찬한 시문학 능력

우선藕船 이상적은 아버지 이정직李廷稷과 최정상崔挺祥의 딸인 어머니 사이에서 태어났다. 이상적의 가문은 9대에 걸쳐 30여 명의 역과 합격자를 배출한 조선시대 최고의 역관 집안이었다. 그는 홍세태洪世泰·이언진李彦瑱·정지윤鄭芝潤과 함께 조선시대 '역관사가譯官四家'로 꼽힌다. 이상적은 중인 출신 중에서도 역관으로서의 능력만이 아니라 양반과 대등한 정도의 시문학 능력을 갖추고 있었다. 그가 시문학에 얼마나 뛰어났는지는 헌종憲宗이 직접 이상적의 문집이름을《은송당집恩誦堂集》이라 붙여준 것만 보아도 알 수 있다. 이상적은 헌종 때 교정역관으로서《통문관지通文館志》·《동문휘고同文彙考》·《동문고략同文考略》 등을 속간했다. 김윤식金允植은《소당선고小堂選稿》의 발문에서 이상적을 다음과 같이 평가했다.

> 선배들이 근세에 시와 문장으로 유명한 사람을 논하는 것을 들었는데, 이우선李藕船, 즉 이상적을 첫 손가락으로, 김소당金召棠, 즉 김석준金奭準을 그다음으로 꼽았다. 그들의 풍류와 문채가 서로 앞서거니 뒤서거니 하니, 당시 사람들이 중국 진晉나라 악광樂廣과 위개衛玠에 비교했다.

이상적의 문집은 중인 신분으로서는 드문 사례다. 물론 중인 홍세태도 그의 문인들에 의해《유하집柳下集》이 세상에 남아 있지만, 이상적처럼 당시 임금이 직접 관심을 가진 사례는 아주 드물었다.

그만큼 그의 시문학 능력이 탁월했다.

그의 시문학에 대한 능력은 국내외의 쟁쟁한 사람들과의 교유에서도 드러난다. 그가 국내에서 교유한 사람으로는 스승이었던 추사 김정희는 말할 것도 없고, 두실斗室 심상규沈象奎, 자하紫霞 신위申緯, 해거재海居齋 홍현주洪顯周 등을 꼽을 수 있다. 국외의 경우 청나라의 유명한 문인으로는 옹방강翁方綱·유희해劉喜海·장요손張曜孫 등이 있었다. 당연히 중국 북경에는 이상적의 친구들이 많았다. 특히 장요손은 이상적에게 "세상에 나를 알아주는 친구가 있으니, 하늘 끝처럼 떨어져 있더라도 이웃과 같다네[海內存知己, 天涯若比隣]"라는 내용을 도장에 새겨 선물할 정도였다. 이상적은 장요손의 우정을 잊지 못해 귀국한 뒤 장요손의 도장 내용 가운데 '해린海隣' 글자를 뽑아 자신의 서재 이름을 '해린서옥海隣書屋'으로 삼았다. 이상적은 청나라 문인 예순한 명이 그에게 보낸 편지 285통을 묶은 책 이름도 해린 글자를 넣어 《해린척소海隣尺素》라 불렀다. 이처럼 이상적이 청나라 유명인사의 마음을 움직일 수 있었던 것은 아래의 시처럼 중국인과 맞먹을 정도의 실력 때문이었다.

수레에서 꿈을 적다[車中記夢]

갓옷 덮고 앉았다가 깜박 잠이 들어

어렴풋이 꿈결에 집에 갔네.

시냇가의 집엔 눈이 개었으나 치우는 사람 없고

한 그루 매화 아래 학이 문을 지키네.

[坐擁貂裘小睡溫 依依歸夢致家園. 雪晴溪館無人掃 一樹梅花鶴守門.]

위의 시는 고향으로 돌아가고 싶은 간절한 마음을 그리고 있다. 그런데 집을 지키고 있는 자는 사람이 아니라 한 그루 매화 아래 학이다. 이 구절은 중국 북송시대 임포林逋가 "매화를 아내로 삼고 학을 자식으로 삼아[梅妻鶴子]" 은거했다는 고사를 빌린 것이다. 이는 선비들의 풍류를 상징적으로 보여주는 구절이다. 이상적의 꿈이 담긴 시다.

《은송당집》의 원집原集과 속집續集은 모두 중국에서 간행되었다. 이상적이 자신의 글을 중국에서 간행한 것은 중인 신분으로 국내에서 간행하는 것이 결코 쉽지 않았기 때문이다. 그는 글을 간행하는 데 필요한 작업을 차근차근 준비해 중국에 가져갔다. 그가 이처럼 준비할 수 있었던 것은 책까지 간행해줄 만큼 중국 내에 지인들이 적지 않았기 때문이다. 게다가 그에게는 역관으로서 벌어들인 돈도 있었다. 이런 과정에서 간행된 이상적의 문집은 당시 이상적의 삶은 물론 역관의 위치를 이해하는 데 매우 중요한 자료다.

나는 몇 년 전 대학원에서 〈우선藕船 이상적李尚迪의 차시茶詩 연구〉를 지도하면서 그의 문집을 검토했다. 원집과 속집을 수록한《은송당집》의 분량은 양반들의 문집에 비하면 많지 않다.

행산과 살구나무

이상적은 1829년 10월 동지겸사은사를 따라 난생 처음 중국 북경에 갔다. 이상적이 북경에 동지사를 따라간 것은 조선이 청나라에 보낸 연행사燕行使에 해당한다. 조선은 명나라 때 사신을 보내는 것을 조천사朝天使라 불렀다. 조천사는 중국의 천자에게 조공한다는 사대적인 명칭인 반면, 연행사는 북경을 의미하는 '연'에서 알 수 있듯이 그냥 북경에 간다는 뜻이다. 용어만 보면 청나라를 조공국으로 인정하지 않겠다는 의지가 담겼다. 이상적이 따라간 동지사는 연행사 중에서도 정기사행定期使行에 해당한다. 연행사는 보통 정사·부사·서장관 등 삼사三使가 주도하고, 통역관·의관·화원畫員 등 서른에서 마흔 명 정도의 정관正官, 그리고 정사나 부사의 자제 및 기타 수행원 등 200~600명 정도가 참여한다. 이상적은 이 같은 연행사 가운데 통역관으로 간 것이다.

이상적은 분명 첫 북경 방문에 큰 기대를 하면서 들뜬 마음으로 출발했을 것이다. 그러나 10월에 떠나 다음해 3월에 돌아오는 연행 과정은 결코 쉽지 않은 여정이었다. 특히 10월과 3월 사이의 연행은 가을과 겨울에 해당하기 때문에 더욱 어려웠다. 연행사의 경로는 일률적이지 않지만 큰 지명만 나열하면 서울-평양-의주義州-봉황성鳳凰城-요양遼陽-심양瀋陽-백기보白旗堡-광녕廣寧-영원위寧遠衛-산해관-풍윤현豊潤縣-계주薊州-통주通州-북경 경로다.

조선의 연행 경로가 정해진 것은 1679년경이었다. 서울에서 북경까지 가는 사행 기간은 도로와 기후 및 참여자들의 건강 상태에 따라 다르지만 대개 서울에서 의주까지 약 1,050리, 의주에서 북경까지 2,061리로 전체 3,111리 정도다. 서울에서 북경까지 도착하려면 40여 일이 필요하다. 사행 일행이 북경에 체류하는 기간은 대개 40~60일 정도였다. 그래서 사행의 왕복 6,000리는 넉 달에서 여섯 달 정도 걸리는 거리다. 이상적이 10월에 떠나 다음해 3월에 도착했으니, 그가 사행에서 걸린 기간은 다섯 달 정도였다.

사행 가운데 중국 구간은 조선이 정하는 것이 아니라 청조에서 결정한 것이었다. 즉 압록강-요양-심양-광녕-산해관-북경 경로는 청조가 정한 것이었다. 사행은 북경까지 도착하는 데 40여 일이 걸리기 때문에 그 과정에서 많은 휴식이 필요하다. 그래서 사행 경로 즉 압록강-진강성鎭江城-탕참湯站-책문柵門-봉황성-진동보鎭東堡-통원보通遠堡-연산관連山關-첨수참甜水站-요양-십리보十里堡-성경盛京(심양)-변성邊城-거류하巨流河(주류하周流河)-백기보白旗堡-이도정二道井-소흑산小黑山-광녕廣寧-여양역閭陽驛-석산참石山站(십삼산十三山)-소릉하小凌河-행산역杏山驛-연산역連山驛-영원위(寧遠衛)-조장역(曹庄驛)-동관역東關驛-사하역沙河驛-전둔위前屯衛-고령역高嶺驛-산해관山海關-심하역深河驛-무령현撫寧縣-영평부永平府-칠가령七家嶺-풍윤현豊潤縣-옥전현玉田縣-계주薊州-삼하현三河縣-통주通州-북경 등에는 크고 작은 역참이 있었다.

《은송당집》에는 이상적이 사행에서 지은 시들이 많이 수록되어 있다. 시만 보아도 이상적의 사행이 어떤 상황이었는지 충분히 짐작할 수 있다. 그가 1829년 사행 가운데 남긴 시 중에서 아래 시는 적잖은 정보를 제공한다.

행산보杏山堡

황량한 전쟁터에 풀과 나무 바람에 일고

죽은 병사들은 벌레와 모래가 되어 순식간에 재가 되었네.

행산에서 동쪽으로 송산로에 가니

석양이 어제대로 돌아온 영웅을 조문하네.

[戰地荒荒草樹風. 蟲沙化盡劫灰中. 杏山東去松山路 一例斜陽弔歸雄.]

행산보는 요녕성 남서부에 있는 소릉하小淩河 건너편에 위치한 곳이다. 이곳은 사행 과정에서 반드시 들러 쉬는 곳이었다. 황자黃梓의 《갑인연행록甲寅燕行錄》에도 행산보에서 아침을 먹었다는 기록이 있다. 이곳은 명나라 말에 청나라 군대가 쳐들어오자 명나라 군대가 죽음을 무릅쓰고 굳게 지킨 곳이다. 그러나 청나라 군대는 행산보를 점령한 뒤 사람은 물론 닭과 개까지도 살육했다. 이상적의 시도 이러한 역사적 사실을 배경으로 담고 있다.

이상적의 행산과 송산의 역사 현장에 대한 소감이 특별한 것은 아니었다. 조선의 사행단 가운데 이곳에 쉴 때면 대부분 이상적과 같이 느꼈다. 연암燕巖 박지원도 《열하일기熱河日記》에서 1641년 명나라와 청나라 간에 벌어진 송산과 행산의 전투를 언급하고 있다. 이처럼 조선의 사행에 참가한 사람들이 행산전투에 큰 관심을 가진 이유는 그 전투가 결국 명나라가 멸망하는 계기가 되었기 때문이다. 조선은 한족인 명나라가 만주족인 청나라에게 멸망당하자 엄청난 충격을 받았다. 자신들이 하늘처럼 받들었던 나라가 오랑캐에게 멸망했기 때문이다.

이의현李宜顯이 1720년에 간행한 《경자연행잡지경庚子燕行雜識》에 따르면, 행산과 송산은 살구나무와 소나무가 많아서 붙인 이름이다. 이상적이 행산보에 들렀을 때 장미과의 살구나무가 살고 있었는지 알 수 없지만, 살구나무는 척박한 곳에서도 아주 잘 사는 나무 가운데 하나다. 살구나무의 이름은 '개를 죽인다'는 '살구殺狗'를 뜻한다. 행산전투에서 개들이 청나라 군대에게 죽었으니 참 얄궂은 일이다.

이상적은 1864년 열두 번째이자 생애 마지막으로 주청사를 따라 중국에 갔을 때도 행산에서 쉬었다.

행산에서 잠시 쉬다[小憩杏山]
송산과 행산의 주변 길에서
옛 전쟁터를 찾았네.
빽빽한 사당에는 새들이 지저귀고
숲에는 소와 양들이 흩어져 있네.
바람 잦아드니 깊은 연기 푸르네.
먼지 높이 올라 저자의 한낮이 누렇고
주방에는 쌓아둔 채소가 없어
식사 때마다 집밥을 생각하네.

[松杏山邊路 言尋古戰場. 叢祠喧鳥雀 平楚散牛羊. 風定密煙碧 塵高市日黃

行廚無旨蓄 每飯憶家常.]

이상적은 자하 신위의 맏아들 소하小霞 신명준申命準과도 교유했
다. 신명준은 나이 마흔에 요절했음에도 뛰어난 시와 그림 작품을
남겼다. 이상적은 그의 그림에 화제畫題를 썼을 만큼 두 사람의 관계
는 돈독했다. 이상적이 1833년 그에게 보낸 시에도 살구나무가 등
장한다.

**꽃이 아침에 피기 전날 소하 신명준이 평신으로 갈 때 이별하면서
주다**[花朝前日贈別小霞平薪之行]

아름다운 계절에 어찌 그대를 보내야 하는지

앞으로 꽃소식이 불어오겠지.

사모紗帽 그림자와 실 채찍은 300리

이어지는 봄날의 근심을 살구꽃은 알겠지.

[送君何以酬佳節 二十四番風次第吹. 帽影鞭絲三百里 春愁一路杏花知.]

꽃피는 봄날, 친구와 이별하는 심정은 일종의 근심이다. 그래도 희
망은 춘풍, 즉 '24번풍'이다. 꽃소식이 들리면 다시 만날 수 있기 때문
이다. 중국인들은 식물의 꽃소식을 '화신풍花信風'이라 불렀다. 그들은
식물의 꽃소식을 24번으로 설정해서 각각 이름을 붙여 '24번화신풍
二十四番花信風'이라 불렀다. 이 내용은 중국 북송 주휘周輝의《청파잡

살구나무꽃. 살구나무의 이름은 '개를 죽인다'는 '살구殺狗'를 뜻한다. 살구나무가 많던 행산에
서 일어난 행산전투 당시 개들이 청나라 군대에게 죽었으니 참 얄궂은 일이다.

지清波雜志》권9 〈화신풍花信風〉과 명나라 초횡焦竑의 《초씨필승焦氏筆乘》권3 〈화신풍花信風〉에 수록되어 있다. 그러나 《청파잡지》에는 가장 먼저인 매화풍과 가장 나중의 연화풍만 소개하고 있을 뿐 24번에 대한 전체 내용은 없다.

《초씨필승》에는 구체적인 내용이 수록되어 있다. 당시唐詩 24번화신풍은 한 달 동안 2기氣 6후候로 나뉘며, 소한에서 곡우까지 넉 달에 걸쳐 8기 24후로 나뉜다. 매 후는 절기마다 닷새 간격으로 측정한다. 소한 1후는 매화, 2후는 산다山茶(동백), 3후는 수선, 대한 1후는 서향, 2후는 난화蘭花, 3후는 산반山礬(노린재나무), 입춘 1후는 영춘, 2후는 앵두, 3후는 망춘望春(개나리)이며, 우수 1후는 채화菜花, 2후는 행화杏花, 3후는 자두이고, 경칩驚蟄의 1후는 복사꽃, 2후는 팥배나무, 3후는 장미, 춘분 1후는 해당, 2후는 배꽃, 3후는 목련꽃, 청명 1후는 오동꽃, 2후는 보리꽃, 3후는 버들꽃, 곡우 1후는 모란, 2후는 도양酴醾, 3후는 연화楝花(멀구슬나무)가 핀다. 연화가 끝나면 입하다.

이상적은 1831년 7월 두 번째로 중국에 다녀온 뒤 한가한 시간을 보내고 있었다. 그는 1832년 9월에 해옹海翁 홍한주洪翰周, 동번東樊 이만용李晩用, 다산茶山 정약용丁若鏞의 맏아들 유산酉山 정학연丁學淵 등과 함께 신위의 서재에서 시회를 열었다.

이상적과 추사 김정희의 만남

인생에서 누구를 만나느냐에 따라 운명도 바뀐다. 이상적과 추사 김정희의 만남이 그랬다. 1830년 이상적은 중국에 처음 다녀온 후 용산에서 김정희를 만났다. 그는 추사와 만난 느낌을 다음과 같이 표현했다. 이때 이상적의 나이는 스물여덟 살, 김정희의 나이는 마흔네 살이었다.

입춘 다음 날 용산에 있는 김정희를 만나다[立春後一日龍湖訪金秋史學士]

옛 성곽 아침 해 흐릿한데

광야에는 서리와 눈이 뒤섞여 있네.

찌푸린 하늘 참담할 만큼 울적하니

이때 마지막 달이 임박했네.

모래를 찾아가니

돌멩이가 얼음에 뒤섞여 있네.

빈 강 눈이 시리도록 차갑고

넓고 넓어 촘촘한 유리와 같네.

술집의 깃발은 깊은 촌을 알려주고

고깃배 다닥다닥 멀리 건너오네.

파교에 매화를 찾아가니

시인은 할 만한 일이라.

쓸쓸히 보낸 왕희지王羲之의 아들 왕헌지王獻之처럼

느리게 섬계의 노로 돌아오네.

저 추운 날씨 가지를 바라보니

바람까치 세 겹을 둘러싸네.

[古郭朝日微 曠野霜雪合. 窮陰慘不舒 是時逼殘臘. 行尋沙術去 亂石冰錯雜.

空江冷射眸 萬頃玻璃窅. 酒旆表深村 漁舸膠遠涉. 灞橋訪梅花 詩人如可接.

寥寥王子猷 謾迴剡溪檝. 睠彼歲寒枝 風鵲繞三匝.]

　위의 시는 190여 년 전 입춘 즈음의 한강의 풍경을 상상하게 만
든다. 입춘이지만 한강은 여전히 겨울 분위기다. 쓸쓸한 한강의 풍
경을 바라보면서 추사를 만나러 가는 이상적의 발걸음이 가볍지만
은 않았다. 이상적은 김정희를 만나 차를 마시면서 깊은 정담을 나
누었다. 그는 이날의 만남으로 죽을 때까지 변함없이 추사를 후원
했다. 그가 추사를 아무 조건 없이 후원한 것은 무엇보다도 그를 진
정으로 존경했기 때문이다. 추사에 대한 이상적의 진정성은 김정
희가 제주도에 귀양살이하면서 시작되었다. 추사는 1840년부터
1848년까지 귀양살이하면서도 중국의 최신 정보를 꿰고 있었다.
이상적이 중국에 다녀오면서 많은 정보를 제공했기 때문이다. 이상
적이 추사에게 제공한 정보는 대부분 서적이었다.

　이상적은 1842년 그의 나이 마흔 때 동지겸사은사를 따라 여섯
번째 중국에 갔다. 그는 북경에 머물면서 북경유리창 서점에서 미
곡未谷 계복桂馥의 《만학집晚學集》과 운경惲敬의 《대운산방문고大雲山
房文藁》를 구입해 추사에게 보냈다. 이상적이 계복의 작품을 구입한
것은 그가 당시 청나라에서 금석학과 예서에 정통한 인물이었기 때
문이다. 아울러 이상적이 운경의 작품을 구입한 것은 그가 당대에
아주 올곧은 사람으로 정평이 나 있었을 뿐 아니라 경서와 고문에

뛰어난 학자였기 때문이다. 이상적은 1848년 일곱 번째 주청겸사은사를 따라 중국에 갔을 때 서애西涯 하장령賀長齡과 양도良圖 위원魏源 등이 편찬한《황청경세문편皇清經世文編》120권을 구입해 추사에게 보냈다. 추사는 이상적이 보낸《황청경세문편》을 받고 눈물을 흘렸다. 이상적의 정성에 감복한 추사는 그에게 〈세한도歲寒圖〉를 통해 고마움을 전했다. 추사는 왜《황청경세문편》을 받고서 눈물을 흘렸을까.

나는 박사학위논문을 쓸 때《황청경세문편》을 참고했다.《황청세문편》을 이해하기 위해서는 편찬자인 하장령과 위원의 존재를 알아야 한다. 두 사람은 당시 시대를 가장 앞선 경세치용經世致用 학자였다. 경세치용은 청나라 중기에 성행한 고증학에 대한 반성에서 출발했다. 명말 청초 고염무顧炎武에서 출발한 중국의 고증학은 주로 고전 해석이나 고증에 치중한 나머지 실제성을 상실했다. 그래서 위원을 비롯한 이른바 공양학파公羊學派는 정치·사회 등 세상을 다스리는 데 필요한 학문, 즉 경세학을 강조했다.《황청경세문편》은 바로 책의 제목처럼 경세와 관련한 글을 모은 작품이다. 특히 위원은 중국은 물론 동아시아의 국방에 큰 영향을 미친《해국도지海國圖志》의 저자다.

김정희는 이상적이 보낸《황청경세문편》의 가치에 대해서 〈세한도〉의 뒷글에 다음과 같이 적었다.

이상적이 두 차례 보낸 책들은 모두 세상에서 항상 구할 수 있는 것이 아니요, 천만 리 먼 곳에서 여러 해에 걸쳐 얻은 것이니 일시에 이룰 수 있는 일이 아니다. 또한 세상의 도도한 흐름은 오직 권세와 이익만을 좇는 것인데, 책들을 구하기 위해 마음 쓰고 힘씀이 이와 같으니, 권세와 이익을 위해 돌리지 않고 곧 바다 밖의 초췌하고 곤궁한 나에게 돌리는 것이 세상 사람들이 권세와 이익을 좇는 것과 같구려.

사람들이 이익과 권세를 좇는 세상에 추사 김정희를 위해 책을 구해 보내주는 데 쏟았으니, 어찌 추사가 감동하지 않겠는가? 이상적의 추사를 향한 일편단심에 대한 보답으로 다시 추사가 그에게 〈세한도〉를 선사했다. 중국 은나라의 백이伯夷가 춘추 말의 공자孔子를 통해 세상에 드러났듯이, 이상적의 이름도 추사를 통해 세상에 크게 드러났다.

1862년 철종哲宗은 이상적에게 영구히 정2품의 당상관에 해당하는 지중추부사에 임명했다. 따라서 이상적은 역관이 법적으로 오를 수 없는 단계까지 승진하는 영광을 얻은 후 1864년 마지막으로 중국에 다녀온 다음해인 1865년 예순세 살의 나이로 죽었다. 나는 아직 경기도 포천에 위치한 그의 묘소에 참배하지 못했다.

붉은 해당화처럼
자유롭고 싶었던 화가

● 장승업과 해당화

장미과의 해당화는 꽃 중에서도 신선으로 꼽을 만큼 인기 있는 나무였다. 장승업
張承業이 그린 그림 중에서도 해당화를 그린 〈해당청금海棠靑禽〉은 그만큼 강렬하
다. 해당화에 앉아 있는 두 마리 푸른 새의 사랑이 불꽃같다.

열정적인 화가의 불꽃같은 삶

장승업을 생각하면 몇 가지 상념이 머리를 스친다. 그중에서도 가장
먼저 중국 당나라의 육우陸羽의 삶을 떠올린다. 장승업은 1843년(헌
종 9)에 태어났다. 생명의 탄생은 축복의 대상이지만 장승업은 충분
한 축복을 받지 못했다. 장승업의 삶은 헌종시대 조선의 혼란한 정
치와 맞물려 있었다. 장승업의 삶은 어린 시절부터 부모를 잃은 고
아 신세로 전락하면서 고난의 연속이었다. 그래서 장승업의 유년시
절에 대한 정보를 얻을 수 없다. 육우도 어린 시절부터 부모를 잃어
성도 이름도 없었다. 장승업의 정보를 얻을 수 있는 기록은 장지연張
志淵의 《일사유사逸士遺事》가 거의 유일하다. 나는 6년 전쯤 주덕회에

서《일사유사》전체를 번역하면서 장승업의 삶을 접했다.

임권택 감독의 2002년 작품 〈취화선〉은 나에게 장승업에 대한 강렬한 인상을 주었다. 나는 장승업이 가마의 불에 뛰어들면서 생을 마감하는 마지막 장면을 잊지 못한다. 내가 장승업이 가마의 불에 뛰어드는 장면에 매료된 것은 그의 삶이 불꽃같다고 생각했기 때문이다.

불꽃은 묘한 감정을 자극한다. 불꽃에 대한 묘한 감정은 어린 시절 고향에서 소죽을 끓일 때 가마솥 아궁이의 장작불에서 기인한다. 특히 겨울에는 오후 4시 30분 즈음 지게로 직접 장만한 땔감을 아궁이에 넣고 40분 정도 불꽃을 바라보곤 했다. 활활 타오르는 불꽃은 말로 형언할 수 없을 만큼 아름다울 뿐 아니라 모든 번뇌를 잊게 한다. 정월 대보름날 달집태우기는 불꽃에 대한 또 다른 나의 기억이다. 달집태우기는 준비위원들이 가을걷이로 텅 빈 논에 동네 인근 산에서 소나무를 자르고 짚을 엮어서 만든다. 마을 사람들은 저녁을 일찍 먹고 달집태우기 장소에 모인다. 보름달이 뜨면 준비위원회의 대표가 달집에 불을 붙인다. 마을 사람들은 달집에 불이 붙으면 일제히 환호한다. 달집의 불꽃은 순식간에 하늘 높이 올라간다. 나는 그 순간을 지금도 잊을 수 없다.

달집태우기보다 한층 강렬한 불꽃은 '화왕산 억새 태우기' 모습이다. 지금은 큰 사고로 없어졌으나, 화왕산 억새 태우기는 2년마다 실시하던 전국에서도 유명한 행사였다. 나는 억새 태우기 행사에 직접 참여한 적은 없지만 고향에서 불꽃을 바라보곤 했다. 늦은 밤 억새에서 일어나는 불꽃을 바라보면 모든 상념이 한 줌의 재로 변한다. 지금 그 시절의 불꽃을 생각하면 '불꽃같은 삶'이 무엇인지 어렴풋하게나마 알 것만 같다. 불꽃은 보는 사람에게 엄청난 에너지를 제공한다. 장승업의 삶이 불꽃같다면 그의 엄청난 에너지는 어디서 왔을까.

김홍도와 끊임없이 경쟁하며 살다

황해도 안악安岳의 대원大元을 본관으로 한 장승업의 선조는 무반武班이었다. 그의 호 오원吾園은 김홍도金弘道의 호 단원檀園을 의식해 '너만 원이냐, 나도 원이다'라는 뜻을 담았다. 장승업은 같은 무반 출신이면서도 뛰어난 화가였던 김홍도와 경쟁하면서 살았던 사람이다. 장승업의 삶은 10대 중반부터 세종世宗 때 청계천에 만든 수표교 부근에 있는 이응헌李應憲의 집에서 더부살이하면서 전환기를 맞았다. 이응헌은 역관이었다. 그는 중국어 회화 책인《화음계몽언해華音啓蒙諺解》를 편찬한 사람이다. 집안 사정상 문자를 배울 기회가 없었던 장승업은 이응헌의 집에서 주인 아들의 어깨너머로 글자를 배우기 시작했다. 특히 역관으로서 중국을 왕래하던 이응헌의 집에는 중국 유명 화가의 그림과 글씨가 많았다. 특히 이응헌은 당시 상당한 재력까지 갖춘 이른바 '여항문학閭巷文學'의 주인공이었다. 여항문학은 조선 후기 서울 중인층의 한문학을 의미한다. 여항문학은 중인 이하의 신분을 의미하는 '위항委巷'을 따서 '위항문학'이라고도

한다. 이처럼 이응헌은 장승업이 그림으로 살아갈 수 있는 최적의
조건을 제공했다.

이응헌의 안목은 장승업이 창의성을 발휘하는 데 결정적인 역할
을 했다. 만약 이응헌이 오갈 데 없는 장승업의 잠재력을 알아보지
못했다면 그의 운명도 사뭇 달랐을 것이다. 이응헌이 장승업의 능
력을 알아볼 수 있었던 것은 그림에 대한 안목이 상당히 높았기 때
문이다. 그래서 이응헌은 장승업의 위대한 스승이었다. 이응헌도 장
승업의 잠재능력을 보는 순간 무척 기뻤던 것이다.

이응헌이 그 어떤 대가도 바라지 않고 장승업을 물심양면으로
후원할 수 있었던 데는 역관으로서의 신분도 결코 무시할 수 없었
을지도 모른다. 조선의 신분사회에서 중인이 겪는 설움은 이루 말
할 수 없었다. 당시에는 극히 일부를 제외하면 아무리 능력이 뛰어
나더라도 신분의 제약으로 발휘할 기회를 얻기란 무척 어려웠다. 역
관 이응헌은 스스로 그런 한계를 절감하던 사람이었다. 장승업은
이응헌의 인간에 대한 통찰력 덕분에 능력을 마음껏 발휘할 수 있
는 기회를 얻었다. 《일사유사》에 나오는 장승업의 일화는 읽는 사
람을 무척 즐겁게 한다.

중국 원나라와 명나라 이래의 명인들이 남긴 서화가 많았던 이응헌
집안에는 종종 (서화를) 펼쳐놓고 그림을 익히게 하는 일이 있었다. 장
승업은 그때마다 유심히 보았다. 그는 문득 마치 오래전부터 익혀온
일처럼 여기어 심신으로 꿰뚫었다. 그는 평생 붓 잡는 법도 제대로 몰

랐지만 하루는 갑자기 붓을 잡아 손 가는 데로 휘두르니, 매화나 난
초나 돌이나 대나무나 산수와 금수를 그린 것이 모두 자연스럽게 이
루어져 흡사 신들린 솜씨가 있는 듯했다. 이응헌이 보고 크게 놀라
며, "누가 이 그림을 그렸나?"라 물으니, 장승업이 사실대로 고했다. 이
응헌이 하늘의 도움을 받은 재주라고 하면서 종이와 붓과 먹 등 여
러 도구를 주어서 그림 공부에 전력하도록 했다. 이때부터 장승업은
마침내 세상에 화가로서 이름을 알렸다.

운명을 바꾼 두 번째 스승과의 만남

진주민란이 일어난 1862년은 장승업이 본격적으로 화가의 길을 걸
었던 해다. 그는 이해에 이응헌에 이어 자신의 운명을 바꿀 혜산惠
山 유숙劉淑의 제자가 되었다. 도화서圖畫署 화원으로 사과司果를 지낸
유숙은 산수·인물·화조를 잘 그렸다. 유숙은 이한철李漢喆·백은배
白殷培 등 19세기 대표 화원화가는 물론 추사 김정희와 우봉又峰 조
희룡趙熙龍 등과도 그림으로 교유한 인물이었다.

임진왜란 이후 조선의 한계를 적나라하게 드러낸 진주민란은 장
승업의 삶에도 적잖은 영향을 줄 수밖에 없었다. 진주민란은 조선
후기 사회의 모순이 전면적으로 드러난 결과였다. 당시 농민들은 농
업 생산력과 상품 화폐 경제의 발달로 급속히 분해되기 시작했다.
그 결과 자영농민층은 빠른 속도로 몰락했으며, 지주와 소작인 사
이에 경제적 이해를 둘러싼 대립도 한층 심해졌다. 당시의 사회분

위기는 장승업의 그림 판매에도 영향을 줄 수밖에 없었다.

장승업의 미술세계는 크게 두 시기로 나눌 수 있다. 첫 번째 단계는 이응헌의 집안에서 중국 원나라와 명나라 시대의 서화를 본 시기이고, 두 번째 단계는 유숙에게 그림을 배운 시기다. 조선시대 화가 중에서 원명시대 화가의 영향을 받지 않은 사람은 없었다고 해도 지나치지 않을 만큼 엄청난 영향을 주었다. 이응헌이 중국을 왕래하면서 원명시대의 서화를 구입한 것은 그가 그림을 좋아한 탓도 있지만 소장가치도 충분했기 때문이다. 특히 원대의 조맹부趙孟頫를 비롯해서 원말의 황공망黃公望·오진吳鎮·예찬倪瓚·왕몽王蒙 등 원말 사대가四大家의 그림은 장승업에게 많은 영향을 주었다. 이들의 그림은 명말청초 이어李漁가 편찬한 산수화의 교본인《개자원화전芥子園畵傳》에도 수록되어 있을 만큼 중국과 조선의 모든 산수화가들의 모델이었다. 장승업이 산수·인물·영모翎毛·화훼·기명절지화器皿折枝畵 등 다양한 소재에서 뛰어난 능력을 발휘한 것은 스승의 영향이자 중국의 영향이기도 했다.

술, 예술가의 영원한 벗

술은 많은 예술가의 벗이었다. 김홍도도 그림을 그려준 대가로 술을 먹었을 만큼 애주가였다. 장승업도 술을 무척 좋아했다. 아래 일화는 장승업의 애주 모습을 잘 보여준다.

장승업의 명성이 알려지자 원근에서 그림을 구하는 사람들의 수레와 마차 소리가 길을 가득 메울 정도였다. 그는 술을 몹시 좋아해서 술을 마시면 문득 몇 말을 마시되 흠뻑 취하지 않으면 그치지 않았다. 술에 취하면 간혹 여러 달을 깨지 않았다. 그래서 간혹 그림 한 축을 그릴 때 반쯤만 그리고 그만두는 경우가 많았다. 그는 번 돈을 모두 술집에 맡겨놓고 매일 술집을 드나들면서 마시되 돈이 얼마나 남았는지에 대해서는 계산하지 않았다. 주인이 남은 돈을 계산해서 이야기하면 천연덕스럽게 "다만 나에게 술만 주면 될 터이니, 왜 돈을 따지는가?"라고 했다.

술에 얽힌 장승업의 일화는 그가 괴짜라는 것을 증명한다. 그러나 장승업의 괴짜 모습은 그를 조선 초기의 안견眼見, 후기의 김홍도·정선鄭歚과 함께 조선시대 4대 화가로 불리게 한 원동력이었다. 그가 그림을 그리면서 술을 즐겨 마신 것은 이 두 가지 외에는 전혀 관심이 없었다는 뜻이다. 그의 이러한 태도가 아니었다면 결국 뛰어난 화가로 성장하지 못했을 것이다. 그가 술을 즐겨 마신 것은 안견이나 김홍도 및 정선처럼 좋은 시대배경에서 살지 않았던 탓도 있지만 부양할 처자식이 없던 것도 적잖이 작용했을 것이다.

장승업의 명성은 급기야 임금이 있는 궁궐까지 전해졌다. 고종은 장승업을 궁궐로 불렀다. 고종은 장승업이 술을 즐긴다는 이야기를 들은 터라 장승업을 방에 가둔 뒤 병풍 10여 폭을 그리게 했다. 고종은 장승업에게 하루 두세 잔 외에는 술을 주지 말도록 명령했다. 임금의 조치에 장승업은 금단현상이 일어나 엄청난 고통을 받기 시작했다. 술을 마시지 않은 지 10여 일이 지나자 도저히 참을 수가 없던 장승업은 채색 도구를 구한다는 핑계를 대고 수문장을 꾀어 밤에 달아났다. 그러자 고종은 장승업을 다시 잡아들여 한층 경계를 강화했다. 장승업도 몇 차례나 갓과 도포를 벗어놓고 몰래 지키는 나졸의 삿갓과 의복을 훔쳐 입고 달아났다. 화가 난 임금은 포도청에 명해 그를 잡아 가두었다. 이때 계정桂庭 민영환閔泳煥이 고종 옆에 있다가 다음과 같이 말했다.

"신이 평소 장승업을 잘 아니, 신의 집에 가두어 그 그림을 마치게 해주십시오."

임금의 허락을 받은 민영환은 장승업을 자신의 집에 데리고 왔다. 민영환은 고종과 다른 방법으로 장승업을 관리했다. 그는 장승업이 입고 있던 옷과 삿갓 등을 다른 곳에 감추고 그를 별장에 가둔 뒤 심부름하는 사람이 엄하게 감독하도록 했다. 대신 매일 술을 동이채로 넉넉하게 제공하되 만취하는 데까지는 이르지 않도록 했다. 장승업은 처음에는 민영환의 대우에 감격해 그림에 전념했다. 그러나 얼마 후 민영환이 궁궐에 가고 지키는 사람도 조금 해이한 틈을 타서 몰래 다른 사람의 삿갓과 상복을 훔쳐 입고 술집으로 달아나 숨어버렸다. 민영환도 장승업을 찾아 다시 별장에 가두길 여러 차례 반복했지만 임금이 요구한 병풍 그림을 마치도록 하지 못했다.

장승업은 여자를 무척 좋아해서 그림을 그릴 때마다 반드시 짙게 화장한 여자와 마주한 뒤에라야 붓을 들었다. 그는 나이 마흔 정도에 장가들었으나 하룻밤 만에 여자를 버리고는 죽을 때까지 장가들지 않았다.

해당화에 앉아 있는 두 마리 푸른 새

장승업은 정6품 감찰이라는 관직을 받았을 만큼 고종의 사랑을 받았다. 그가 임금 앞에서도 괴짜로 행동했는데도 계속 그림을 그릴 수 있었던 것은 민영환을 비롯해 한성부 판윤 변원규卞元圭는 물론 흥선대원군 이하응李昰應, 민영익閔泳翊, 오세창吳世昌 등 당시 문화계의 큰 손들이 그를 적극 후원했기 때문이다. 당시 정치지도자들이 장승업을 후원한 것은 그가 오로지 그림에만 미친 천재였기 때문이다. 혹 장승업이 다른 의도를 가졌더라면 결코 그들의 후원을 기대할 수 없었을 것이다.

　장승업의 화풍은 안중식安中植과 조석진趙錫晉에게 계승되었고, 안중식과 조석진의 화풍을 이은 노수현盧壽鉉·이상범李象範·변관식卞寬植 등도 장승업의 유풍을 그리워했다. 장지연은 《일사유사》에서 장승업을 다음과 같이 평가했다.

　　외사씨外史氏는 말한다. 우리 조선에는 옛날부터 그림으로 이름난 사람이 대대로 끊이지 않았지만, 오원 장승업에 이르러서 이구동성으로 추송하기를, "이는 신령스러운 작품이라서 배워 할 수는 없는 것

장승업, 〈해당청금〉, 비단에 채색, 74.9×31cm, 19세기, 간송미술관. 〈해당청금〉은 장승업의
화조 그림을 대표하는 작품이다.

이다"라고 했다. 장승업은 대개 당나라 육조六祖 혜능惠能이 참선으로 깨달은 것과 같아서 스승에게 가르침을 받지 않고 문득 깨닫고 깨쳐서 저절로 삼매의 경지에 이른 것과도 같다. 아! 오원 장승업 같은 사람은 불가의 숙업에 의한 인과응보로 이룬 자일 것이다. 그러나 안타깝게도 그가 남긴 그림과 글씨가 많이 없어지고 조금만 전하니, 슬픈 일이다.

장승업이 남긴 그림은 많지 않지만 그의 영향력은 아주 컸다. 그의 그림 중에서도 〈해당청금〉은 나를 유혹한다. 간송미술관 소장의 〈해당청금〉을 보니, 해당화에 앉아 있는 두 마리 푸른 새의 사랑이 불꽃처럼 강렬하게 다가온다. 〈해당청금〉은 장승업의 화조 그림을 대표하는 작품이다. 그러나 장승업의 그림 중에서도 〈해당청금〉에 대한 관심은 아주 적은 편이다. 〈해당청금〉은 영모화 열 폭 가운데 여덟 번째 폭에 들어 있는 작품이다.

장미과의 해당화는 홍만선洪萬選의 《산림경제山林經濟》에서 지적하고 있듯이 중국 사람들이 꽃 중에서도 신선[花中神仙]으로 꼽을 만큼 인기를 끈 나무였다. 아래 최립崔岦의 《간이집簡易集》의 시에서 알수 있듯이 해당화는 바닷가에서 잘 사는 나무다.

해당화[海棠]
명사 일대 바닷가는 해당화로 가득한데
늙은 원님 게을러서 나가지 못하니 어떡하나.

담 아래 몇 가지에 핀 꽃이야 다를 게 없으려니

흰 물새와 성근 비는 멀리서 풍류를 다스리네.

[鳴沙一帶海棠洲 老守其如懶出遊. 墻下數枝花色是 白鷗疎雨領風流.]

해당화의 풍성하고 붉은 꽃은 가슴 설렐 만큼 아름답다. 그러나 그림 속의 해당화는 붉지 않다. 다섯 장의 꽃잎이 서로 어깨를 나누면서 핀 모습은 진정 연인의 사랑스러운 모습이다. 〈해당청금〉의 암수 한 쌍도 해당화의 모습과 다를 바 없다. 〈해당청금〉의 새들은 해당화에는 관심이 없지만 사랑하는 모습은 꽃만큼 아름답다.

해당화. 해당화의 풍성하고 붉은 꽃은 가슴 설렐 만큼 아름답다. 그러나 장승업의 〈해당청금〉은
이를 붉게 표현하지 않았다.

제2부

생기로 가득 찬

여름나무에게

지속성을 배우다

배롱나무와 함께 지킨
자식 된 도리

● 조임도와 배롱나무

배롱나무의 붉은 꽃은 변하지 않는 단심丹心을 뜻한다. 조임도趙任道는 배롱나무를 심어 붉은 꽃 사이로 부모의 묘소를 보는 것을 자식의 도리라 생각했다. 배롱나무 꽃이 피고 지는 100일 동안 부모의 묘소를 바라보는 조임도의 심정도 그 꽃처럼 붉게 물들었을 것이다.

조임도의 남다른 효심

조임도는 함안 검암리에서 태어났다. 함안은 조임도의 고향이자 본관이다. 나는 조임도를 일찍 알지 못했지만 그가 생육신 조려趙旅의 5세손이라는 사실을 알고부터 큰 관심을 가지기 시작했다. 입암立巖 조식趙埴과 병절교위 류상린柳祥麟의 딸 사이에서 태어난 조임도는 타고난 성품이 맑고 빼어난 데다 외모도 준수했으며, 총명함이 보통 아이들과 달랐다. 특히 그는 어릴 적부터 효에 관심이 남달랐다.

　기록에 따르면, 어느 날 조임도가 밖에 나가 놀다 들어오더니 어머니께 "제 이름을 원효元孝라 불러주십시오"라고 했다. 그의 어머니가 "마을 사람 가운데 원효라는 이름을 가진 사람이 있다"라고 하자 "그러면 제 이름을 덕방德方이라 불러주십시오"라고 했다. 어머니가 "문중 형제 중에 덕방이라는 이름을 가진 사람이 있다"라고 하자 "그러면 제 이름을 백효伯孝라 불러주십시오"라고 했다. 어머니가 이상하게 여겨 남편에게 말했더니 남편 입암공이 "이제 막 말을 배우는 어린아이가 벌써 효에 뜻을 두었나 보오"라고 하더니 마침내 아들의 이름을 '백효'라 지었다.

조임도는 이처럼 어린 시절부터 스스로 일을 처리하는 성격이었다. 그는 부모가 채근하지 않아도 글공부를 게을리하지 않았다. 그래서 조임도의 아버지는 아들이 큰 인물이 되리라 기대했다. 그러나 임진왜란은 조임도의 삶에 적잖은 영향을 주었다. 특히 함안은 임진왜란의 최대 격전지 가운데 하나였다. 창녕과 함안은 낙동강을 경계로 행정구역이 나뉜다. 따라서 왜군에게 낙동강은 반드시 돌파해야 대구 방향으로 진격할 수 있는 곳인 반면 조선에게는 방어하지 못하면 후방이 뚫리는 군사요충지였다.

조임도의 아버지는 임진왜란이 일어나자 1592년 4월 함안과 인접한 합천으로 피난 갔다. 전쟁은 엄청난 고통을 가져다준다. 특히 전쟁과 함께 닥친 기근은 인간의 본성을 여지없이 드러낸다. 그래서 전쟁과 기근을 만나면 일반인이 염치를 잃어버리는 것은 당연한 일이고, 양반의 자제들도 직접 좀도둑질을 일삼아 자신은 물론 부모에게 누를 끼치기 십상이었다. 그러나 조임도는 이런 상황에서도 콩이나 대추, 밤 등 먹을 수 있는 것을 보아도 보지 못한 것처럼 여길 만큼 자신을 잘 다스렸다. 그는 장난하고 놀 때도 꼭 붓과 벼루로 글씨 쓰는 일을 즐겼으며, 근심하는 기색을 드러낸 적이 없었다. 그러나 조임도의 아버지는 외동아들을 아주 엄하게 키웠다. 어릴 적 매미와 나비, 제비와 참새 새끼를 잡아서 아버지 앞에서 노는 아들의 모습을 보고 조임도의 아버지는 다음과 같이 호되게 꾸짖었다.

"곤충과 초목도 모두 천지의 한 기운을 타고난 것이다. 다만 그 품성이 온전치 못한지라, 사람은 통하고 미물은 막히며 사람은 귀하고 미물은 천하지만, 사람에게 해롭지 않은 것은 마땅히 포용하고 길러서 저마다 그 생명을 다할 수 있도록 해야 옳다. 어찌해서 하늘이 낸 생명을 해쳐서 함께 살아가는 조화로운 뜻을 해치는가? 옛사람은 혈기 있는 모든 동물의 몸을 해치지 않았다. 공자의 제자 고자고高子羔는 땅속에서 금방 나온 벌레를 죽이지 않았으며, 주렴계周濂溪, 즉 북송의 주돈이周敦頤는 자기 뜰 앞에 나는 풀을 제거하지 않았으니, 그야말로 처음 배우는 사람이 사모하고 본받을 부분이다."

조임도의 효성은 아버지의 죽음 앞에서 드러났다. 그는 1607년 2월 스물세 살 때 아버지가 병으로 눕자 대변이 단지 쓴지 맛을 보아 병의 차도를 알아보았을 뿐 아니라 북극성에 머리를 조아리며 자신이 대신 병을 앓기를 기도했다. 자식이 아버지의 병환에 대변을 살피는 것은 조선시대 양반 자제들의 기본이었지만, 모든 양반 자제들이 그렇게 한 것은 아니었다. 조임도는 아버지가 돌아가자 물과 간장 한 모금조차 입에 대지 않아 기절했다가 겨우 소생했다. 장례를 마치자 묘소 곁에 여막을 짓고 아침저녁으로 상식을 올렸으며, 손수 제물을 차리고 하루에 두 번씩 묘소를 살폈다. 바람이 부나, 비가 오나, 추우나, 더우나 그만둔 적이 없었다. 그는 상복을 벗지 않았고 매일 미음을 먹으면서 채소나 과일을 먹지 않았다. 그는 어머니 문안을 제외하고 여막을 벗어나지 않았다. 조임도는 《주자가례朱子家禮》에 따라 상례·장례·제례 등을 치렀다. 조임도가 스물네 살에 쓴 〈상을 당했을 때 지켜야 할 열 가지 원칙[居喪大節十條]〉은 그가 얼마나 아버지의 죽음을 애도했는지를 잘 보여준다. 그는 삼년상을 마쳤는데도 여전히 고기반찬을 먹지 않았고 침소로 되돌아가지 않았다. 그는 어머니가 간곡하게 부탁한 뒤에야 집으로 돌아왔다. 그는 어머니도 아버지를 모시듯이 했다.

학문에 대한 열정과 열린 태도

조임도는 열네 살 때 봉화 출신의 반천槃泉 김중청金中淸에게 본격적으로 성리학을 배웠다. 김중청은 조선 중기의 대학자였던 월천月川 조목趙穆의 제자였다. 조임도가 봉화까지 간 것은 정유재란 때문이었으나, 여기에는 유명한 학자를 낳은 봉화에서 자식을 교육하겠다는 조임도 아버지의 의지도 있었다. 김중청은 당시 봉화에서 이름난 학자였다. 김중청은 조임도를 무척 아꼈다. 그는 스승을 따라 퇴계 이황이 공부했던 안동의 청량산에서 글을 읽었다. 조임도는 아버지가 의성으로 돌아가는 터에 스승과 이별했다. 그는 스승의 은혜를 잊지 못해 다음과 같은 시를 남겼다.

김만고가 보낸 시에 차운하다[次金萬古送韻]

와서 머물러주다 떠나갈 때가 되니

이생에서는 동행할 곳 없으리.

일찍이 혼자 필마로 그대를 찾아가서

구천으로 선생이 떠나신 걸 더욱 슬퍼했지.

집에 달이 가득하니 얼굴을 보는 듯

구름 멈춘 하늘 끝에서 이별을 슬퍼했네.

보내주신 벽 위에 걸린 초서 글씨

물고기와 새도 기뻐해 또한 알겠지.

[辱贈來投告別時 此生無處得相隨. 曾孤匹馬尋賢契 更愴重泉隔老師. 月滿
屋梁疑面目 雲停天末悵離違. 緘來壁上龍蛇字 魚鳥欣然亦有知.]

조임도는 열여섯에 선산 출신의 두곡杜谷 고응척高應陟에게 《대학
大學》을 배웠다. 성리학을 깊이 연구한 고응척은 조임도를 만나 잠깐
이야기를 나눈 뒤 "어린 나이에 이미 실제로 보아 터득한 데가 있으
니, 대단히 쉽지 않은 일이다"라면서 탄복했다. 조임도의 아버지는
다시 경상북도 성주의 인동으로 이사를 갔다. 조임도는 이곳에서
여헌旅軒 장현광張顯光에게 배웠다. 조임도의 아버지는 장현광을 만
난 뒤 자식의 이름을 임도로 바꾸었다. '임도'는 성리학의 도를 맡
을 만한 인물이라는 뜻이다.

조임도는 임진왜란과 정유재란이 끝나자 약 5년만에 다시 고향
으로 돌아왔다. 열아홉 살 때 고향에 돌아온 조임도는 곤지재를 짓

고 시냇가에 직접 소나무 두 그루를 심은 뒤 자신을 호를 '간송澗松'
이라 지었다.

시냇가에 소나무를 심다[栽松澗邊]

시냇가 소나무를 유독 사랑하는 것은

추운 계절에도 그 모습을 바꾸지 않아서라네.

깊은 뿌리는 깎아지른 절벽에 내리고

곧은 줄기는 위태로운 봉우리에 우뚝 솟았다네.

바람이 세찰수록 우는 소리 더욱 씩씩하고

서릿발 엄할수록 푸른빛 더욱 짙어지네.

그대 보게나! 봄여름 좋은 시절에는

온갖 것들이 모두 푸르른 것을.

[獨愛澗邊松 天寒不改容. 深根盤絶壑 直幹聳危峯. 風烈聲逾壯 霜嚴翠更

濃. 君看春夏節 百物共靑蔥.]

　조임도가 지은 공부방인 곤지재는 공자가 앎을 언급한 '곤이지
지困而知之'에서 빌린 이름이다. 《논어論語》〈계씨季氏〉에 따르면, 공자
는 배움을 생지生知·학지學知·곤지困知 등 세 등급으로 나누었다. 태
어나면서부터 아는 사람은 상급이요, 배워서 아는 사람은 그다음
이요, 통하지 않아서 배우는 사람은 그다음이다. 그런데 공자는 통
하지 않는데도 배우지 않는 자를 가장 낮은 백성이라 평가했다. 태
어나면서 아는 자는 성인이요, 배워서 아는 자는 큰 현인이요, 애를

써서 아는 자는 보통 사람들이다. 조임도가 자신의 서재를 곤지재라 한 것은 한편으로 겸손의 표현이지만 그만큼 공부에 대한 각오가 강하다는 뜻이다.

조임도는 스물세 살에 함안의 용화산에 뱃놀이를 하다가 한강 정구를 만났다. 경상북도 성주 출신인 정구는 이황과 조식의 제자다. 그는 어머니의 권고에 따라 향시에 응시해 합격하는 등 과거시험 공부에도 게을리하지 않았다. 그러나 서른두 살 때부터 과거공부를 포기하고 오로지 독서하면서 즐겼다. 이후 대비 폐위 문제를 둘러싼 상소에 참여한 까닭에 함안 칠원의 내내泰內로 피신했다. 조임도는 피신한 내내에서 상봉정을 지었다. 낙동강 남쪽 언덕 암벽에 자리 잡은 상봉정은 정구가 탐냈던 곳이지만 그는 결국 정자를 짓지 못했다. 조임도의 연보에 따르면, 그가 이곳에 정자를 지은 것은 선영이 가깝고 연못에서 붕어가 많이 잡혀 어버이를 봉양하기에 적합했기 때문이다.

강가에서 마음대로 읊다[江上雜興]

만 리 먼 하늘에 학 한 마리 높이 나니

강호의 경치 좋은 곳이라 배회하기 좋구나.

원래 배불리 먹는 일은 결국 화를 부르는 법이니

벼논 가까이 노니는 가을 기러기 쫓지 말라.

[一鶴高飛萬仞天 江湖勝地好盤旋. 由來飽食終媒禍 莫逐秋鴻近稻田.]

'벼논에서 볍씨를 쪼아 먹는 기러기를 쫓지 말라'는 구절에서는 그가 어린 시절 아버지의 가르침을 잊지 않은 것을 알 수 있다. 조임도는 나이 마흔 때 부지암에서 장현광을 만나 《심경心經》·《대학연의大學衍義》·《독서록讀書錄》 등 성리학의 기본서에서 의문점을 물었다. 그는 장현광을 만나기 위해 부지암에서 며칠 동안 기다렸다. 장현광이 머물렀던 곳이 구미시의 부지암정사다. 제자들이 이 자리에 동락서원을 세웠다. 동락東洛은 '동쪽의 낙수洛水', 즉 우리나라의 정자程子라는 뜻이다. 낙수는 주자가 스승으로 삼았던 정자의 고향이기 때문이다. 동락서원이 자리 잡은 낙동강洛東江의 '낙'과 낙수의 '낙'이 같은 이름이다. 내가 근무하고 있는 대학 바로 근처에는 한강 정구를 모신 이락서원이 있다. 이락伊洛의 '이'는 바로 주자의 스승인 정이程頤의 호 이천伊川의 '이'를 딴 이름이다.

조임도의 성리학 공부에는 장현광의 영향이 아주 컸다. 그는 30여 년 동안 장현광과 만나면서 성리학에 대한 궁금증을 풀었다. 장현광도 조임도의 물음에 아주 친절하게 답했다. 그래서 조임도 역시 장현광에 대해 각별하게 생각할 수밖에 없었다. 그는 장현광이 포항시 남구의 입암에 머물다가 부지암에서 죽자 망모암에 곡위哭位를 설치하고 곡을 했다. 그는 병을 무릅쓰고 조문을 하러 가서 장례까지 참여하고 돌아와 빈소를 차렸다. 그는 장현광을 위해 〈취정록就正錄〉을 지었다. 이 작품은 그가 장현광과 왕래하면서 기록한 언행과 출처, 그리고 의문 사항을 질문하고 답한 내용을 담고 있다.

조임도의 삶에는 서애西厓 류성룡柳成龍의 아들 수암修巖 유진柳袗,

동계桐溪 정온鄭蘊, 미수眉叟 허공許穆, 한강 정구의 제자 등암藤庵 배상 룡裵尙龍 등도 적잖은 영향을 주었다. 조임도는 이들과 교유하면서 성리학에 대한 깊이를 더했다. 그는 중국 성리학의 기초를 세운 정 자를 찾아가고, 동방 오현 가운데 수현인 한훤당寒暄堂 김굉필金宏弼 을 모시고 있는 경상북도 성주의 천곡서원, 한강 정구를 모시고 있 는 회연서원을 방문하는 등 도학정신을 기르는 데 한순간도 게을리 하지 않았다.

조임도는 남명의 학풍을 이은 함안에서 태어났지만 퇴계의 학풍 을 이은 학자들과 많이 교유했다. 그는 기본적으로 퇴계의 학문을 계승했다. 그러나 그가 활동한 지역은 남명학의 본거지인 경상우도 였다. 그래서 그는 이론에 집중한 퇴계의 사상과 실천을 강조한 남 명의 철학을 함께 중시했다. 그는 당쟁의 문제를 간파한 까닭에 당 쟁에는 가담하지 않았으며, 노론과 소론에 속한 사람일지라도 마 음이 통하면 누구든 사귀었다. 조임도의 이러한 학문과 삶의 태도 는 그의 호에서 잘 드러나 있다. 그는 같은 해에 태어난 퇴계와 남명 의 정신을 함께 계승한 보기 드문 학자였다. 그는 다음과 같이 퇴계 와 남명을 평가했다.

우리나라의 열여섯 현자를 노래하다[東賢十六詠]
주희의 글을 너무 좋아해 환골탈태했고
의리의 깊은 경지에 잠심해 돌이킨 적이 없네.
암서헌과 완락재에 남은 향기가 서렸으니

만은 이시항李時恒의 맑은 풍도 백세에 우뚝 섰네.

[酷悅朱書便奪胎 潛心理窟不曾回. 嚴棲翫樂餘香在 晚隱淸風百世嵬.]

태산의 가을 기운은 무너지는 물결을 누르고

경 공부는 묘하게 관문을 뚫었네.

도가 때를 못 만났으니 어찌 작은 일에 쓰이랴

나라 다스릴 역량을 감추고 숨어서 도를 즐겼네.

[泰山秋氣壓頹瀾 敬義工程妙透關. 道不遇時寧小用 懷藏國器軸蕳間.]

배롱나무꽃 질 때까지 부모 묘소를 바라보다

창녕군 영산은 불교와 밀접한 관련이 있다. '영산靈山'은 석가모니가
수도한 곳과 지명이 같다. 영산은 불교 성지에서 흔한 지명이다. 우
리나라 조계종의 삼보사찰 가운데 불보사찰인 양산통도사의 영
축산靈鷲山도 영산과 같은 의미다. 지금도 영산에는 원효元曉가 세운
관룡사를 비롯해 많은 암자가 있다. 특히 영산은 신씨辛氏의 본관이
자 고려말 공민왕恭愍王 시절 편조대사遍照大師 신돈辛旽이 태어난 곳
으로도 유명하다. 조임도가 영산으로 온 것은 1633년 마흔아홉 살
때였다. 그가 이사온 영산의 용산龍山마을은 함안 내내와 5리 정도
떨어진 곳이었다. 그가 이곳에 온 것은 조상의 묘소인 선영을 늘 볼
수 있었기 때문이다.

배롱나무의 붉은 꽃. 조임도는 거처를 정할 때 늘 조상의 묘소를 먼저 생각했다. 그리고 묘소에
직접 한 그루 배롱나무를 심었다.

용산에 새로 집을 짓다[龍山新卜]

용산의 한 그루 백일홍

꽃 너머 보이는 초가 내 집이라네.

그저 선영이 늘 눈에 보여서이지

생애를 맡길 만큼 경치 좋은 곳이 없어서가 아니라네.

[龍山一樹紫薇花 花外茅簷是我家. 只爲松楸長入望 非無勝地寄生涯.]

조임도는 거처를 정할 때 늘 조상의 묘소를 먼저 생각했다. 그는 직접 한 그루 부처꽃과의 배롱나무를 심어 부모를 생각했다. 배롱나무는 꽃이 100일 동안 피어서 백일홍이라 부르지만 조임도는 자미화로 불렀다. 자미화는 배롱나무의 또 다른 이름이다. 중국 당나라 현종玄宗은 자신이 근무하던 곳에 자미화를 심고 무척 즐겼다. 그래서 당 현종이 근무한 중서성을 자미성紫薇省, 자미성에 근무하는 관리를 자미객紫薇客이라 불렀다. 자미는 단순히 나무를 의미하는 데 그치지 않고 북극성을 의미하는 자미성紫微星과 맞닿아 있다. 중국 북경의 명청시대 궁궐이었던 자금성紫禁城도 북극을 상징한다. 뭇별을 관장하는 북극은 황제나 천자를 의미한다. 당 현종이 중서성에 배롱나무를 심은 것도 자신의 권위를 드러내기 위한 것이었다. 그래서 중국은 물론 우리나라에서도 궁궐이나 관청에 배롱나무를 심기 시작했다.

배롱나무는 황제의 나무이기도 하지만 조상을 위한 후손들의 일편단심을 의미한다. 그 이유는 배롱나무의 붉은 꽃 때문이다. 붉은 꽃은 변하지 않는 단심을 뜻한다. 조임도는 배롱나무를 심어 붉은 꽃 사이로 부모의 묘소를 보는 것을 자식의 도리라 생각했다. 배롱나무 꽃은 100일 동안이나 피니, 꽃이 질 때까지 부모의 묘소를 바라보는 조임도의 심정도 붉게 물들 것이다. 배롱나무는 붉은 태양을 벗 삼아 꽃을 피우고 또 떨어뜨리길 반복하면서 미래를 밝힌다. 조임도는 집을 마련한 뒤에 '곡굉曲肱'이라는 편액을 내걸고 팔베게하고 누워 배롱나무의 꽃 그림자가 사라질 때까지 부모의 묘소를 바라보았다.《논어》〈술이述而〉에 나오는 '곡굉'은 '팔을 굽힌다'는 뜻이지만, 안빈낙도安貧樂道를 뜻한다. 공자는 "거친 밥을 먹고 물을 마시며 팔베개를 베고 누워도 즐거움이 또한 그 가운데 있으니, 의롭지 못한 부귀는 나에게 뜬구름과 같다[飯疏食飮水 曲肱而枕之 樂亦在其中矣, 不義而富且貴 於我 如浮雲]"고 했다. 공자의 이 말은 그의 제자 가운데 안연顏淵을 제외하면 거의 찾아볼 수 없을 만큼 실천하기 어렵다. 조임도는 사실 공자의 말을 실천하고 싶었던 것이다.

조임도는 집에서 남으로 몇백 걸음 떨어진 용화산 기슭 낙동강변에 세 칸짜리 작은 정자를 짓고, 가운데 칸은 망모암望慕庵, 왼쪽 칸은 사월루沙月樓, 오른쪽 칸은 와운헌臥雲軒이라 이름 지었으며, 앞의 대를 연어대鳶魚臺, 바위를 노어암鱸魚巖이라 불렀다. 아울러 모두 합쳐 합강정사合江精舍라 불렀다. 지금의 합강정合江亭이다. 합강은 낙동강과 남강이 합하는 지점에 위치해서 붙인 이름이다. 조임도는 집을 짓고 난 후 소나무·국화·매화·대나무를 심었다.

조임도의 이러한 조영은 곧 중국 동진시대 도연명의 사례를 모방한 것이다. 이는 그가 이곳을 무릉도원으로 삼고자 했다는 것을 보여준다. 조임도의 〈강재십이영江齋十二詠〉은 이곳의 풍경을 읊은 시다. 열두 작품 모두 천천히 읽으면 합강정의 아름다운 풍경이 절로 눈에 선할 만큼 일품이지만, 여기서는 아래 두 작품만 감상하자.

사월루沙月樓

휘영청 달빛이 대낮처럼 밝으니
넓은 모래밭이 은보다도 하얗구나.
정신이 맑아 잠이 오지 않는데
눈앞에는 가느다란 티끌 한 점 없네.

[皓月明如晝 平沙白勝銀. 神淸無夢寐 眼界絶纖塵.]

와운헌臥雲軒

밤이면 처마 끝에 머무는 것이 좋고
아침이면 언덕 위를 나는 것이 예쁘네.
이불과 베개가 차가워 꿈을 깨니
창문과 벽이 안개로 가득 찼네.

[夜愛簷端宿 朝憐隴上飛. 夢驚衾枕冷 窓壁滿霏微.]

합강정. 조임도는 낙동강변에 세 칸짜리 작은 정자를 짓고, 그곳에 소나무·국화·매화·대나무를 심었다. 이는 그가 이곳을 무릉도원으로 삼고자 했다는 것을 보여준다.

조선시대 화가가 본
중국의 풍경

● 이계호와 포도나무

이계호李繼祜의 그림을 보면 조선시대 화가에게 포도나무가 어떤 의미였는지 알수 있다. 그는 포도나무의 잎과 열매를 촘촘하게 그렸다. 또한 포도나무의 전체 모습을 상상할 수 있도록 포도보다는 줄기를 그렸고, 잎을 크게 그렸다. 그는 어째서 열매가 아닌 나무의 전체를 볼 수 있는 줄기와 잎에 치중했을까.

세계와 우리나라 속 포도의 기록

포도나무는 늦은 봄에 꽃이 피어 8월경에 익는다. 특히 포도가 익어가는 시기를 '포도순절葡萄旬節'이라 부른다. 포도순절은 열흘을 의미하는 '순旬'에서 알 수 있듯이 포도가 익어가는 열흘을 의미한다. 포도가 익어가는 절기는 백로白露다. 백로는 24절기 가운데 더위가 끝나는 처서에서 가을이 들어서는 추분 사이의 열다섯 번째 절기다. 백로 시기는 밤 동안 기온이 크게 떨어져서 대기 중에 생긴 수증기가 엉겨 풀잎에 이슬이 맺히기 때문에 붙인 이름이다. 이처럼 절기는 한 달에 열닷새 간격으로 두 차례 변화를 관찰해서 붙인 것이다. 1년은 24절기다.

절기마다 다시 닷새 간격으로 변화를 측정한 것이 '후候'다. 24절기는 전체 72후다. '기후'는 24절기와 72후를 줄인 개념이다. 그래서 백로에서 추분까지는 닷새 간격으로 초후初候·중후中候·말후末候라 부른다. 24절기마다 이 같은 용어를 사용한다. 우리나라 속담에 따르면, 백로의 초후에는 기러기가 날아오고, 중후에는 제비가 돌아가며, 말후에는 모든 새들이 먹이를 저장한다. 포도는 이 시기에 익어서 추석 즈음에 먹는다.

포도나무의 원산지는 카스피 해 연안으로 추정하고 있다. 이집트의 제4·17·18왕조의 상형문자 문서에 포도와 포도주 생산에 관해 상세하게 기록하고 있다. 《성서》에도 노아Noah가 포도원을 가꾸었다는 내용을 비롯해서 자주 등장한다. 사마천司馬遷의 《사기史記》에 따르면 중국에서는 한나라 장건이 대완大宛에서 포도를 처음 도입했다. 한나라 무제는 사신이 가져온 포도 열매를 이궁離宮 옆에 심어서 '포도궁葡萄宮'이라 불렀다.

중국 진晉나라 사람들은 포도를 색에 따라 분류했다. 중국 북위北魏시대 양현지楊衒之의 《낙양가람기洛陽伽藍記》에 따르면, 한나라 명제가 세운 백마사白馬寺 탑 앞에는 대추보다 큰 포도가 있었다. 북위 말에 나온 가사협賈思勰의 《제민요술齊民要術》에는 포도 재배와 저장법이 기록되어 있다. 중국 오대에는 씨 없는 포도가, 송대에는 유리로 만든 포도가 나왔다. 몽골 지배 시기 중국 북부 지방까지 재배한 포도는 명대에 이르러 투르판처럼 이슬람교도들이 생활하는 중앙아시아의 몇몇 오아시스를 제외하고는 모두 자취를 감추었다. 포도나무는 17세기 북경 인근에 정착한 예수회 선교사들이 미사에 쓸 포도주를 만들기 위해 다시 들여왔다.

우리나라에 포도가 언제 들어왔는지 알려주는 기록은 없다. 단지 고려시대 이전에 중국에서 도입했을 것으로 추정하고 있을 뿐이다. 강희안姜希顔의 《양화소록養花小錄》에 따르면, 청흑색포도는 몽골 공주에게 장가들었던 충숙왕忠肅王이 돌아올 때 원나라 황제에게 받아온 것이다. 조선 초의 문인들도 괴애乖崖 김수온金守溫의 "화산이 홀로 서 있음은 옥으로 만든 부용이요, 한강이 염색해낸 것은 금빛 포도라오 [華山獨立玉芙蓉, 漢江染出金葡萄]"에서 보듯 포도 관련 시를 남겼다. 조선시대의 도자기에 포도 그림이 그려져 있고, 홍만선의 《산림경제》에서도 여러 가지 포도 품종을 언급하고 있는 점으로 보아 여러 종류의 포도가 재배되었던 것으로 보인다.

서유구徐有榘는 《임원경제지林園經濟志》에서 포도를 채소열매류로 분류했다. 《임원경제지》에 따르면, 포도는 사자앵도賜紫櫻桃 · 초룡주草龍珠라 불렀다. 초룡주는 중국 이시진의 《본초강목》에서 언급한 것이다. 《임원경제지》에서는 서호수徐浩修의 《해동농서海東農書》 내용을 인용해서 우리나라 포도는 자색 · 청색 · 흑색이 있지만 그중 자마유紫馬乳가 가장 좋다고 적었다. 《본초강목》에는 마유포도馬乳葡萄를 소개하고 있다. 현재의 우리나라 포도는 1910년 이후 수원과 뚝섬에 유럽종과 미국종 포도나무를 도입한 것이다.

이계호의 〈포도도〉와 신사임당의 〈묵포도도〉

휴당休堂 이계호는 우리나라 포도그림의 대가다. 포도그림은 신잠申
潛·신사임당申師任堂 등 조선 초기부터 먹으로 포도를 그렸지만, 이
계호는 이우李瑀 홍수주洪受疇 등과 더불어 앞 시대의 문인들과 다
른 특징을 지니고 있다. 간송미술문화재단에 소장 중인 신사임당의
〈묵포도도〉는 포도송이를 중심으로 그렸다. 아울러 신사임당의 그
림은 잎이 거의 없을 뿐 아니라 포도도 한 송이만 그렸다. 국립중앙
박물관에 소장 중인 이계호의 〈포도도〉는 잎과 열매를 아주 촘촘
하게 그렸다. 게다가 이계호의 그림은 포도나무의 줄기가 곡선을 이
루면서 마치 바람에 흔들리고 있는 모습이다. 특히 그림 왼쪽의 포
도나무 줄기는 원을 그리고 있다. 신사임당의 〈묵포도도〉는 열매가
반 정도는 푸르고 반 정도는 익었지만, 이계호의 〈포도도〉는 열매
가 모두 검게 익었다. 더욱이 이계호의 그림에는 포도가 잎에 가려
서 두드러지지 않고, 잎도 그렇게 크지 않다. 신사임당 그림의 잎은
아주 크다.

신사임당의 〈묵포도도〉는 포도나무 전체 모습을 상상할 수 없는
반면, 이계호의 작품은 포도나무의 크기를 가늠할 수 있다. 이계호
의 포도 작품 가운데 줄기는 나무 전체를 이해하는 데 중요한 정보
를 제공한다. 신사임당의 그림은 열매, 이계호의 그림은 열매와 잎
을 강조하고 있을 뿐, 우리나라 포도그림 가운데 줄기나 새순을 강
조한 작품은 찾아볼 수 없다. 조선시대 미술작가들에게 포도나무
는 열매 혹은 잎 외에는 관심의 대상이 아니었던 것이다. 덩굴성 포

이계호, 〈포도도〉, 비단에 먹, 121.5×36.4cm, 17세기, 국립중앙박물관(위). 신사임당, 〈묵포도도〉, 수묵, 31.5×
21.7cm , 16세기, 간송미술관(아래). 신사임당은 열매를 중심으로 그린 반면, 이계호의 작품은 포도나무의 크기를
가늠할 수 있게끔 그렸다.

도나무의 새순은 한자로 '용수龍鬚'라 부른다. 새순이 마치 '용의 수염'처럼 생겨 붙인 이름이다. 이 같은 사실은 동명東溟 정두경鄭斗卿의《동명집東溟集》에서 확인할 수 있다.

포도

한나라 사신 전에 서역 땅에 들어갔다
대완 땅에서 자란 포도 얻어 돌아왔네.
서른여섯 이궁에다 그 포도를 심고 나자
천자께서 몹시 기뻐 은총 흠씬 내렸다네.
한원으로 포도 한번 들어오고 난 뒤에는
온 천하의 여기저기 어디나 다 퍼졌다네.
우리 집의 이웃집에 이 용수가 자라는데
나무 잘라 집 가에다 시렁 얽어 세웠다네.
뜰 앞에는 8월이라 가을 이슬 새하얀데
폭삭 익은 마유 따다 소반에다 담아놓았네.
따 먹으면 어찌 단지 피로감만 가시리오
양어깨에 갑작스레 날개 돋아 생겨나네.
대곡에서 나는 장리 논할 것도 없거니와
남주에서 나는 귤을 누가 다시 생각하랴.
더군다나 술 빚으면 그 맛 정말 제일이니
의적 전에 이 포도를 못 만난 게 한이구나.
어찌하면 수십 년을 낭패 아니 당하고서

취한 채로 인간 세상 3만 일을 보내리오.

[漢使昔日入西域 歸得蒲萄大宛種. 種之三十六離宮 天子大悅賜恩寵. 一自蒲

萄入漢苑 遍之四海無近遠. 我家西隣有龍鬚 斬木爲架高堂隅. 庭前八月秋

露白 摘來盤中馬乳熟. 豈但入口沈痾痊 兩腋倏如生羽翼. 大谷張梨不足論

南州橘柚誰復憶. 況乃釀酒味第一 恨不儀狄値此物. 焉得不敗數十歲 醉送

人間三萬日.]

위의 시는 포도가 중국에 들어오는 과정과 가치를 아주 자세하게
설명하고 있다. 포도 예찬 중에서 으뜸 시로 꼽을 수 있다.

북경으로 가는 날

이계호는 우리나라에서 처음으로 국문으로《연행록燕行錄》을 남겼
다. 이계호의《연행록》은 1793년(정조 17) 8월부터 10월 22일까지의
준비과정부터 시작하는 기록이다. 이계호는 동지겸사은부사 이재
학李在學과 함께 북경으로 갔다.

이계호의 작품은 그간 저자를 모르다가 최근 최강현이 고려대학
교 소장의 필사본을 발표하면서 세상에 알려졌다. 이계호의《연행
록》은 윤소저尹小姐가 베꼈지만, 그녀의 삼종 형제가 모여 조금씩 함
께 작업했다. 윤소저 등은 5권 5책의《연행록》을 베끼는 데 다섯 달
정도 걸렸다. 이계호가 연행 사실을 한문이 아닌 국문으로 기록한
이유 가운데 하나는 중국인이 읽을까 염려했기 때문이고, 다른 하

나는 어머니와 처자식도 읽을 수 있도록 하기 위해서였다.

이계호가 북경에 간 것은 이재학의 권유 때문이었다. 그러나 이계호는 이재학의 편지를 받고 잠시 망설였다. 당시 그에게 나이 많은 부모님이 계셨기 때문이다. 이재학의 권유를 뿌리치지 못한 그는 충청북도 보령에 계시는 부모님을 찾아가 하직 인사를 했다. 이후 충청남도 청양의 금정역마金井驛馬를 빌려서 서울의 동촌東村으로 간 뒤 여행 여부를 결정하는 점을 쳤다. 그는 다시 보령의 부모에게 북경에 간다는 하직 인사를 한 후 현재 서울 중구 초동의 궤연几筵에 들렀다. 궤연은 죽은 이의 혼령을 위해 차려놓은 영궤, 즉 신위를 말한다. 이계호는 영궤에 가서 예를 차린 후 남대문에서 동지겸사은부사 참판공 이재학과 합류했다.

이계호가 북경에 가기까지의 과정은 당시 양반들이 외국 갈 때 어떤 절차를 밟는지를 선명하게 보여준다. 특히 눈에 띄는 것은 두 가지다. 하나는 북경 갈 때 점을 쳤다는 사실이고, 다른 하나는 부모님께 허락을 받았다는 사실이다. 조선시대 양반들은 먼 곳을 갈 때마다 길흉의 점을 쳤다. 점 전문가를 찾아가기도 하지만, 대부분의 양반들은 이계호처럼 직접 점을 쳤다. 그들은 기본적으로 점을 칠 능력이 있었기 때문이다. 그들이 거의 필수 과목으로 읽었던《역경易經》은 양반들에게 점을 치는 능력을 제공했다. 성리학자들이 《역경》을 통해 점을 친 것은 성리학을 집대성한 주희가《역경》을 점서占書로 파악했기 때문이다.

이계호가 북경에 가기 전에 부모를 찾은 것은 "밖에 나갈 때 반드시 부모를 뵙고 가는 곳을 알려 허락을 청하고, 돌아와서 반드시 부모를 뵙고 인사 드리며 안색을 살핀다[出必告反必面]"는 예법에 따른 것이다. 《예기禮記》〈곡례상曲禮上〉에 나오는 이러한 태도가 양반들의 상례常禮이자 효행의 실행이었다.

조선 사신이 타국에서 보낸 시간

이계호가 참여한 북경사절단의 발걸음은 다소 늦었다. 이계호는 1793년 12월 1일 서울을 출발한 지 석 달 만에 요동 냉하에 도착했다. 냉하에서 북경까지는 상당히 먼 거리다. 이계호 일행은 12월 20일에 이르러서야 조양문朝陽門을 통과했다. 조양문은 청나라 황제가 살고 있는 북경 자금성을 둘러싼 아홉 개의 내성內城 가운데 하나다. 그들은 자금성에 들어가기 전에 옥하관에서 하룻밤을 보냈다. 옥하관은 남관 및 서관과 더불어 조선의 사신들이 숙박했던 곳이다. 노가재老稼齋 김창업의 1712년 12월 27일 일기에는 옥하관에 대한 정보가 아주 자세하다. 이계호 일행은 옥하관에 들어가 각 방마다 능력에 따라 도배장판을 새로 깔았다. 아울러 말먹이 값도 각각 자비로 계산했다.

이계호 일행이 자금성에 들어간 것은 12월 24일이었다. 이계호 일행은 태평차太平車를 빌려 자금성으로 들어갔다. 태평차는 이계호 일행만이 아니라 조선의 사신들이 자금성에 들어갈 때 사용한 수레였다. 태평차는 홍대용·박제가·박지원·이덕무 등 북경을 다녀온 조선의 사신들이 극찬한 운송수단이었다. 박지원은 수레의 발달이 중국을 대국으로 만든 배경이라 생각했다. 반면 조선이 발전하지 못하는 이유도 수레가 발달하지 못했기 때문이라 판단했다. 그는 조선에서 수레가 발달하지 못하게 한 자들이 사대부라고 비판했다. 박지원은 중국의 수레 발달 배경으로 황제黃帝 헌원軒轅을 꼽고 있다. '헌원'이 바로 수레를 의미하기 때문이다.

이계호 일행이 자금성으로 가자 중국의 어린아이들이 조선 사신을 보고 "창시 간다", "가오리 팡자"라고 하면서 놀렸다. "창시 간다"는 '산대놀음에 탈을 쓴 것'을 뜻하고, "가오리 팡자"는 '고려 종놈'을 의미한다. 이는 중국인들의 조선 사신에 대한 인식을 잘 보여준다. 이계호는 중국인들의 반응에 울분을 풀지 못했다.

12월 28일에 이계호 일행이 중국 건륭제乾隆帝에게 조공 물건을 바쳤다. 조선의 사신이 황제에게 세폐와 특산물을 정해진 수량대로 바치고 나면, 가져간 것 중에 남은 물품은 각 창고의 낭리 등에게 전례대로 나누어주었다. 아울러 물품을 쌌던 유지油紙(기름종이)와 승삭繩索(노끈)은 가는 도중에 아주 형편없이 파손되었다.

반면 건륭제는 조선의 정사에게는 금錦 석 필, 장융漳絨 석 필, 팔사단八絲緞 다섯 필, 오사단五絲緞 다섯 필, 대하포大荷包 한 대對, 소하포小荷包 넉 대를 하사하고, 부사에게는 금 한 필, 장융 한 필, 팔사단 석 필, 오사단 석 필, 대하포 한 대, 소하포 두 대를 주었다. 이 과정은 당시 내무부 대신 화신和珅이 살펴보았다. 청 황제는 행사가 있을 때마다 조선의 사신들에게 과일을 비롯한 음식을 선사했다. 조선의 사신들은 건륭제가 준 과일 껍질을 말려서 바둑알 통으로 사용했다. 사신 일행은 황제를 알현한 후 자금성의 태화전을 구경했다. 특히 이계호는 태화전에서 거행한 조회朝會가 조선 경복궁 인정전에서 실시하는 조회와 닮은 점에 놀랐다.

이계호는 북경에서 나이 쉰 살을 맞았다. 그는 북경에서 편안하게 지낼 수 없었다. 중국어를 유창하게 구사할 수 없었기 때문이다. 그는 북경에서 구한 통역인도 마음에 들지 않았다.

유리창은 조선의 사신들이 북경에 갔을 때 반드시 찾는 곳이다. 이계호도 유리창에 갔다. 그는 유리창에 가던 도중에 접시를 굴리는 광대놀이를 구경했다. 이계호 일행의 북경 관광에서 흥미 있는 것은 관광할 수 없는 곳을 '귀여운 뇌물'을 통해 관광한 사실이다. 예컨대 이계호는 자금성의 중화전을 구경하려다 저지당하자 청심환 한 개를 건네주고 구경했다. 이계호 일행은 북경에서 환술자幻術者, 즉 마술사를 불러 즐겼다. 그러나 환술자의 호랑이놀림의 경우 한 회에 상당히 높은 가격인 일고여덟 냥 정도여서 자주 볼 수가 없었다. 그들은 때로는 자금성 오문午門에서 황제의 행차나 황제 앞에서 실시하는 각국의 놀이를 구경했다. 그중에서 줄타기를 보면서 조선의 재인만 못하다고 생각했다.

행사에 참가하고 관광에서 돌아온 이계호는 숙소에서 일기를 적었다. 그는 일행 가운데 원명원이나 천주당 등에 가는데도 방 안에서 일기를 적을 때도 있었다. 이계호의 북경일기에서는 그의 의무감 같은 것을 느낄 수 있다. 그의 북경일기에서 눈길을 끄는 것은 물가에 대한 기록이다. 당시 가위 한 개 값은 조선 돈으로 석 돈이었다. 이는 중국 상인이 조선 사람에게 비싸게 판 값이었다. 이계호는 중국 상인의 '바가지요금'에 분개했다.

이계호의 북경 관광 중에서 북경 천주당 방문도 눈여겨볼 대목이다. 북경의 천주당을 찾은 이계호는 마리아를 옥황상제의 모친이라 생각했다.

1794년 2월 2일 이계호는 북경을 떠났다. 그러나 이계호의 일행 가운데 정사 황인점黃仁點 등은 북경에 남아 있었다. 이계호는 사신 중에서 먼저 떠나는 선래先來의 관례에 따른 것이다. 늙은 어머니 걱정에 이계호는 떠날 때부터 먼저 출발할 계산을 하고 있었던 것이다. 이재학의 군관으로 북경에 간 이계호는 역관 윤득운尹得運 등과 함께 귀국했다.

파직당한 뒤
회화나무 두 그루를 심다

● 조성한과 회화나무

조성한趙晟漢은 집 앞에 두 그루의 회화나무를 심고 집 이름을 '쌍괴당雙槐堂'이라 불렀으며, 호도 '쌍괴당'으로 삼았다. 그가 파직 후 돌아와서 굳이 집 앞에 회화나무를 심은 까닭은 무엇일까. 진정한 선비로 살아가겠다는 뜻을 두 그루의 회화나무에 담았던 것은 아닐까.

진정한 선비로 살아가겠다

조성한은 1674년 연천현감에서 물러나 홍주洪州, 즉 지금의 홍천 녹운동 동산촌에 거처를 정했다. 그래서 조성한은 자신의 호를 '동산東山'으로 삼았다. 그는 이곳에서 집 앞에 두 그루의 회화나무를 심고 집 이름을 쌍괴당이라 불렀으며, 자신의 호를 쌍괴당으로 삼았다. 조성한의 쌍괴당은 중국 북송시대 동파東坡 소식蘇軾의《삼괴당명三槐堂銘》에서 유래한다. '삼괴당'은 세 그루의 회화나무를 심었기 때문에 생긴 이름이다. 조성한이 삼괴당이 아니라 쌍괴당으로 삼은 것은 회화나무가 가지는 의미를 살리면서도 겸손의 의미를 담고 있을지도 모른다. 그가 파직 후 돌아와서 굳이 회화나무를 심은

월성 육통리 회화나무. 조성한은 쌍괴당에 회화나무 두 그루를 심었다. 그가 나무를 통해 즐긴 것은 소요逍遙였다.

뜻은 과연 무엇일까.

조성한은 고을의 폐습을 없애려다 무고하게 연천현감 자리에서 파직당했다. 이런 점으로 미루어보면 조성한의 심성이 아주 곧았다는 것을 알 수 있다. 그의 태도는 큰형 조창한趙昌漢의 청탁을 거절한 데서도 알 수 있다. 《동산유고東山遺稿》에는 조성한이 의령현감을 지낸 큰형에게 보낸 편지 열한 통이 수록되어 있다. 청탁을 거절하는 글은 1667년 〈노포 큰형 조창한에게 올리는 글[上伯氏老圃書]〉에서 확인할 수 있다. 편지 내용에 따르면 당시 중앙 정계에서는 청탁이 만연했다. 그는 사소한 정에 끌리는 것을 청탁의 원인으로 꼽았다. 조정에서 대관직에 천거했지만 거절한 데서도 그의 성품을 알 수 있다. 그는 당시 영의정 여성제呂聖齊에게 편지를 보내 정중히 거절했다.

《삼괴당명》에 따르면 집 앞에 회화나무를 심는 이유는 고위관직에 오를 만한 인물의 탄생을 기대하기 때문이었다. 중국과 조선의 성리학자들은 관계 진출을 가문의 영광으로 생각했다. 지금도 정승을 비롯한 높은 관직에 오른 조상을 몇 명 배출했는지 여부로 가문의 격을 판단한다. 충청북도 영동 남지언南知言이 세운 삼괴당을 비롯해 우리나라 여러 곳에서 같은 이름의 정자를 만날 수 있다. 그런데 조성한이 직접 회화나무를 심은 것은 자신이나 후손들이 고위 관료가 나오길 바라는 뜻보다는 진정한 선비로 살아가겠다는 뜻을 담고 있다. 회화나무는 중국 주나라 때 사士의 무덤에 심어서 '학자수學者樹'라 부른다.

당파에 구애받지 않고 모두를 아우르다

조성한은 충청남도 예산군 대야곡에서 태어나, 여덟 살 때 면천군 수였던 아버지 야곡冶谷 조극선趙克善을 따라가서 그곳에서《소학小學》을 배웠다. 그가 처음 쓴 글은 아홉 살 때 지은 〈홍주계풍루기洪州繫風樓記〉다. 그러나 조성한의 첫 작품은 남아 있지 않다. 화재로 대부분 잃어버리고 현재 남아 있는 것이 많지 않기 때문이다. 조성한은 1654년에 어머니, 1658년에 아버지를 여읜 후 노서魯西 윤선거尹宣擧 문하에서 본격적으로 학문에 전념하기 시작했다. 조성한과 윤선거의 만남은 아주 특별한 의미를 가진다. 조성한의 스승 윤선거는 바로 서인의 대표였던 우계牛溪 성혼成渾의 외손이자 명재明齋 윤증尹拯의 아버지이기 때문이다.

조성한의 삶은 스승 윤선거와 많이 닮았다. 윤선거의 삶은 1637년 아버지가 충청북도 영동으로 유배 가면서 바뀌기 시작했다. 그는 과거를 포기하고 충청남도 금산에 은거하면서 학문에 전념했다. 윤선거는 1642년 금산에 위치한 마하산 자락에 산천재를 짓고 병자호란 이후 사상계를 주도한 예학에 몰두했다. 이 당시 윤선거는 신독재慎獨齋 김집金集을 모시면서 당대의 유명한 탄옹炭翁 권시權諰, 우암 송시열, 백호白湖 윤휴尹鑴 등과 교유했다. 특히 윤선거가 송시열과 만나면서 서인이 노론과 소론으로 나뉘는 계기가 되었다.

1660년에 조성한이 윤선거의 문하에 들어간 직후 이른바 기해 예송己亥禮訟이 일어났다. 기해년에 효종孝宗이 죽은 후 인조仁祖의 계비인 자의대비慈懿大妃 조씨가 입을 복제服制를 둘러싸고 일어난 예송은 서인과 남인의 권력투쟁이었다. 결과는 1년상을 주장한 서인의 승리로 끝났다. 이때 남인인 윤휴가 송시열의 주장을 강렬하게 비판했다. 송시열은 윤선거에게 윤휴와 단교하기를 요청했다. 윤선거는 송시열의 요청을 흔쾌하게 받아들이지 않았다. 송시열은 이러한 윤선거의 입장에 불만이 있었다. 급기야 송시열은 윤선거의 아들이자 자신의 제자인 윤증이 윤선거의 묘지명을 부탁했을 때 거절했다. 이때 서인은 송시열의 노론과 윤증의 소론으로 완전히 갈라졌다. 조성한은 스승인 윤선거가 죽자 아들 윤증과 교류했다. 조성한은 〈삼관三官〉이나 〈예설禮說〉 같은 글을 윤증에게 보내 검증받곤 했다.

조성한은 상당 기간 학문에 전념하다가 1667년 마흔 때 송곡松谷 조복양趙復陽의 천거로 동몽교관이 되어 〈교수차목敎授次目〉을 만들었다. 그는 당시 충청북도 청풍淸風, 즉 제천에 거주했다.《동산유고》에 실린 〈교수차목〉은 가르치는 데 필요한 규칙을 담고 있다. 배우는 자들이 가장 먼저 한 일은 아침 일찍 일어나 세수하고 머리를 빗질한 후 모두 강당에 모여서 책을 잡고 스승의 가르침을 기다리는 것이다. 그다음 대표 한 사람이 예를 갖추어 예법을 읽으면 나머지 학생들이 예절을 연습한다. 대표는 매일 바뀐다. 열흘마다 시험을 쳐서 근사勤士·조사造士·준사俊士 등으로 등급을 올려준다. 이처럼 조성한은 학생을 가르칠 때도 아주 엄격했다.

조성한은 말년에 동춘당同春堂 송준길宋浚吉과 성리학에 대한 의견을 교환했다.《동산유고》에 송준길에게 보낸 편지가 수록되어 있다. 송준길은 어려서 이이에게 배우고, 스무 살에 사계 김장생의 제자였을 만큼 뛰어난 학자였다. 송준길은 송시열과 학문 경향이 같았다. 이처럼 조성한은 당파에 크게 구애받지 않았던 인물이다.《동산유고》〈문인록門人錄〉에는 아흔세 명의 제자가 수록되어 있다.

소요하는 삶을 즐기다

조성한이 남긴 시는《동산유고》에 겨우 73제題가 실려 있다. 시는 주로 정운한鄭雲翰·정운박鄭雲搏·이휘징李緯徵·이육李堉·조상정趙相鼎·이수언李秀彦 등과 교유한 내용이다. 이들과 고유한 시를 통해 그의 삶을 엿볼 수 있다. 아래 시는 전라북도 순창에서 노닐다가 읊은 것이다.

> 응향지에 차운하다[次凝香池韻]
> 물을 베고 누웠더니 비단같이 웅장한 누각일세
> 높은 난간 연꽃 핀 못을 굽어보네.
> 천지는 저 멀리까지 노래하고
> 산 능선은 눈 밖에 비스듬히 비켜 있네.
> 바람과 햇볕은 시간에 따라 바뀌고
> 멋진 흥은 때 따라 움직이네.
> 넓은 관청은 돕고 화합할 줄 아네.
> 연꽃의 향기 군자에 잘 어울리네.

[枕流綺閣壯 危欄俯華池. 宇宙吟邊逈 峯巒眼外迤. 風光隨序改 佳興與時
移. 扁署知相協. 蓮香君子宜.]

전망을 달리며 높은 누각에 오르니

날렵한 용마루 푸른 연못에 가깝네.

물빛은 살랑살랑 떠 있고

산세는 구불구불 멀기만 하네.

오랫동안 앉았더니 연꽃 향기 파고들어

흥이 다하니 석양이 지네.

시인은 아무리 보아도 싫증나지 않으니

때맞추어 왕래하면 좋으리라.

[聘望登高閣 飛甍近碧池. 波光浮潋灔 山勢遠逶迤. 坐久荷香襲 興闌夕照移.
騷人看不厭 來往也隨宜.]

'연꽃 향기가 가득한 못'을 의미하는 응향지는 전라북도 순창 객
사, 즉 현재 순창군청 자리에서 군청 앞 대교천까지 이어진 아주 큰
연못이었다. 이곳의 연못은 홍수와 바람을 막는 '수구막이'로 조성
되었다. 응향지에는 시에 등장하는 관청루를 비롯해서 응향각·응
향당 등 정자와 누각이 있었다. 조성한은 연꽃이 만발한 여름에 찾
아와서 한가하게 즐거운 시간을 보냈다.

조선시대 누각과 정자 주변의 연꽃은 시에도 등장하듯이 군자
혹은 선비의 정신을 상징한다. 연꽃을 선비정신의 상징으로 만든

사람은 중국 북송시대 염계濂溪 주돈이의 〈애련설愛蓮說〉이다. '연꽃을 사랑하는 이야기'라는 뜻의 이 글이 등장하면서 중국 사람들은 물론 조선의 선비들까지 하나같이 연꽃을 좋아하기 시작했다. 주돈이의 작품이 등장하면서 연꽃은 불교의 상징만이 아니라 성리학의 상징으로 등장했다. 주돈이가 연꽃을 극찬한 것은 진흙 속에서도 고고하게 피어 있는 연꽃의 자세 때문이었다. 선비들은 연꽃처럼 속세에 더럽히지 않고 살기를 꿈꾸었던 것이다.

조성한은 1654년에는 농계聾溪 이수언과 순창의 구미사에서 독서를 마치고 제호霽湖에서 뱃놀이하면서 즐거운 한때를 보냈다.

갑오 봄날 이 미숙 수언과 함께 구미사에서 독서한 후 돌아오는 길에 제호에서 함께 뱃놀이하다[甲午之春與李美叔秀彦讀書龜尾寺罷歸之日相與泛舟遊於霽湖]

푸른 산은 그림 같고 물은 하늘 같으니

밝은 달 맑은 바람 객선에 함께했네.

천년 전 〈적벽부赤壁賦〉 지은 소동파蘇東坡의 흥이 일어나니

우러러 생각하니 더욱 의연하네.

한 줄기 장강이 양안을 띠처럼 감싸 흐르니

그림으로 그려서 볼만하구나.

옆 사람은 해 저물어도 돌아가자고 하지 않고

모래 길은 어찌 달 띠고 돌아가는 것을 방해하는고.

[青山如畫水如天 明月清風共客船. 赤壁千年蘇子興 至今瞻想更依然. 一帶

© 국립중앙박물관

長江兩岸山 可堪移向畵圖看. 傍人莫道歸程暮 沙路何妨帶月還.]

　호북성의 황주 양자강 자락에서 귀양살이하던 중국 북송시대 소식은 달이 뜬 밤에 적벽에서 뱃놀이를 했다. 〈적벽부〉는 그가 삼국시대의 적벽대전을 상상하면서 쓴 작품이다. 그러나 〈적벽부〉는 적벽대전의 적벽이 아닌 다른 적벽에서 뱃놀이하다가 지은 것이다. 소동파는 그날 술을 먹은 탓에 적벽대전의 현장과 다른 적벽에서 뱃

작자 미상, 〈모란도〉, 비단에 채색, 145.0×58.0cm, 18세기, 국립중앙박물관. 붉은 모란은 부귀를 상징하기에, 중국과 우리나라 선비들은 모란을 이용해 관련 시와 그림을 많이 남겼다.

놀이를 했다. 중국 호북성에는 적벽대전의 현장인 가어현의 적벽 이외에도 세 곳의 적벽이 있다. 조성한도 소동파의 〈적벽부〉를 떠올리면서 밝은 달이 뜬 날 제호에서 뱃놀이를 즐겼다.

조성한은 모란을 감상하면서 시간을 보내기도 했다. 모란은 부귀를 상징하는 나무라서 중국과 우리나라 선비들이 무척 좋아했다. 그래서 많은 사람이 모란 관련 시를 남겼다. 조성한의 아래 시도 모란의 특징을 잘 살린 작품이다.

모란을 감상하면서 우스개로 짓다[賞牡丹戲吟]

어린아이 꽃을 당겨 연분홍 꽃을 가지고 노니

무슨 일로 늙은 나를 비웃네.

향기로운 꽃, 매혹적인 아름다움 오래 가니

수십 년 전 나의 어릴 적 모습 같네.

[穉子牽花戲嫩紅 笑余何事白頭翁. 芳華信美其能久 數十年前我赤童.]

　모란꽃은 요즘 아주 다양한 종류가 나와 있지만 기본적으로 붉은색이다. 시에서도 붉은 모란꽃을 강조하고 있다. 특히 모란꽃이 막 피어나는 모습과 늙은 자신의 모습, 그리고 모란꽃 같았던 어릴 적 자신의 모습을 연상시킨 것은 탁월하다. 특히 나이가 들수록 어린아이의 모습과 꽃에 끌리는 것은 흘러간 세월이 무척 아쉽기 때문이다. 다음의 시에서도 어린 시절로 돌아가고 싶은 조성한의 심정을 확인할 수 있다.

시든 꽃을 애석하게 여기다[惜殘花]

꽃을 보고 돌아와서 다시 시든 꽃을 부러워하고

오히려 우리 늙은이가 늙은이가 되는 것보다 낫네.

해마다 봄이 찾아와 다시 피어나니

나는 언제쯤 어릴 적으로 돌아갈지 모르겠네.

[看花還復羨殘紅 猶勝吾人老作翁. 春到年年應更發 不知何日我還童.]

조성한은 시든 꽃마저 늙은 자신보다 낫다는 생각에 시름이 깊다. 특히 시든 꽃은 해마다 봄에 다시 피어나지만 사람은 해가 갈수록 늙어만 간다. 그러나 나무도 매년 꽃을 피우지만 늙어가는 것은 마찬가지다. 다만 나무가 꽃을 피우니 늙지 않고 늘 젊다고 생각할 뿐이다. 조성한이 모란을 비롯해서 붉은 꽃을 강조한 것은, 붉은 꽃이 젊음을 상징하기 때문이다. 아래 시에서도 조성한의 심정을 이해할 수 있다.

꾀꼬리를 읊다[詠鶯]

울퉁불퉁 깊은 계곡 소리는 오히려 작고

뜰의 나뭇가지 끝에서 날아가는 것을 비로소 볼 수 있네.

세상의 정에는 정해진 형태가 없다고 분명 비웃으며

해마다 옛 누른 옷을 바꾸지 않네.

모습은 비록 깃이지만 가문은 하찮다 할 수 없고

언덕 모퉁이로 날아가지 않고 그친다는 것을 알겠네.

지극한 선이 그치는 것을 누가 알 것이며

갓과 옷이 최고로 신령스럽다고 여기는 것이 또한 부끄럽다네.

온갖 꽃떨기 속 그림자 점점 희미해지고

버들개지 뜰에서 낱낱이 날아가네.

동산을 향해 불러볼 친구도 없으니

주인은 병이 많아 쉬이 옷깃에 눈물 적시네.

[間關幽谷聽猶微 庭樹枝頭始見飛. 應笑世情無定態 年年不改舊黃衣. 形雖

羽族莫云微 知向邱隅止不飛. 至善誰能知所止 最靈還可愧冠衣. 百花叢裏
影依微 楊柳園中片片飛. 莫向東山聲喚友 主人多病易沾衣.]

　황작黃雀 혹은 황조黃鳥라 불리는 꾀꼬리과의 꾀꼬리는 무척 아름
다운 새다. 게다가 꾀꼬리는《삼국사기三國史記》의 〈황조가黃鳥歌〉에
서 보듯이 잉꼬 부부를 상징할 뿐 아니라 소리까지 맑아서 많은 사
람이 닮고 싶어 한다. 조성한은 꾀꼬리의 삶을 통해 세상 사람들이
벼슬을 좇아 살아가는 것을 한탄하면서도 늙어가는 자신의 모습
에 가슴 저민다. 게다가 조성한의 삶은 고향에 함께할 친구조차 없
어서 한층 쓸쓸하다. 그래서 그는 꾀꼬리를 벗으로 삼기 위해 문 앞
에 버드나무를 심었다.

버드나무 가지를 자르다[斫柳枝]

문 앞에 버드나무를 심은 뜻은

벗 삼을 꾀꼬리가 살기에 적합해서라네.

꾀꼬리 바라보는 눈을 막을까봐

가장 긴 가지를 잘랐다네.

[種柳門前意. 要藏喚友鸝. 爲嫌遮望眼 刬却最長枝.]

　조성한은 쌍괴당에 회화나무 두 그루를 심은 후 다시 매화와 국
화를 심고 즐겼다. 그가 즐긴 것은 소요였다. 바라는 것은 하늘이
준 목숨을 편안하게 하면서 스스로 즐기는 '안명자오安命自娛'였다.

그는 자주 도연명의 〈귀거래사歸去來辭〉를 암송했다.

충청남도 청양군 청남면 아산리에 조성한을 추모하는 이산사伊山祠가 있다. 이산은 조성한이 태어난 예산의 옛 이름이다. 이산사에 자리 잡은 유래동은 바로 조성한을 기리는 이산사의 유래를 적은 비석 때문에 생긴 이름이다. 조성한의 후손들은 이산사 앞 비닐하우스에서 재배한 수박을 사당에 올릴 것이다.

남산에 구기자 보며
백성을 생각하다

● 조팽년과 구기자나무

나이가 들수록 뜻을 같이하는 사람을 만나기란 무척 어렵다. 그러나 '사람'만이 친구가 될 수 있는 것은 아니라는 사실을 깨달으면 조급한 마음이 조금은 줄어들 것이다. 조팽년趙彭年에게 구기자는 친구이자 백성이며, 하늘이었다.

측은지심을 실천하는 삶

성리학자의 삶에서 공자의 '인仁'을 실천하는 일은 매우 중요하다. 《논어》에는 공자가 108번이나 인을 언급하고 있지만 각각의 뜻은 상당히 다르다. 공자의 핵심사상인 인을 가장 선명하게 설명한 사람은 맹자孟子였다. 맹자는 공자의 인을 '측은지심惻隱之心', 즉 '측은한 마음'으로 해석했다. 맹자는 측은한 마음을 가지는 것이 인을 실천하는 단서라고 풀이했다. 조팽년이 조선 선조宣祖가 내려주는 옷을 병사들에게 주는 것도 일종의 병사들에 대한 측은지심이자 애민정신이다. 조팽년은 1592년 3월 전라남도 장흥에 파견되어 병사 절도사 변국간卜國幹을 조문했다. 그는 장흥에서 돌아온 후 4월에는 임금에게 피난하지 말 것을 진언했다. 그러나 4월 13일 일본이 조선을 침략했고, 4월 30일 결국 선조는 서울을 떠나 의주로 피난했다. 선조는 자신의 앞에서 해진 옷을 입은 채 보고하는 조팽년을 보고 안타까운 마음에 그에게 옷감을 하사했다. 그러나 조팽년은 다음과 같은 시를 통해 정중하게 사양했다.

> 내리주신 비단을 사양하는 기분[辭賜紬有感]
> 부족한 신은 이같이 어지러운 때를 만났지만
> 어떠한 공도 세우지 못했습니다.
> 임금께서는 문득 추위가 저의 뼈를 뚫고 올까 염려하시어
> 얇은 비단 한 필을 피난한 곳에서 내려주셨습니다.
> 신이 절하고 받으며 은혜를 생각하오나
> 사물의 아름다움은 아름다운 사람이 다른 사람에게 주는 것이 아닙니다.
> 저 한 몸의 추위는 하찮은 일이오니
> 부디 남쪽에서 싸우는 병사들의 옷을 만들어주소서.
> [微臣當此天傾日 未有絲毫可紀功. 聖主忽念寒透骨 輕紬一匹出行宮. 臣拜受之思結草 物非爲美美人貽 一身寒凍猶微事 願作南征將士衣.]

　조팽년은 선조가 내린 비단 옷을 사양하는 대신 그 옷감을 왜군과 싸우는 병사들에게 줄 것을 요청하고 있다. 임금은 도성과 백성을 버리고 의주로 도망갔지만, 조선의 선비 중에는 끝까지 목숨을

걸고 싸우는 병사들을 진심으로 염려한 조팽년 같은 사람도 있었다. 그는 어쩔 수 없이 선조 임금을 모시고 의주로 갔다. 그는 임금을 모시느라 직접 전쟁에 참여하지는 못했지만 1592년 11월 4일 임진왜란에 분개해 〈의주에서 느낀 것을 적다[龍灣述懷賦]〉를 남겼다. 시 제목의 '용만龍灣'은 의주의 다른 이름이다.

이순신을 구하다

조팽년은 전라남도 강진군 옴천면 영산리 황곡에서 태어났다. 조팽년의 6대조는 서울에 살다가 나주로 옮겼다. 조팽년이 황곡에서 태어난 것은 그의 고조부가 황곡에 살던 윤흘춘尹仡春의 딸과 결혼했기 때문이다. 현재 영산리 주봉서원은 조팽년을 모신 곳이다. 조팽년은 위기에 처한 이순신李舜臣을 변호하는 글을 올려 그를 복직시키는 데 큰 역할을 했다.

  1593년 8월 한산도로 본영을 옮긴 이순신은 그해 9월에 삼도수군통제사에 임명되었다. 수군통제사 이순신은 1594년 4월 23일 당항포에서 왜선 30여 척을 격침시켰고, 10월 4일에는 의병장 곽재우·김덕령金德齡 등과 거제도 장문포에 주둔한 왜군을 공격하는 등 큰 공을 세웠다. 그러나 조정에서는 이순신의 공로를 둘러싸고 논쟁을 벌이고 있었다. 이순신은 원균元均과의 갈등으로 결국 탄핵을 받았다. 당시 명나라와 강화교섭을 하던 왜군이 조선을 침략하자 조선은 수군으로 방어코자 했다. 그러나 왜군의 계책을 알아차린 이순신은 도원수 권율權慄의 요청에 응하지 않았다. 이에 이순신은 출정하지 않은 죄로 파직되어 한양으로 압송되었다. 1590년 승문원 교리校理가 된 조팽년은 이순신이 가장 힘든 시기에 다음과 같은 시를 보냈다.

> 임금이 한산도에 내린 수군통제사 이순신에게 올리다[宣諭閑山島呈李統制]
>
> 어버이 상과 전쟁에 남은 잔해 두 일이 정말 슬프나
> 공을 보니 문득 마음이 든든하구려.
> 배가의 화려한 장식이 바람 따라 춤추고
> 바다 가로지르는 큰 고래 감춘 칼이 보이네.
> 변경의 수군은 날 샌 송골매 날 듯해서
> 허리춤 깃털화살로 천랑성天狼星을 쏘겠네.
> 지금부터 오계송을 계속 덧붙이니
> 서생들이 물정에 어둡고 미쳤다고 비웃지 마소서.
> [喪亂孤殘兩可傷 見公便覺意差强. 傍船彩鷁隨風舞 橫海長鯨見劍藏. 塞上水軍飛俊鶻 腰間羽箭射天狼. 從今要續浯溪頌 莫笑書生迂且狂.]

조팽년은 1583년에 아버지를, 1584년에 어머니를 잃어 고아가 되었다. 부모 잃어 상심하던 조팽년은 이순신의 삶을 통해 위로를 받았던 것이다. 아울러 그는 이순신의 뛰어난 능력을 오계송에 빗대어 칭송했다. 오계송은 중국 당나라 현종 때 일어난 안녹산安祿山

과 사사명史思明의 난이 끝나자 원결元結이 〈당나라를 크게 일으키는 칭송[大唐中興頌]〉을 짓고, 당시의 명필 안진경顔眞卿이 호남성 상강의 오계 옆 바위 벼랑에 글씨를 새겨 현종의 셋째 아들 숙종肅宗의 공덕을 칭송한 것을 말한다. 오계송은 임진왜란을 평정한 선조를 칭송하는 뜻이지만 결국 이순신을 칭송한 글이다.

조팽년이 이순신에게 큰 관심을 보인 까닭은 그에 대한 존경심도 있었지만 그 자신도 1588년 전의全義, 즉 지금의 연기에서 현감을 하던 시절에 '조급하고 절도가 없다'는 이유로 사간원의 탄핵을 받고 파면된 경험이 있었기 때문일지도 모른다. 그는 이순신에게 일종의 동병상련을 느끼고 있었다.

한석봉과 만나다

조팽년은 한석봉, 즉 한호韓濩와 함께 전라남도 영암군 덕진면 노송리 송내 마을의 이우당에서 공부했다. 이우당은 좌승지를 지낸 신영명愼榮命이 1474년에 지은 것이다. 이우당은 신영명의 손자 신희남愼喜南이 유희춘柳希春·임억령林億齡·김인후金麟厚·박순朴淳·백광훈白光勳·이이·이후백李後白 등과 교류한 정자로도 유명하다. 아래 시에서는 조팽년과 한석봉의 관계를 짐작할 수 있다.

글씨 잘 쓰는 한호에게 희롱하면서 주다[戲贈善書韓景洪]
그대의 시 뛰어남은 당나라 한유韓愈 같은데

나의 글씨는 보잘것없어서 조맹부에 부끄럽네.

옛날 주나라 때 진나라의 정승인데

현재는 뜻이 같고 함께 합격했네.

[君詩高似昌黎伯 我筆荒蕪愧子昻. 昔在周時同相晉 如今同志又同房.]

한유는 시에 뛰어났지만 글씨는 신묘하지 못했고

조맹부는 글씨에 뛰어났으나 시를 잘하지 못했다네.

지금 그대는 재주가 한유와 조맹부를 겸했으니

생각건대 아름다운 이름이 영원히 이어질 걸세.

[黎伯能詩書不妙 子昻能筆未聞詩. 君今才藝兼韓趙 料得芳名萬古垂.]

왕희지의 신묘함을 지금 그대가 얻었으니

모든 세상사람 옥으로 된 고리와 새끼처럼 힘 있는 글씨를 볼 것이네.

원래 붓글씨는 대적할 사람 없으니

청컨대 평양의 10만 병사를 쓸어버리게나.

[右軍神妙今君得 擧世爭看玉索明. 由來筆陣無人敵 請掃箕都十萬兵.]

　조팽년은 한석봉을 극찬했다. 조팽년이 한석봉을 한유·조맹부와 비교했기 때문이다. 당나라 한유의 문장이 얼마나 뛰어났는지는 《고문진보古文眞寶》'후집後集' 전체 130편 가운데 한유의 글이 서른 편임이 증명한다. 한유는 당송팔대가 중에서 으뜸으로 꼽을 만큼 뛰어난 문장가였다. 원나라 조맹부는 글씨를 그의 호 송설도인松

雪道人을 따서 '송설체松雪體'라 부를 만큼 중국을 대표하는 서예가였다. 조팽년은 한유와 조맹부에 대해 각각 문장과 글씨에만 뛰어났다는 점을 칭찬했을 뿐이다. 반면 그는 한석봉에 대해서는 두 사람이 지닌 장점을 모두 갖춘 사람으로 평가했다. 한석봉에 대한 평가는 당시 조팽년이 할 수 있는 최고의 찬사였다.

자연과 벗하는 즐거움

조팽년은 황곡리 천동의 계음정에서 만년을 보냈다. 그는 1606년 계음정을 짓고 후학을 가르치면서 유유자적했다. 아래 시는 그가 계음정에서 어떤 심정으로 보냈는지를 잘 보여준다.

계음정溪陰亭

계곡의 시냇물 흘러 석지를 울리는데

연못가에서 귀를 씻고 솔가지에 기대네.

대나무가 다시 그윽한 거처에 흥을 일으키니

푸른 그림자에 비스듬히 달이 떴네.

[山澗飛流響石池 池邊洗耳倚松枝. 此君更喚幽居興 翠影橫斜月上時.]

맑은 시냇물이 돌에 부딪쳐 저절로 연못 이룬 곳

초가가 반쯤 덩굴나무에 기대고 있네.

언덕의 꽃향기 이름난 이곳에 스며드니

온 산 가득 봄비 내리려나.

[淸溪觸石自成池 茅屋半依薜荔枝. 一塢花香侵杖屨 滿山春雨欲來時.]

주역을 읽다가 계음정에 차운해서 느낌을 적다[讀易有感用溪陰亭韻]

물결은 다시 연못에 일어나려 하지 않고

점을 치니 대나무 가지에 해당하는 것과 같네.

천지 음양이 왕래하는 곳

의연하게 직접 복희伏羲를 보는 때로다.

[欲波無復起方池 蓍策猶能當竹枝. 月窟天根來往處 依然親見伏羲時.]

정자에 올라[亭上]

홀로 높은 정자에 앉았더니

멀리 마을에서 밥 짓는 연기 오르네.

물고기 떼는 나의 즐거움을 아는지

물줄기 하나 속세를 끊었네.

산의 색깔은 언제나 고요하지만

세상살이는 비구름처럼 요란하네.

봉황처럼 높이 나는 기상이 있지만

그 기상을 누릴 수 있을지 말할 수 없다네.

[獨坐高亭上 炊烟起遠村. 羣魚知我樂 一水隔塵喧. 山色古今靜 世情雲雨翻.

鳳皇千仞像 領得未能言.]

조팽년이 머물렀던 계음정은 언덕에 자리 잡았다. 정자 주변에는 저절로 생긴 연못이 있었고, 연못 주변에는 대나무숲이 있었다. 초가 계음정의 지붕은 담쟁이덩굴 같은 덩굴성 식물이 반 정도 덮었다. 정자 주변에는 봄철마다 핀 개나리·진달래·조팝나무꽃의 향기가 조팽년이 앉은 자리까지 날아왔다. 꽃이 핀 봄날, 비가 내려 빗물이 꽃에 내려앉으면 '봄의 소리 왈츠'가 정자 가득 향기처럼 퍼졌을 것이다.

조팽년은 정자에서 《주역周易》을 읽었다. 《주역》은 조선시대 성리학자의 필독서였다. 공자는 가죽 끈이 세 번 끊어질 정도로 《주역》을 열심히 읽었다. 그래서 공자는 《주역》에 해설을 붙였다. 시책蓍策은 점칠 때의 시초蓍草, 즉 국화과의 여러해살이풀을 말한다. 이 풀로 점을 치기 때문에 시초라 부른다. 지금은 주로 대나무 일종인 시누대나 가느다란 나무를 다듬어서 만든다. 조팽년이 보낸 계음정도 《주역》에 따라 지은 것이다. 복희는 《주역》의 괘卦를 만든 사람으로 알려진 인물이다. 그러나 64괘를 만든 사람이 누구인지는 의견이 분분하다. 위나라 왕필王弼은 복희가 64괘를 만들었다고 주장한 반면, 사마천은 복희가 8괘를, 문왕文王이 64괘를 만들었다고 주장한다.

조팽년은 간혹 저녁 무렵 홀로 정자에 올랐다. 그는 정자 옆 민가에서 저녁 밥 짓는 연기를 바라보면서 혼자만의 즐거움을 만끽했다. 조팽년은 아마도 민가에서 저녁밥 짓는 농부들의 무거운 삶을 생각했을 것이다. 그는 민가의 저녁밥 짓는 연기를 뒤로하고 연못의 물고기 떼를 바라보면서 만족스러운 시간을 보냈다. 조팽년은 물고기 떼가 자신의 즐거움을 모르리라 생각했지만, 잠깐 어락魚樂의 경지를 잊었는지 모른다. 물고기도 분명 자신만의 즐거움이 있을 테니 말이다.

조팽년은 무등산에도 올랐다. 나는 아직 무등산 정상에 오르지 못했지만 이름만은 무척 좋아한다. '무등無等'은 '등급이 없다'는 뜻이다. 무등산은 서석산瑞石山이라 불렀다. 상스러운 돌이 많아서 붙인 이름이다. 서석산은 무등산 주상절리(천연기념물 제465호)의 서석대에서 알 수 있듯이 아름다운 돌산을 일컫는다. 무등산 서석대는 많은 문인이 찾던 명소였다. 점필재佔畢齋 김종직金宗直도 무등산을 보면서 서석대를 자랑했다.

광주의 무등산을 보며[光州無等山]
푸르고 푸른 서석산 가을 하늘에 솟았는데
보통 열흘 동안을 안중에 들어온다네.
희경루 앞에서 다시 머리 돌려 바라보니
구름 연기 잠깐 걷히자 영궁이 보이누나.
[蒼蒼瑞石聳秋空 十日尋常在眼中. 喜慶樓前更回首 雲煙纔罅見靈宮.]

이슬비 자욱이 내려 산 기운 차갑더니
오늘 아침에 해 돋으니 봉우리를 드러내네.
우뚝한 것이 끝내 여러 산의 어른이라

지리산 꼭대기를 보는 것과 방불하구나.

[煙雨冥濛積翠寒 今朝日出露巉岏. 嵬然終是群山長 仿佛頭流頂上看.]

김종직이 언급한 희경루는 광주 객사 북쪽에 있었다. 희경루는 1451년 안철석安哲石이 부임한 지 1년도 되기 전에 지금의 관덕정 자리에 지었다. 《신증동국여지승람新增東國興地勝覽》에 따르면, 안철 석이 지은 희경루는 무너진 공부루를 대신한 것이다. 1년도 되기 전 에 지을 수 있었던 것은 지역민들의 강한 열망과 협조 덕분이었다. 희경루는 동쪽으로는 큰길에 닿았고, 서쪽으로는 긴 대밭을 굽어 보며, 북쪽에는 연못을 파서 연꽃을 심고, 동쪽에는 활 쏘는 곳을 만들어 덕을 보는 장소[歡德]로 삼았다.

희경루에서 여우길과 이별하다[喜慶樓別呂尙夫]
이별하는 저녁 넘실넘실 술잔이 차기를 기다릴 뿐
이별하는 정자 누구도 쉽게 시를 짓지 못하네.
내일 아침 한양으로 채찍을 휘두르며 떠나가면
희경루 밖 봄버들은 절로 가지를 늘어뜨릴 뿐.

[別夕須酌滿滿巵 離亭莫吟勞勞詩. 明朝京洛揮鞭去 樓外春楊只自垂.]

여우길呂祐吉과 아쉬운 이별에 희경루에서 머뭇거리는 조팽년의 심정을 아는 사람 몇일까. 살면서 뜻을 같이하는 사람을 만나기란 무척 어려운 일이다. 특히 나이가 들수록 뜻을 같이하는 사람과 더불어 시간을 보내기란 더더욱 쉽지 않다. 나도 나이 들수록 친구가 많지 않다는 생각을 자주 한다. 그러나 사람만이 친구가 아니라는 사실을 깨달으면 조급한 마음이 조금은 줄어들 것이다.

조선과 백성을 지키는 산

남산은 남쪽에 위치한 산을 뜻하지만 그 의미는 상당히 깊다. 전통 시대의 남산은 관청을 중심으로 설정한 개념이다. 그래서 전국 어디든 남산이 존재한다. 서울의 남산은 도성 남쪽에 위치한다. 남산은 '목멱산木覓山'이라 불렀다. 조선 태조太祖는 이조에 명해 백악白岳(북악산)을 진국백鎭國伯으로, 남산을 목멱대왕木覓大王으로 삼고, 경대부卿大夫와 사서인士庶人은 제사를 올릴 수 없도록 했다. 목멱대왕은 나라의 평안을 비는 제사를 지내기 위해 산신령을 모시는 신당이며, 곧 목멱신사木覓神祠 혹은 국사당國祀堂이었다. 아울러 남산은 전국에서 올라오는 봉수烽燧의 종점이었기 때문에 종남산終南山이라 불렀다.

조팽년은 남산을 의미하는 '목멱'을 목밀木密, 즉 구기자로 보았다. 조팽년에 따르면 남산을 목멱산이라 부르는 것은 이 산에 구기자가 많았기 때문이다. 조팽년의 이 같은 주장은 〈목멱산부木覓山賦〉에서 확인할 수 있다. 〈목멱산부〉는 조팽년이 성균관 유생 시절에 지은 작품이다.

구기자 열매(위)와 꽃(아래). 조팽년에 따르면 남산을 '목멱산'이라 부르는 이유는 이곳에 구기자가 많기 때문이다. 구기자는 불로장생을 상징한다. 즉 구기자가 가득한 남산은 백성을 장수하게 만드는 산이다.

목멱산부

남산 덕분에 덕이 빛나고, 동해를 밀어서 기틀을 바로잡도다.

하나의 기운이 모인 곳, 다섯 장정이 뚫을 수 없도다.

여러 영령이 작은 언덕과 산기슭에 살면서 한 나라의 목구멍과 혀를

눌렀도다.

붕새가 바다에 목욕한 것을 맛보고, 향기로운 제물을 망질에서 받도다.

구기자를 생산해서 백성을 오래 살게 하고, 주나라의 보후와 신백 같

은 자를 낳아

나라의 근본으로 삼았도다.

[薾南斗而耀德. 托東海而正基. 是一氣之攸結. 非五丁之可鑿. 列靈居於岡麓. 扼喉舌

於一國. 賽鵬味於海浴. 歆芯芬於望秩. 產枸杞而壽民. 生甫申而楨邦.]

조팽년은 남산을 조선왕조를 지키는 중요한 산으로 보았을 뿐 아
니라 백성을 오래 살게 하는 대상으로 생각했다. 남산이 바로 구기
자를 의미하기 때문이었다. 나는 아직 조팽년처럼 목멱을 구기자로
해석한 사례를 보지 못했다. 조팽년이 구기자를 백성의 장수와 관
련해서 표현한 것은 구기자의 약효를 알고 있었다는 뜻이다. 가짓
과인 구기자의 약효에 대해서는 작자 미상의 《속신선전續神仙傳》에
나온다.

중국 서진西晉시대 주유자朱孺子라는 사람이 어린 시절에 도사道士 왕
원진王元眞을 섬겼다. 그는 큰 바위에 거처하면서 늘 산에 올라 약초

를 캐어 먹었다. 어느 날 계곡에서 나물을 씻으면서, 갑자기 언덕에서 작은 꽃을 닮은 개가 달려가는 것을 보았다. 주유자가 이상해서 조금 뒤에 구기자나무 쪽으로 쫓아갔다. 주유자가 거처로 돌아가 왕원진에게 그 사실을 말했다. 그러자 왕원진도 놀라 마침내 두 사람은 다시 엿보기로 했다. 그러자 두 마리의 개가 서로 뛰어놀고 있었다. 이에 두 사람이 개를 쫓아갔으나 개들은 다시 구기자나무 속으로 들어갔다. 주유자와 왕원진은 땅을 파서 두 그루의 구기자나무를 얻었다. 구기자나무의 뿌리를 보니 방금 보았던 화견花犬과 같았다. 그 뿌리는 세우면 돌과 같았다. 두 사람은 돌아와 그것을 씻어 삶아 먹었다. 그런데 잠시 후 갑자기 주유자가 앞의 산봉우리로 날아올랐다. 왕원진은 놀라 한참 동안 쳐다보았으나 주유자는 원진과 이별하면서 구름을 타고 가버렸다. 그래서 이 산봉우리를 동자봉童子峰이라 불렀다.

구기자는 예부터 불로장생하는 나무로 알려졌다. 그래서 구기자를 하늘이 내린 정기, 즉 '천정天精', 땅의 신선, 즉 '지선地仙', 신선의 지팡이, 즉 '선인장仙人杖', 신선의 상징인 서왕모西王母의 지팡이, 즉 '서왕모장西王母杖' 등으로 불렀다. 당나라 유우석劉禹錫의 아래 시는 구기자의 이름과 특성을 모두 표현하고 있다.

초주 개원사 북원의 우물가 구기자나무[楚州開元寺北院枸杞臨井]
승방의 약나무 찬 우물에 의지하고

우물의 향천수는 영험도 하지.

검푸른 빛으로 돋아난 잎이 우물 벽을 감싸고

은홍색의 구기자 열매가 우물에 잘 비치네.

무성한 가지는 본디 선인장이고

오래된 뿌리에서 다시 생긴 것은 상스러운 개의 형상이네.

아주 뛰어난 기능은 감로 맛이고

조그마한 양으로 생명을 연장할 수 있다는 것을 알겠네.

[僧房葯樹依寒泉 井有香泉樹有靈. 翠黛葉生籠石甃 銀紅子熟照銅甁. 枝繁本是仙人

杖 根老新成瑞犬形. 上品功能甘露味 還知一勺可延齡.]

형제의 우애를 위해
나무를 심다

● 신흠과 박태기나무

양반가에서는 박태기나무를 즐겨 심었다. 꽃이 가지에 다닥다닥 붙어 있는 박태기나무가 형제애를 상징하기 때문이다. 부모는 형제가 떨어지지 않고 가까이 붙어 있기를 바란다. 박태기나무를 심어서 마음으로 형제애를 기원했던 것이다.

조선을 대표하는 문장가

신흠은 조선 중기를 대표하는 문장가였다. '월상계택月象谿澤'은 신흠의 뛰어난 문장을 일컫는 용어다. '월月'은 월사月沙 이정구, '상象'은 상촌象村 신흠, '계谿'는 계곡谿谷 장유, '택澤'은 택당澤堂 이식을 말한다. 신흠이 얼마나 뛰어난 문장가였는지는 최립의 아래 시에서 확인할 수 있다.

> 때마침 책을 구입하고 나서 장난삼아 백졸百拙에게 지어주다[適購書得
> 戲奉百拙]〉(부분)
> 한유 문장이 나와 원기 하나를 드러내더니

구양수歐陽脩와 증공曾鞏이 뒤에 나와 더불어 셋이 되었도다.

팔왕조와 오대의 쇠퇴한 시대에 일으킨 글

진나라 이전과 서한의 웅대한 문장에 끼워도 좋으리라.

봉황의 상서로움에 지초의 빼어남이라 할까

한유가 북극성이라면 증공은 양자강과 한수라네.

지갑 털어 책을 사서 귀국하게 되었나니

하늘이 유교의 문화를 아직 망치지는 않을 듯.

[韓子文章一元氣 歐曾後出與之三. 八代五季衰爲起 先秦西京雄可參. 鳳皇
之祥芝草秀 星斗于北江漢南. 傾金購此歸故國 天未欲喪斯文覃.]

세상의 소동파 100명을 데리고 온들 인간의 이백李白·한유·구양
수·증공 세 사람을 어떻게 당해낼꼬.

귀신이 도왔을 것 같은 기이한 경지요

《시경詩經》에 넣어도 좋을 예스러운 기풍일세.

시대가 내려옴에 따라 문장도 쇠미해졌나니

적막해라 누가 나와 천하제일의 명성을 독점할꼬.

재주가 뛰어난 젊은이의 시를 분명 작다고 여기지 않으련만

나는 만년에 힘이 부족해서 부끄럽기 그지없소.

[那將世上東坡百 當得人間太白三. 奇入鬼神如有助 古追風雅合相參. 逶迤
此業隨時下 寂寞誰名擅斗南. 英妙未應詩可少 自慙遲暮力難覃.]

최립의 《간이집》〈갑오행록甲午行錄〉에 들어 있는 이 시는 신흠에

대한 칭송이라는 점을 감안하더라도 그가 얼마나 뛰어난 문장가였는지 짐작할 수 있다. 최립은 신흠을 중국이 낳은 최고의 문장가, 즉 당나라의 한유와 구양수, 송나라의 증공과 소식에 비교하고 있다. 최립이 언급한 한유·구양수·증공·소식은 당나라 유종원柳宗元, 송나라 소식의 아버지 소순蘇洵, 소식의 동생 소철蘇轍, 왕안석王安石과 더불어 이른바 '당송팔대가'에 속한다. 그러니 최립은 신흠을 중국 역대 문장가를 대표하는 팔대가와 어깨를 나란히 하는 인물로 평가한 것이다.

신흠의 문학 능력은 그가 1608년 선조애책문宣祖哀册文, 즉 선조의 죽음을 애도하는 글을 짓거나 1609년 세자의 책봉을 청하는 주청사였다는 점을 통해서도 알 수 있다. 최립이 신흠에게 준 시가 수록된 〈갑오행록〉은 1594년 중국 군대에 파병을 갔을 때와 광해군의 세자 책봉을 주청奏請하러 중국에 갔을 때 지은 시를 모은 것이다. 이때 신흠은 서장관, 최립은 주청부사, 윤근수尹根壽는 주청사였다. 신흠이 1610년 동지경연사·동지성균관사·예문관대제학, 1623년 인조 즉위와 함께 이조판서 겸 예문관·홍문관의 대제학, 같은 해 7월에 우의정, 1627년에 좌의정, 같은 해 9월에 영의정에 오르는 등 승승장구 할 수 있었던 것도 그의 정치 능력과 함께 문장가로서의 능력이 크게 작용했다.

형제간 우애를 지키는 박태기나무

형제간 우애는 부모가 살아 있는 동안 가장 염려하는 부분이다. 이는 가족의 평화와 가문의 번성에 중요한 역할을 담당한다. 그러나 형제간에는 여러 이유로 불화가 생긴다. 부모는 형제간의 불화를 막기 위해 늘 마음을 졸이고 여러 가지 방법을 찾는다. 그 가운데 하나가 나무를 심는 것이었다.

형제의 우애를 상징하는 나무에는 장미과의 앵두를 꼽을 수 있다. 그래서 우리나라 양반가에는 거의 예외 없이 앵두나무를 발견할 수 있다. 앵두나무가 형제간의 우애를 상징하는 이유는 열매가 다닥다닥 달리기 때문이다. 콩과의 박태기나무도 우애를 상징하는 나무다. 박태기나무가 형제간의 우애를 상징하는 유래는 중국 남조시대 송나라 동양무의東陽無疑《제해기齊諧記》에 나온다.

중국 남조시대 양梁나라 수도 남경에 사는 전진田眞의 세 형제가 부모가 돌아가자 재산을 똑같이 나누기로 했다. 세 형제가 뜰에 한 그루 자형紫荊나무마저 세 등분하기로 하자 나무가 말라 죽어버렸다. 나무의 죽은 모습이 마치 불꽃같았다. 전진이 크게 놀라 나무를 나누지 않기로 하자 잎이 다시 무성하게 돋았다.

콩과의 박태기나무는 꽃이 잎보다 먼저 난다.《제해기》에 언급된 '불꽃'은 박태기나무의 특성을 알려주는 정보다. '자형'은 박태기나무의 한자다. 우리말 박태기나무의 '박태기'는 '밥튀기'를 뜻한다. 박태기는 마치 밥을 튀긴 것 같다는 뜻이다. 박태기나무의 꽃을 자세히 보면 밥풀을 닮았다. 박태기나무의 한자 자형紫荊은 '붉은 가시나무'를 뜻한다. 자형은 박태기나무의 붉은 꽃을 의미한다. 이 나무의 꽃을 본 사람들은 《제해기》에서 언급한 '불꽃'이 결코 과장이 아니라는 것을 알 수 있다. 아마도 우리나라에서 박태기나무처럼 붉은 꽃이 많이 피는 나무는 없을지도 모른다. 박태기나무를 만조홍滿條紅이라 부르는 것도 가지마다 붉은 꽃이 가득하기 때문이다.

박태기나무가 형제간 우애를 상징하는 사례는 김원행金元行의 《미호집渼湖集》〈효자전공형제행장孝子全公兄弟行狀〉에서도 확인할 수 있다. 여기에는 전공 형제의 우애와 함께 우암 송시열이 당호를 '형수당荊樹堂'으로 지어주었다는 이야기를 담고 있다. 전공 형제는 따로 집 재산을 경영하지 않고 함께 힘을 모아 밭을 갈았다. 배부를 때에는 같이 배부르고 굶주릴 때에는 같이 굶주렸으며, 의복에는 일정한 주인이 없었다. 그래서 송시열은 자신에게 배운 전공 형제에게 당호를 지어주었던 것이다. 당시 집에서 키우는 개들도 동시에 새끼를 낳아 서로 젖을 먹이는 등 싸우지 않았다고 한다.

전공 형제는 스승의 말을 독실하게 믿어 일마다 반드시 스승에게 여쭙고 행했다. 전공 형제는 송시열이 귀양 갈 때마다 따라가 곁에서 도왔다. 송시열이 제주도 귀양지에서 서울로 올라오다가 1689년 6월 7일 밤 전라북도 정읍 객사에 도착해 사약을 받자, 전공 형제는 걸어서 달려가 곡하고 아홉 달 동안 심상心喪(마음으로 상주 노릇하는 일)을 지냈을 뿐 아니라 6년 동안 과거시험에 응시하지 않았다.

박태기나무 가지. 박태기나무의 한자 자형紫荊은 '붉은 가시나무'를 뜻한다. 박태기나무를 만조
홍滿條紅이라 부르는 것도 가지마다 붉은 꽃이 가득하기 때문이다.

신흠의 우애와 인생관

나는 신흠의 글을 읽으면서 그의 선조인 신숭겸申崇謙을 떠올렸다. 신숭겸은 대구 팔공산 전투에서 고려 왕건王建을 대신해 목숨을 잃었다. 대구광역시 동구의 지묘동智妙洞은 신숭겸이 왕건의 갑옷을 바꿔 입은 충성과 지혜를 기리기 위해 생긴 지명이다. 현재 지묘동에는 신숭겸을 기리는 '표충단表忠壇', 즉 왕건을 위해 충을 드러낸 장소가 있다. 표충단에는 전국에서도 아주 보기 드문 200~300살의 부처꽃과 배롱나무 다섯 그루가 살고 있다. 신흠은 동생 신감申鑑과 잘 지냈다. 신흠이 부총관이던 시절에 신감은 예조정랑이었으며, 신흠이 영의정 시절에 신감은 참판이었다. 송시열은 신감의 신도비를 썼다. 신감의 어머니가 송시열과 같은 은진恩津 송씨宋氏 송기수宋麒壽의 딸이었다. 신감의 호는 소선笑仙, 자는 명원明遠이다. 신흠이 동생에게 보낸 시에 박태기나무가 등장한다.

> 명원의 운을 차하다[次明遠]
> 한 가락의 이별가에 정신이 아득해지는데
> 천애에서 그리며 다시 봄을 만났다네.
> 늙어가는 이 몸은 머리 손질 귀찮은데
> 키가 자꾸 자라나는 아이들을 바라보네.
> 빛이 나는 단약 솥에 짧은 세상 서글프고
> 수확 없는 돌밭에 오랜 가난 달갑다네.
> 어느 때 형제의 모임을 이루어서

줄기에 다닥다닥 붙어 난 박태기나무의 꽃. 이 모습 때문에 조선시대 지식인들은 이 나무가 형제
애를 상징한다고 보았다.

박태기나무꽃 속에 두 사람 마주할꼬.

[一曲勞歌覺損神 天涯相憶更逢春. 身從老大冠簪懶 眼見兒童項領新. 丹鼎

有光憐短世 石田無歲任長貧. 何時得遂鴒原會 荊樹花中對兩人.]

위의 시는 신흠이 동생과 이별하는 아쉬움을 읊고 있다.

박태기나무가 형제의 우애를 상징하는 사례는 중국 당나라 허혼

許渾의 《정묘시집丁卯詩集》 가운데 〈산에 거처하는 최처사에게 붙임

[題崔處士山居]〉에서도 확인할 수 있다.

산에 거처하는 최처사에게 붙임

형수에는 꽃이 있어 형제들 즐거워하고

유자숲에 열매 없어 자손들이 바쁘다네.

[荊樹有花兄弟樂 橘林無實子孫忙.]

　박태기나무가 형제의 우애를 상징하는 사례는 고려 후기 이곡李穀의 시문집《가정집稼亭集》〈가형의 글을 받고[得家兄書]〉가운데 "자형나무 그윽이 정원에 있도다[荊樹得庭幽]", 조선 후기 이현일李玄逸의 시문집《갈암집葛庵集》〈가군의 생신날 시에 삼가 차운하다[伏次家君生朝韻]〉가운데 "형수는 아침마다 다투어 꽃을 피우고[荊樹朝朝交暎萼]"에서도 엿볼 수 있다.

　신흠은 장남 낙전당樂全堂 신익성申翊聖이 선조의 딸인 정숙옹주貞淑翁主의 남편이었을 만큼 대를 이어 선조의 신임을 받았다. 특히 그는 선조에게 영창대군永昌大君을 보필하라는 명을 받은 '유교칠신遺敎七臣' 가운데 한 명이었다. 신흠의 인생관은 동생에게 보낸 아래 시에서 짐작할 수 있다.

명원의 시에 차운하다[次明遠韻]

나의 쇠함 바야흐로 유마힐과 비슷한데

떠나는 그대 참으로 갈치천과 같네.

풍악에서 그야말로 원화동을 찾을 텐데

동녘 바다 곧바로 대라천에 닿았으리.

다니는 길 자취 없어야 도인이 되는 거고

늙어서 명예를 구하지 않으면 선인이지.

조만간 부상의 뜨는 해를 바라보며

자청궁 그 안에서 전생 인연 입증하리.

[吾衰正似維摩詰 君去眞同葛稚川. 楓嶽定尋元化洞 東溟直接大羅天. 行能

無轍方爲化 老不求名卽是仙. 早晚扶桑看浴景 紫淸宮裏證前緣.]

시에 등장하는 유마힐은 불교의 유마힐경維摩詰經의 주인공이자
티끌이 없고 맑은 사람을 뜻한다. 중국 당나라 시인 왕유의 자字인
'마힐摩詰'도 유마힐을 흉내 낸 것이다. 갈치천은 중국 동진시대 포
박자抱朴子 갈홍葛洪의 자다. 대라천은 도교 이론에 등장하는 '서른
여섯 층의 하늘' 가운데 가장 높은 곳에 위치한 하늘을 말한다. 부
상은 중국 전설에 나오는 '해가 뜨는 동쪽'을 뜻한다. 자청궁은 신선
이 사는 도교의 사원이다. 이처럼 신흠은 늙어서는 도교의 신선사
상을 꿈꾸고 있었다.

신흠의 인생관을 가장 잘 보여주는 것은 〈야언野言〉이다. 〈야언〉
은 그가 전원 생활을 하면서 느낀 것을 적은 작품이다. 그는 독서를
즐겼다. 이익은 있지만 해가 없었기 때문이다. 그는 계곡과 산을 사
랑했다. 이익은 있지만 해가 없었기 때문이다. 그는 꽃과 대나무와
바람과 달을 즐겼다. 이익은 있지만 해가 없었기 때문이다. 그는 단
정히 앉아서 조용히 침묵했다. 이익은 있지만 해가 없었기 때문이
다. 그는 다음과 같은 사람이길 바랐다.

지나치게 화려한 꽃은 향기가 부족하고

향기가 진한 꽃은 색깔이 화려하지 않다.

그래서 부귀의 자태를 한껏 뽐내는 자는 맑은 향기를 품는 기운이

적으며

그윽한 향기를 마음껏 품어내는 자는 쓸쓸한 기색이 역력하다.

군자는 차라리 백세에 향기를 전할지언정 한때의 아름다운 모습을

구하지 않는다.

[花太麗者馨不足 花多馨者色不麗. 故侈富貴之容者少清芬之氣 抗幽芳之姿

者多莫落之色. 君子寧馨百世不求一時之艶.]

그는 봄이 끝나갈 무렵, 숲속으로 들어가서 오솔길 따라 소나무
와 대나무가 서로 마주하는 곳에서, 들꽃이 향기를 내뿜고 산새들
이 목소리를 자랑하는 곳에서 바위에 올라 거문고를 연주하곤 했
다. 아울러 그는 살구꽃이 피고 버드나무 가지가 바람에 흔들릴 때
흥이 나면 길을 나서길 좋아했다. 신흠이 추구한 즐거움은 세 가지
였다. 하나는 쾌적한 밤에 편안히 앉아 은근한 등불 아래 차를 달
이고, 만물은 고요한데 시냇물은 스스로 소리를 내고, 이부자리 펴
지 않은 채 책을 잠깐 보는 것이었다. 또 하나는 비바람이 몰아칠
때 문을 닫고 청소한 뒤 책을 앞에 펼쳐놓고 흥이 나는 대로 펼쳐
보고, 왕래하는 사람 없어 세상이 그윽하고 방마저 고요한 곳에서
지내는 것이었다. 마지막은 텅 빈 산에 한 해가 저물고, 분가루 흩날
리듯 소리 없이 눈이 내리고, 마른 나뭇가지 바람에 흔들리고, 추위

에 떠는 새는 들에서 울부짖고, 방에 화로를 피워 차 향기 나고 술이 익어가는 공간에 지내는 즐거움이었다.

신흠은 자연생태에 대해서도 관심이 많았다. 〈야언〉에는 중국 남북조시대 북주北周 종름宗懔의 《형초세시기荆楚歲時記》 내용을 인용해서 계절별 화신, 즉 꽃소식을 소개하고 있다. 화신은 각각 세 가지를 언급하고 있다. 소한에는 매화·동백·수선화, 대한에는 서향·난초·검노린재나무, 입춘에는 영춘화·앵두·개나리, 우수에는 유채꽃·살구꽃·자두꽃, 경칩에는 복사꽃·산사나무·장미, 춘분에는 해당화·배나무꽃·목련꽃, 청명에는 오동나무꽃·능소화·버드나무꽃, 곡우에는 모란·맥문동·멀구슬나무 등이 핀다.

신흠의 비문은 신흠이 살았던 당대 최고의 문장가인 이정구가 짓고, 글씨는 남파南坡 심열沈悅이 썼다.

제3부

바람을 견딘

가을나무에게

스스로 서는 법을 배우다

버드나무에게 배운 정신력으로
나라를 지키다

● 곽종석과 버드나무

곽종석郭鍾錫이 산속에서 살아가는 것은 결코 세상을 등진 삶이 아니라 난국을 극복하는 힘을 비축하기 위한 과정이었다. 곽종석은 어떤 어려운 조건 속에서도 살아남는 버드나무처럼 강인한 정신력의 소유자였다. 그의 삶에서 '부드러운 것이 강한 것을 이긴다'는 '유승강劉勝强'을 확인할 수 있다.

성리학의 가치를 몸소 실천하다

면우俛宇 곽종석은 우리나라 성리학자들의 삶을 가장 극적으로 보여준 인물이다. 내가 곽종석을 만난 것은 아주 짧지만 그의 삶을 조금만 들추었는데도 그의 마력에서 벗어날 수 없었다. 아주 짧은 순간에 누군가에게 강렬하게 끌린다는 것은 두 사람 사이에 공통점이 있어야만 한다. 나는 그동안 성리학에 대해 큰 관심을 가지고 있었다. 특히 성리학이 이 시대에 어떤 가치가 있는지를 깊이 고민하고 있는 중이다. 곽종석의 삶은 이 시대에 성리학의 가치가 무엇인지를 심각하게 고민하도록 만든다. 이것이 내가 곽종석의 삶에 큰 관심을 가지는 이유다.

성리학은 아직도 조선을 멸망시킨 원흉이라는 '원죄'에서 벗어나지 못하고 있다. 명칭상 원죄는 죄에서 영원히 벗어날 수 없다. 조선이 성리학의 지배이념으로 왕조를 유지했다는 점에서 '성리학 원죄설'은 상당한 지지를 받을 수밖에 없다. 성리학을 제외한 조선의 멸망 원인은 모두 부차적인 설명에 불과하기 때문이다. 나는 성리학의 원죄설을 인정하면서도 언제까지 성리학을 원죄의 굴레에 가두어놓을 것인가를 깊이 고민하고 있다. 성리학을 원죄에서 벗어나게 하는 방법 가운데 하나는 성리학의 가치를 현대 인간 삶의 보편적인 가치로 승화시키는 것이다.

성리학의 핵심가치는 인간의 본성을 세상에 드러내는 것이다. 인간의 본성은 착한 것이고, 하늘이 부여한 것이다. 누구나 똑같이 지닌 것이 인간의 본성이다. 인간의 본성을 드러내는 과정이 공부다. 그래서 성리학의 공부는 삶 자체다. 공부의 핵심은 오로지 자신의 본성을 드러내는 데 집중하는 것이다. 다른 것을 바라는 것은 진정한 공부가 아니다. '위기지학爲己之學'은 성리학의 가치를 드러내는 데 가장 중요한 철학이다. 위기지학은 '자기를 위한 배움'을 뜻한다. 위기지학은 남에게 보여주는 배움, 이른바 출세를 위한 배움이 아니라 오직 자신의 본성을 드러내기 위한 배움을 말한다. 문제는 자기를 위한 배움이, 자신의 본성을 드러내기 위한 배움이 지향하는 바다. 성리학의 가치가 단순히 인간 본성의 구현에만 머물러 있다면 정치 철학 혹은 정치 윤리로서의 가치를 구현할 수 없다. 성리학의 위기지학은 자기의 배움이 곧 타인에까지 미치도록 하는 것을 뜻한다. 그래서 본성을 실현하는 방법 가운데 하나인 수신修身은 수신에서 끝나는 것이 아니라 평천하平天下까지 이르러야 완성된다. 역으로 평천하도 수신을 통해서 완성된다. 나는 성리학자의 독립운동에서 성리학의 보편적인 가치를 발견한다. 그래서 독립운동가 곽종석의 삶에서 성리학의 보편적 가치를 확인하고 싶은 것이다.

곽종석이 성리학의 가치를 실천할 수 있는 종자는 경상남도 산청군 단성면 사월리 초포촌에서 발아했다. 그러나 곽종석은 태어난 곳에서 죽음을 맞이하지 못했다. 그만큼 그의 삶이 파란만장했기 때문이다. 그의 묘소는 경상남도 거창군 가조면에 있다. 곽종석이 산청에서 태어난 것은 할아버지 곽수익郭守翊이 경상남도 함안군 칠원에서 처가인 단성현에 옮겨 살았기 때문이다. 그는 네 살 때 글을 배우고, 다섯 살 때 《십팔사략十八史略》을 읽고, 여덟아홉 살 때 사서와 《시경》·《서경》을 모두 읽었을 만큼 신동이었다. 그가 《서경》〈우서虞書·요전堯典〉의 이른바 '기삼백朞三百'을 혼자서 이해했다는 이야기는 그의 천재성을 보여주는 단적인 예다. 나는 아직도 천문역법을 다룬 '기삼백'을 정확하게 이해하지 못한다.

그는 철저한 성리학자였다. 성리학자들의 '호'는 그 사람의 뜻을 이해하는 데 큰 도움을 준다. 곽종석의 호 '면우俛宇'는 서른세 살 때 사용한 것이고, 스물한 살 때 사용한 호는 '회와晦窩'였다. 회와는 성리학을 집대성한 회암晦菴 주자, 원나라 때 《주자전서朱子全書》를 들여온 고려 말의 회헌 안향, 주리적主理的 성리학을 중시한 회재 이언적 등을 사모하면서 사용한 호였다. 그는 세 사람을 사모하는 마음을 〈회와삼도晦窩三圖〉로 드러냈다. 그믐 혹은 어둠을 의미하는 '회'는 자신을 드러내길 꺼려 하는 성리학자들의 삶의 태도를 반영하고 있다. 따라서 회와는 젊은 날 곽종석이 어떤 삶을 추구했는지를 구체적으로 보여주고 있다. 곽종석의 회와와 유사한 호가 묵와黙窩 윤우尹楀다. 경상남도 합천군 묘산면 화양동의 묵와고택은 바로 윤우의 후손들이 살고 있다. 그런데 묵와의 후손 가운데 만송晚松 윤중수尹中洙는 곽종석과 함께 독립청원서인 '파리장서'를 준비하는 데 적극 참여했을 뿐 아니라 천석千石의 재산을 독립군 양성에 내놓은 독립운동가였다.

공자와 학문을 기리는 마음

곽종석의 삶에서 중요한 전환기는 한주寒洲 이진상李震相과의 만남이었다. 곽종석이 이진상을 만난 것은 스물다섯 살 때였다. 그는 한주를 만나기 전부터 과거시험보다 학문에 전념하는 시간을 보냈다. 그는 스물두 살 때 경상남도 합천군 삼가에 역재繹齋를 짓고 학문에 정진했다. 역재는 '학문을 탐구하는 집'을 뜻한다. 이진상은 곽종석을 만난 뒤 역재를 '역고재繹古齋'로 고쳐 기문까지 지어줄 정도로 그를 아꼈다. 한주가 역재에 옛고 자를 넣은 것은 옛 현인들의 학문을 연마하라는 뜻이 담겨 있었다. 그가 이처럼 학문에 정진한 이유는 다름 아닌 성인의 경지에 오르기 위해서였다. 그는 성인의 경지에 오르기 위해 〈역고재협실벽상계繹古齋夾室壁上戒〉를 지었다. '역고재협실벽상계'는 '역고재의 아주 작은 방 벽에 걸어둔 계율'을 뜻한다. 아주 작은 방은 스님들이 수도하는 심우실尋牛室처럼 경敬 공부에 필수적인 공간이다. 성리학자의 경 공부는 스님의 참선처럼 성인의 경지에 오르기 위한 중요한 형식이다. 곽종석이 추구한 성인은 모든 성리학자들의 꿈이다. 작은 방은 꿈을 실현하는 데 필요한 최소한의 공간인 셈이다.

곽종석은 1870년 꿈을 실현하기 위해 자신이 거처하는 곳에서 그렇게 멀지 않은 경상북도 성주에 머물고 있던 이진상을 찾아갔다. 이진상은 퇴계 이황의 학통을 이은 대학자였다. 그는 이진상에게 주리학설을 배웠다. 아울러 그는 평소 공부하다가 의문 나는 점을 정리한《지의록贄疑錄》을 이진상에게 보여주었다. 이진상은 곽종석을 크게 칭찬했다. 곽종석은 이진상의 칭찬을 들은 후 그의 독실한 제자가 되었다. 그는 스승의 학설을 전파하는 데 앞장서는 등 학문에 한층 매진했다. 이진상과 나눈 글을 보면 곽종석의 학문에 대한 열정을 충분히 짐작할 수 있다. 이진상도 곽종석의 학문에 대한 열정에 감동해서 아주 살갑게 제자의 의문에 답할 뿐 아니라 학문의 길을 일러주었다. 곽종석은 마음의 문제, 사단칠정론, 태극도설 등 성리학의 핵심주제를 파고들었다.

1873년 스물여덟 살 때 고향으로 다시 돌아온 곽종석은 자신이 사는 집의 이름을 고향 초포의 '초'를 빌려 '초초정草草亭'이라 지었다. 아울러 그는 집의 문 위에 '니동尼東'이라는 글자를 써서 붙였다. 니동은 곽종석이 머물렀던 마을의 '니구산尼丘山의 동쪽'을 의미한다. 그가 문 위에 붙인 글씨는 단순히 니구산의 동쪽이 아니라 유학의 시조인 공자를 흠모하는 마음을 드러낸 것이다. 곽종석이 살았던 산청군 단성면 사월리는 현재 산청군을 대표하는 남사전통마을이다. 이곳은 곽종석을 비롯해 수많은 성리학자를 배출했다. 남천南川 이도묵李道黙과 월연月淵 이도추李道樞 형제 등은 곽종석이 같은 마을에서 교유한 사람들이었다.

니구산처럼 성리학자들이 머문 곳에는 공자를 흠모하는 지명과 서당이 적지 않다. '니구산'은 공자가 태어난 중국 산동성 곡부의 지명이고, 공자의 자字 중니仲尼도 니구산에서 차용한 것이다. 한훤당 김굉필을 모신 대구광역시 달성군 도동의 도동서원이 위치한 대니산戴尼山과 김굉필의 후손들이 살고 있는 경상남도 창녕군 고암면 칠월의 구니求尼서당 등도 공자를 흠모하는 뜻의 이름이다. 곽종석이 1909년에 쓴《니동재기尼東齋記》의 '니동'도 도동서원의 사례를 참고했다는 사실을 확인할 수 있다. 곽종석의 고향에는 그를 기리는 나동서원이 남아 있다. 니동서원 근처에는 곽종석을 비롯한 유림의 독립운동을 기리는 기념관이 있고, 곽종석의 제자인 정제용鄭濟鏞을 기리는 사양정사가 있다.

속세의 명예를 멀리하다

곽종석의 학문은 나이 서른 살에 과거시험을 완전히 포기하면서 한층 깊어졌다. 그가 그동안 몇 차례 과거시험에 응시한 것은 어머니의 바람을 매몰차게 저버릴 수 없었기 때문이다. 입신양명은 성리학자들이 금과옥조로 여기는 중요한 효도라는 점을 감안하면 곽종석의 과거에 대한 관심은 충분히 이해할 수 있다. 곽종석의 어머니는 아들이 과거시험을 완전히 포기하자 더는 강권하지 않았다. 모친은 자식이 무엇을 원하는지 잘 알고 있었기 때문이다. 어머니가 자신의 뜻을 받아들이자 곽종석은 마음이 무척 무거웠다. 그는 5년 뒤 1880년에 어머니가 돌아가시자 몸을 가누지 못할 정도로 슬퍼했다. 그는 모친상을 당하자 밤에도 머리에 쓴 수질首經과 허리에 차는 요질腰経을 풀지 않았을 뿐 아니라 온돌에서 거처하지도 않을 만큼 상례를 엄격하게 치렀다. 장례 후 그는 모친의 묘소가 있는 사천시 갑사동까지 50리 길을 걸어서 한 달에 두 차례 성묘했다.

1882년 4월 모친상을 마친 곽종석의 삶은 한마디로 야인 생활이었다. 그 어디에도 얽매지 않고 유유자적하면서 보냈다. 고향 친구들과 떠난 금강산 유람은 모친을 잃은 슬픔을 조금이나마 치유할 좋은 기회였다. 그는 금강산에서 돌아오는 길에 강원도 강릉의 오죽헌, 경상북도 봉화군의 유곡(닭실), 경상북도 영주시의 소수서원 등을 찾았다. 특히 그는 금강산에서 돌아오는 길에 봉화군 춘양면 학산촌鶴山村, 즉 일명 성산筬山에 마음이 빼앗겨 식구를 데리고 이사까지 해버렸다. 그는 이곳에서 직접 감자를 심고 남새밭을 매고 도토리를 주워 끼니를 해결했다. 곽종석이 깊숙한 태백산 자락에 똬리를 튼 것은 그만큼 속세의 명예를 멀리하면서 구도자적인 삶을 추구하는 성향이 아주 강했다는 것을 보여준다.

곽종석이 태백산 자락에 들어간 후 1910년 경술국치까지의 삶은 학문과 견문을 넓힌 기간이었다. 물론 마흔에 부인을 잃고 1년 뒤 진성 이씨에게 다시 장가들고, 장가든 그해 마지막 달에 존경하는 스승을 잃는 등 크고 작은 일이 있었지만, 이곳저곳을 다니면서 큰 어려움 없이 학문으로 세월을 보낼 수 있었다. 이 기간 동안 곽종석이 가장 관심을 가진 일은 쉰한 살 때 스승 이진상의《한주집寒洲集》을 편찬한 것이었다. 그는 경상남도 거창에서《한주집》편찬을 총괄했다. 곽종석이 거창에 머문 시간은 그의 삶에서 매우 중요한 의미가 있다.

그는《한주집》편찬을 마무리하고 가족을 이끌고 거창군 가북면 다전茶田으로 들어갔다. 다전은 일제강점기 때 중촌中村으로 바뀌었으나 최근 마을 사람들이 다시 옛 이름을 되찾아 다전으로 사용하고 있다. 일본은 우리나라를 식민지배하면서 마을의 전통과 역사를 담고 있는 이름을 지우기 위해 대대적으로 지명을 바꾸었다. 다전도 중촌으로 바뀌면서 본래의 의미를 잃어버렸다. 그러나 마을 사람들은 일제의 흔적을 없애고 다시 본래의 이름을 되찾았다.

다전은 '차밭'이라는 뜻이다. 나는 그곳이 분명 차밭과 관련이 있다는 생각으로 찾아갔다. 다전을 찾아가기 전에 후손을 만나 물어보니 차밭과 무관하다는 이야기를 들었다. 약간 의심을 했지만, 평소의 감을 믿기로 했다.

다전은 해발 1,300미터가 넘는 수도산修道山 자락에 자리 잡고 있었다. 수도산은 중턱에 청암사와 수도암 등 신라 고찰이 있는 명산이다. 다전은 지리에 어두운 나의 눈에도 참 살기 좋은 곳이라는 생각이 들 만큼 아늑한 동네였다. 다전은 높은 수도산이 자리 잡고 있기 때문에 동네에서 길이 끝난다. 그래서 다전은 삼면이 산으로 둘러싼 천혜의 명당이다. 곽종석이 가족을 데리고 이곳에 온 까닭을 알 것만 같았다.

차밭이 있을 만한 장소를 찾았지만 차밭은 눈에 띄지 않았다. 그러나 수덕산 오른편 자락의 경사면은 차밭으로 안성맞춤이었다. 현재는 차밭이 없을지언정 곽종석이 이곳에 살던 때는 차나무가 살았을 가능성이 아주 높다. 그는 아래와 같이 한 편의 차시를 남겼다.

차를 달이는 부뚜막[煎茶竈]

돌 부뚜막에 좋은 냄새 나더니

봉래산은 어디인가?

돌아가 옥처럼 향기로운 찻잎 따야겠네.

[石竈羞葷飪 蓬山何處是? 歸去採瓊香.]

위의 차시가 언제 작품인지 알 수 없지만 차밭이 있는 고향 산청에서 지은 작품은 아닐 것이다. 다전은 위의 차시가 등장할 만한 공간이다. 시에 등장하는 봉래산은 아마도 다전일지도 모른다. 다전은 신선이 살 것 같은 마을이다. 다전이 위치한 수도산은 가야산맥 중에서도 가장 높은 산이며, 가야산맥은 우두령에서 소백산맥과 분리된다. 곽종석은 이곳에 살면서 가야산맥과 소백산맥을 가르는 우두령을 오르내렸다. 우두령의 '우두牛頭', 즉 '소머리'는 '가야'를 뜻한다. 곽종석은 〈우두령牛頭嶺〉 시를 남겼다.

우두령

우두령 고갯길 멀고도 멀어 고생스럽고

나는 동쪽으로 가서 동쪽으로 돌아왔네.

세 갈래 길에서 가깝고 먼 길을 알고

오랜 세월 허공에 떨어지네.

잠깐 쉬니 봄 그늘 푸르고

먼저 (김천 지례와 멀지 않은) 옥우홍을 찾았네.

오랫동안 걷다가 끝내 도착하니

앉은뱅이가 무슨 공이 있겠는가?

[嶺路悠悠苦 我行東復東. 三由知近遠 萬劫落虛空. 且憩春陰碧 前尋玉友紅. 支離終有到 躄子果何功?]

《면우집》〈동유록東遊錄〉에는 〈우두령〉 외에 가야산과 관련한 209편의 시가 수록되어 있다. 〈가야조伽耶操〉에 따르면, 다전마을 시절 곽종석은 1896년 천리를 멀다 하지 않고 자신을 찾아온 이군순李君舜을 만나 즐거운 시간을 보냈다. 곽종석은 그의 거문고 연주를 중국 춘추시대 초楚나라 백아에 비유하고, 자신을 백아의 음악을 유일하게 이해한 친구 종자기鍾子期에 비유했다.

버드나무의 강인한 정신력을 닮다

《면우집》가운데 시를 수록한 권1부터 권9까지 전체 작품은 1,553여 수다. 곽종석의 시에 언급되는 나무는 차나무·매실나무·대나무·소나무·버드나무·살구나무·복사나무·석류나무·상수리나무 등이다. 아울러 곽종석이 남긴 시 중에는 유독 가야산·소수서원·도산서원 등 곳곳을 여행하면서 남긴 작품과 산속에 살면서 느낀 시들이 많은 편이다. 그래서 곽종석의 시에는 그의 삶이 고스란히 배어 있다. 그가 많은 작품을 남길 수 있었던 것은 거의 벼슬하지 않고 학문에만 전념했기 때문이다. 특히 성리학의 철학을 다룬 글이 그의 문집에서 큰 비중을 차지한다. 나는 《면우집》에 수록된 시를 읽으면서 그가 어떤 정신으로 격동의 시대를 살아갔는지를 생각했다. 그중에서 나의 마음을 사로잡은 시가 바로 버드나무와 관련한 두 편이었다. 내가 그의 시 중에서 버드나무에 꽂힌 것은 이 나무가 지니고 있는 강인한 생명력 때문이었다. 곽종석의 독립운동 정신은 바로 버드나무의 삶과 닮았다.

곽종석이 남긴 버드나무 관련 시 중에서 먼저 〈버드나무 바람에 빛나고[楊柳光風]〉를 살펴보자.

버드나무 바람에 빛나고
비취색 비단 같은 버드나무의 지극한 이치는 베 짜는 북과는 상관없고
가냘픈 허리 같은 가지 길가의 예쁜 아가씨도 질투할 만하네.
동쪽에서 부는 바람 날마다 춘정을 일으키기에 충분하고

맑고 따뜻한 날씨 마냥 푸른 언덕에 퍼져 있네.

[翠縷天機不管梭 纖腰肯妬路傍娥. 東風日日春心足 一任晴和汎綠坡.]

제목의 양류楊柳는 버드나뭇과의 버드나무를 의미하는 글자다. 양과 류를 버드나무와 수양버들 혹은 그 반대로 구분하는 사람들도 있지만 시에서처럼 대부분 구분 없이 사용한다. 우리나라에는 버드나무가 40여 종에 이를 만큼 많지만 시에서 언급하고 있는 버드나무는 수양버들 혹은 능수버들일 가능성이 아주 높다. 버드나무를 비취색과 비단 같은 실에 비유한 것은 봄에 수양버들이 꽃을 피우고 잎을 만드는 모습을 그린 것이다. 버드나무의 가지는 시에서 묘사한 장면과 조금 거리가 멀다. 버드나무와 수양버들 혹은 능수버들은 암수딴그루이고 꽃이 잎보다 먼저 피는 점에서는 같지만 버드나무는 가지가 아래로 처지지 않아서 시의 분위기를 자아내는 데 한계가 있다. 봄철에 축 처진 수양버들과 능수버들의 가지에 꽃이 피면 정말 아름다운 비단을 닮았다. 이러한 모습은 시에서 묘사한 것처럼 아름다운 아가씨조차 질투할 정도다. 봄날, 언덕 물가에 한 그루 능수버들이 바람에 흔들리는 것을 상상하면 누구나 춘정을 느낄 수밖에 없을 것이다. 곽종석이 버드나무 관련 시에서 사용한 '광풍'은 아래 시에서도 등장한다.

광풍光風
비온 뒤 갠 날 부드러운 바람 부드럽고도 더디고

곽종석의 시에 언급되는 버드나무. 곽종석의 시를 읽으면 그가 어떤 격동의 시대를 살아갔는지 보인다. 그의 버드나무와 관련한 시는 그의 강인한 독립운동 정신을 고스란히 보여준다.

온 산의 푸른 잎들이 물결처럼 일어나네.

끝내 모든 사물에게 새로이 색을 더하게 하고

또한 그윽한 곳에 사는 사람의 얼굴에도 바람이 부네.

[霽日和風細且遲 群山皺綠水生漪. 終教庶物新添色 又向幽人面上吹.]

봄바람은 만물을 소생시키는 에너지다. 만약에 바람이 불지 않는다면 나무들은 꽃과 잎을 만들 수 없을 뿐 아니라 꽃과 열매가 날아가서 새로운 생명을 만들 수도 없을 것이다. 그래서 사람들도 봄바람이 겨울 동안 묵혔던 마음에 닿으면 하고 싶은 것들이 꿈틀꿈틀 일어날 것이다. 야인 생활에 익숙한 곽종석도 봄날 버드나무에 꽃이 피니 메마른 마음을 움직일 수밖에 없었을 것이다. 곽종석의 아래 시를 통해서도 버드나무의 생태를 알 수 있다.

버드나무 푸르고[柳綠]

버드나무 비단실처럼 늘어지고 복사꽃 붉게 피니 꾀꼬리와 제비가 모여들고
고요하면서도 부모 계신 고향에 사니 가난한 적 없네.
세상 사람들이 나더러 황금을 얻었다고 하니
대수롭지 않게 남루한 사람이라 해야 옳으리라.

[柳絲桃紅鸚鷰積 幽居椿處不曾貧. 世人見我黃金盡 謂是尋常寒乞人.]

위의 시는 버드나무와 붉은 복사꽃을 함께 이야기하고 있다. 비단 같은 버드나무 가지에 꽃이 피는 시기에 곧 복사꽃도 잎보다 먼저 핀다. 아울러 버드나무와 복사나무에 꽃이 피면 꾀꼬리와 제비를 유혹한다. 부모와 계신 고향에서 조용하게 살아가는 모습은 더는 바랄 것이 없는 행복한 삶이다. 곽종석이 벼슬하지 않고 왜 산속에서 조용하게 살아갔는지는 아래 시에서도 확인할 수 있다.

유거幽居

늦은 시기 감산에 집을 지으니
산은 깊고 사람도 깊구나.
흰 구름 천년 동안 그림자 만드니

향기로운 나무 봄 내내 그림자라네.

책상의 떨어진 꽃 쓸어내니

주렴에 의지해서 비치는 달을 견뎌야 하네.

지금부터 묵은 빚은 없으니

그윽한 곳에서 진심을 보네.

[晩築紺山屋 山深人亦深. 白雲千載影 芳樹一春陰. 掃榻收花落 憑簾耐月侵.

從今無宿債 幽處見眞心.]

　내가 곽종석의 시 중에서도 버드나무 관련 작품을 선택한 것은 깊은 산속에서 살아가는 그의 참모습을 잘 살필 수 있기 때문이다. 봄날 깊은 산속에서 수양버들 가지에 꽃이 피면 세상을 다 얻은 것처럼 황홀한 시간을 만끽할 수 있다. 많은 사람들이 수양버들에 꽃이 피는 줄도 모르고 봄을 보내지만 곽종석처럼 산속에 살다보면 자연스럽게 수양버들의 꽃을 즐길 수 있다. 그런데 수양버들을 보고 있노라면 여리고 여린 가지에서 무한한 에너지를 느낄 수 있다. 곽종석이 산속에서 살아가는 것은 결코 세상을 등진 삶이 아니라 난국을 극복하는 데 필요한 힘을 비축하기 위한 과정이었다. 곽종석은 비굴하게 '맹자 왈, 공자 왈'을 외우는 나약한 유학자가 아니라 어떤 어려운 조건에서도 살아남는 버드나무의 특성처럼 세상에서 강인한 정신력을 실천한 선비였다. 나는 곽종석의 삶에서 '부드러운 것이 강한 것을 이긴다'는 '유승강柔勝强'의 모습을 확인할 수 있었다.

군자는 마땅히 만세를 위해 움직인다

1910년 경술국치는 다전마을에서 가족과 함께 단란하게 살아가던 곽종석의 삶을 완전히 바꾸어놓았다. 예순다섯 살의 곽종석은 나라가 경술국치를 당했다는 소식을 듣고 몇 날 며칠을 통곡하면서 밥조차 먹지 않았다. 그러나 곽종석은 그런 상황에서도 찾아오는 제자를 내치지 않았다. 그 이유는 "나라는 때로 망할 수 있지만 도는 하루라도 망할 수 없다"고 생각했기 때문이다. 그는 창씨개명을 반대하면서도 순국을 생각하지 않았다. 그는 "옛날부터 자살하는 성현은 없었다. 오직 평소의 절조를 더욱 잘 지키고 평소에 하던 학문을 더욱 독실하게 하면서 밝은 하늘이 회복되길 기다려야 한다. 이것이 오늘 우리가 할 수 있는 큰 의리다"라고 생각했다. 곽종석의 이러한 철학은 그가 독립운동에 헌신한 중요한 요인이었다.

곽종석이 어떤 자세로 난국에 대처했는지는 이름을 '도鋾'로, 자字를 '연길淵吉'로 고친 데서 알 수 있다. '도'는 '쇳덩이, 둔하다'는 뜻이다. 이는 '둔해서 버려진 것이 나만 한 사람이 없다'는 뜻이면서 무릉도원의 삶을 살았던 중국 동진의 도잠陶潛의 성을 모방했다. '연길'은 도잠의 자 연명淵明의 '연'과 중국 송원宋元 교체기 인산仁山 김이상金履祥의 자 길보吉父의 '길'을 빌린 것이다. 그는 1919년 그의 제자 김창숙金昌淑 등이 프랑스 파리에서 열리는 평화회의에 유림의 청원서를 보낼 것을 발의하자 발 벗고 나섰다.

다전마을에는 곽종석이 파리평화회의에 보내는 파리장서를 초안한 현장이 남아 있다. 그러나 역사의 현장은 독립운동가 곽종석을 뵐 면목조차 없을 만큼 초라하다. 현장에는 파리장서 초안 장소를 알리는 안내판과 안내판 옆 태극기가 전부다. 물론 마을회관 앞에 '면우선생다전기적비俛宇先生茶田紀蹟碑'가 있지만 현장의 초라한 모습이 더욱 가슴 시리게 할 뿐이다. 곽종석이 파리장서를 초안한 집터에 있는 태극기가 나의 가슴을 후려치지만, 나는 허허한 터를 바라보면서 그저 고개만 숙이고 있을 뿐 아무것도 할 수 없었다. 동네 어른께 여쭈어보니 현재의 기념 공간도 마을 사람들이 공동으로 마련한 땅이었다고 한다. 최근 뜻을 같이하는 사람들이 기념관을 짓기로 했으나 정치상황이 바뀌어 무산되었다는 어른의 말씀은 대한민국이 여전히 후진성에서 벗어나지 못하고 있다는 것을 증명하고 있어서 마음이 더욱 아렸다.

내가 어르신에게 다전마을과 차와의 관계를 물으니, 놀랍게도 관계 있다는 대답을 들었다. 어르신은 내가 그곳에 찾아간 것을 가상하게 여기고 고생해서 농사지은 사과를 여러 개 주셨다. 부끄러워 손사래를 치다가 어르신의 성의를 무시할 수가 없어서 기어이 받았지만 돌아서는 발걸음이 더욱 무거웠다.

곽종석이 초안한 파리장서에는 전국의 유림대표 137명이 서명했다. 곽종석은 파리장서를 작성하는 데 주도적인 역할을 담당했다. 그래서 파리장서의 맨 앞줄에 그의 이름이 있다. 2,674자에 이르는 파리장서 본문에서 곽종석이 어떤 심정으로 파리장서의 초안을 마련했는지를 짐작할 수 있다.

오직 여러 높으신 분께서는 가련하게 여겨 이를 살펴주시고, 공판소
判에 논의를 더욱 넓히시어 햇볕의 광채로 하여금 두루 미치게 하고,
화육化育으로 하여금 유행遊行을 순탄하게 한다면, 종석鍾錫 등은 나
라를 잃었다가 나라를 되찾을 뿐 아니라 도덕이 일세一世에 펼쳐져
여러 높은 분의 할 일도 마칠 수 있을 것입니다. 만약 그렇지 못하면
종석 등은 차라리 머리를 나란히 해서 죽을지언정 맹세코 일본의 노
예는 되지 않을 것입니다. 2,000만 생명이 홀로 천지의 화육을 입지
못하고, 바야흐로 화창하고 따듯한 분위기를 한탄해서야 되겠습니
까? 여러 높은 어른은 도모하시오.

개국 528년 3월 일 청원인請願人 곽종석 등 137명

　곽종석을 비롯한 137명은 죽을 각오로 독립을 염원하는 청원서
를 작성했다. 김창숙은 1919년 3월 23일 용산에서 한문으로 이루
어진 파리장서를 가지고 중국 안동·봉천을 거쳐 3월 27일 중국 상
해로 갔다. 그러나 김창숙은 파리로 가지 않고 상해에서 파리장서
를 영어로 번역해서 우편으로 파리평화회의에 보낸 후 중국어·한
국어로 번역하고 5,000부를 만들어 파리평화회의 각국 대표에
게 배부하는 한편 중국 전역의 각 언론기관, 국내 각 지역, 해외교민
등에게 발송했다. 그러나 김창숙이 중국에 간 지 얼마 지나지 않아
이른바 '파리장서사건'이 터졌다. 곽종석은 일제에 체포되어 2년 징
역형을 받고 대구감옥에 갇혔다.

　그는 감옥에서 《주역》을 읽으면서 보냈다. 1919년 6월 위독해진

그는 감옥에서 나와 다전 여재如齋로 돌아왔으나 끝내 몸을 보존하지 못하고 오전 9시에서 11시 사이에 생을 마감했다. 그는 죽기 전까지 제자들의 질문에 답하는 등 마지막까지 선비의 정신을 잃지 않았다. 그의 유언 가운데 하나는 다음과 같다.

"군자는 마땅히 만세를 위해서 도모하지, 한때를 위해서 계산하지 않는다[君子當爲萬世謀, 不可爲一時計]."

곽종석은 1919년 10월 1일 경상남도 거창군 가조면 문재산에 안장되었다. 장례식에 참석한 유림이 1만여 명, 상복을 입은 제자가 1,000여 명이었다고 하니, 그의 업적과 인품이 어느 정도였는지 짐작하고도 남는다. 그의 장례식 때 있던, 죽은 사람의 관직과 성씨 등을 적은 명정銘旌에는 징사徵士라 적혀 있었다. 징사는 학식과 덕행이 뛰어난 선비를 일컫는 단어이니, 그 이상 그를 칭송할 말은 없다. 곽종석의 신도비는 제자 김창숙이 썼다. 그의 무덤은 1924년 경상남도 거창군 가조면 율리 모덕산으로 이장했다. 묘를 옮기는 면례緬禮 때도 수천 명의 유림이 참석했다.

나는 독립운동의 후손들이 어떻게 살고 있는지를 보면 그 나라의 미래를 알 수 있다고 생각한다. 나라를 잃은 민족이 다시는 똑같은 설움을 겪지 않기 위해 반드시 해야 할 일은 나라를 구하는 데 목숨을 바친 사람과 후손들을 극진하게 대우하는 것이다. 현재 대한민국 국민은 그분들의 희생 덕분에 살아가고 있기 때문이다. 그러나 대한민국은 아직도 독립운동가와 그 후손들을 제대로 대우하지 못하는 국가다. 대한민국이 그들을 제대로 대우하지 않는 한 미래는 결코 밝지 않다.

 1920년 곽종석이 돌아가신 후 곧장 고향에서 이동서원이 건립되고, 1921년에는 거창군 가조면 원천리에 다천서당이 건립되었다. 1925년에는 곽종석의 《면우집(俛宇集)》이 간행되었다. 이처럼 곽종석의 죽음 후 유림에서 아주 신속하게 그를 기리는 사업을 진행한 것은 그만큼 그의 영향력이 컸다는 증거다. 다천서당 내에는 1979년에 세운 곽종석의 신도비가 있다. 신도비는 묘소 앞에 있는 것이 관례지만 사정에 따라 다른 곳에 세우기도 한다.

요절한 학자가 남긴
나무 한 그루

● 서해와 은행나무

은행나무가 소소헌에 살고 있는 것은 이곳에 거처했던 사람들이 모두 성리학자였기 때문이다. 우리나라의 성리학 관련 공간에 은행나무를 심은 이유는 공자가 제자를 가르친 행단杏壇에서 유래한다. 은행나무를 심은 것은 곧 공자의 정신을 계승하겠다는 의미다.

공부하기 위해 구담서당을 건립하다

일찍 죽음을 맞이한다는 것은 당사자는 물론 주변 사람들도 엄청난 고통이다. 역사상 일찍 죽은 사람이 아주 많은데, 능력과 관계없이 그 자체로 안타까운 일이다. 스물세 살에 죽음을 맞이한 함재涵齋 서해徐嶰도 역사상 요절한 인물로 꼽힌다. 내가 서해에 관심을 가진 것은 대구를 본으로 한 서씨인데다 유명한 사가四佳 서거정徐居正의 증손자라는 사실 때문이다. 그의 아버지는 예조참의를 지낸 서고徐固이고, 할아버지는 정랑을 지낸 서팽소徐彭召다. 서해는 네 형제 가운데 셋째였다. 그의 서울 생활은 아주 가난했다. 아홉 살 때 어머니를, 열네 살 때 아버지를 잃어 고아가 되었기 때문이다.

서해는 열일곱 살인 1553년 당시 청풍군수 고성 이씨 이고李股의 사위가 되었다. 그러나 부인 이씨는 앞을 보지 못했다. 서해는 부인이 앞을 보지 못하는 것을 알면서도 결혼을 결심했다. 그가 고성 이씨와 결혼한 것은 부인의 행실이 마음에 들었기 때문이다. 서해의 장인인 이고는 1519년 안동 임청각臨淸閣(보물 제182호)의 주인인 이명李洺의 아들이다.

서해는 결혼하면서 서울에서 내려와 안동에서 생활했다. 그는 퇴계 이황에게 배웠으며, 이황의 수제자인 서애西厓 류성룡, 학봉鶴峯 김성일金誠一과 같이 공부했다. 그는 워낙 어려서부터 학문을 좋아해서 스무 살 즈음 상당한 수준에 올랐다. 서해는 공부하기 위해 유경심柳景深·장문보張文輔·김수일金守一·이중립李中立 등과 함께 구담서당을 건립했다.

안동시 일직면 명진리에 위치한 구담서원은 1934년 장문보의 순천 장씨 후손, 서해의 대구 서씨 후손, 이중립의 합천 이씨 후손들이 선조의 어짐을 본받기 위해 다시 세워 상현정이라 이름 지었다. 그러나 현재 상현정은 정자에 올라갈 수 없을 만큼 퇴락했다. 서해 등이 거북바위에 자리 잡은 집에서 성리학을 공부했던 상황을 생각하면 현재 성리학을 공부하고 있는 후학으로서 정말 부끄러워 고개를 들 수 없다. 상현정은 당장 보수·관리하지 않으면 머지않아 무너질 것이다. 거미와 각종 벌레들의 집으로 변해버린 상현정의 참담한 모습은 성리학의 현주소를 보여준다.

스물세 살에 요절하다

서해가 살았던 소호헌蘇湖軒(보물 제475호)은 그가 결혼과 동시에 장인에게 받은 살림집이었다. 서해의 장인은 앞을 볼 수 없는 딸을 시집보내면서 사위에게 집을 장만해주었던 것이다. 소호헌은 서해의 장인인 이고가 아버지에게 받은 선물이었다. 나는 안동 임청각은 여러 차례 답사했지만 소호헌은 서해를 알고 나서 처음 찾았다. 나는 그곳 후손에게 서해와 그의 아들 약봉藥峯 서성徐渻의 치열한 삶을 듣고 감동했다.

서해의 자식은 아들 하나뿐이었다. 서해가 스물세 살의 나이에 죽었기 때문이다. 젊은 나이에 남편을 잃은 서해의 부인 이씨는 두 살의 아들을 교육시키기 위해 재산을 정리해서 서성의 둘째 아버지 서엄徐崦이 살고 있는 서울로 갔다. 이씨가 재산을 정리하고 서울로 올라갈 때 자신의 농토에 농사를 짓던 노비들에게 땅을 나누어 준 후 멀리 떠나 살게 했다. 이씨가 서울에 가서 자리를 잡은 곳이 지금의 중구 만리동 입구에서 충정로 3가로 넘어가는 약현藥峴이었다. 이씨는 약현에 마련한 집의 용마루와 처마를 소호헌과 같이 만들었다. 이씨는 이곳에서 술과 약과를 팔아서 아들을 교육시켰다. 그래서 약봉의 어머니는 사임당 신씨와 더불어 조선시대의 현모賢母로 유명하다. 이씨의 음식 솜씨는 며느리에게로 이어졌을 뿐 아니라 선조 임금에게까지 알려졌다. 선조는 이씨 집안의 음식 맛에 감탄해서 음식에 '약藥' 자를 붙여 오늘날 우리들이 먹고 있는 약과·약식·약주라 이름 붙여 부르도록 했다.

소호헌과 은행나무

소호헌은 서해의 장인 및 서해의 부인과 아들이 살았던 곳이다. 그러나 서해가 죽고 그의 부인이 아들을 데리고 서울로 가는 터에 소호헌은 한동안 주인이 없었다. 1636년 약봉 서성의 셋째 아들 서경빈徐景霦이 병자호란 때 소호헌으로 들어왔다. 지금의 소호헌은 1771년 당시 의성군수였던 서해의 6대손 서명민徐命敏이 중수한 것이다. 소호헌은 1950년 한국전쟁 당시 조금 소실되었지만 보존 상태가 아주 좋아서 보물로 지정되었다.

서명수는 소호헌을 중수하면서 기문記文을 남겼다. 그의 기문에 따르면, 소호헌은 영가永嘉, 즉 안동의 남쪽 40리에 있는 호수 가에 고려시대 소시랑蘇侍郎이 살았기 때문에 붙인 이름이다. 지금 이곳에 큰 도로가 생겨서 당시와는 지형이 많이 바뀌었지만, 서해와 그 후손들이 살던 시대에는 호수 주변이 확 트이고 토지가 비옥할 뿐 아니라 물맛도 좋아서 별장 장소로는 더없이 좋았다. 당시 주변에는 흰느릅나무·느릅나무·소나무·삼나무 등이 살고 있었다. 당시 소호헌은 호수 주변에서도 아주 돋보여서 사람들이 '서씨의 고택'이라 불렀다.

소호헌은 건물의 세부 양식이 전통을 계승하면서도 독특해서 건축학적으로도 매우 가치가 높다. 대문에 들어가면 넓은 마당 오른편 위쪽에 위치한 소호헌이 눈에 들어오지만 정면이 아니라 측면이 보인다. 나는 소호헌으로 들어가기 전에 안채로 먼저 들어갔다. 안채로 들어가서 만나는 건물은 서성이 태어난 건물이다. 소호헌은 안채 오른편에 위치하고 있다. 소호헌은 단층 목조의 정면 네 칸, 측면 두 칸이다. 그래서 소호헌은 여덟 칸의 목조 건물이다. 지붕은 조선시대의 전형적인 팔작지붕이지만 부속 방의 지붕은 맞배지붕이다. 목조건물에서 가장 중요한 것은 나무다. 나무의 종류와 크기가 건물의 규모를 결정하기 때문이다. 소호헌은 목조건물이면서도 주춧돌 위에 기둥을 직접 세우지 않고 평방平枋 모양으로 귀틀을 짜돌리고 그 위에 기둥을 세웠다.

소호헌의 또 다른 특징은 건물의 왼쪽 세 칸이 대청이고, 오른쪽 한 칸이 누마루라는 점이다. 그래서 소호헌은 대청이 아주 넓어서 많은 사람들이 모여 공부할 수 있는 공간이다. 방은 누마루와 이어지는 대청 앞에 위치하고 있다. 대청과 누마루 사이에는 음양의 조화를 상징하는 4분합의 띠살문을 달았다. 누마루에서 방 뒤 툇마루에 이르는 주위에는 난간欄干을 둘렀다. 소호헌에서 눈길을 끈 것은 망와望瓦에 두 마리의 용이 날아가는 '쌍비용문雙飛龍紋'이었다. 지붕의 마루에 한 마리의 용을 새기는 것은 아주 흔하지만 암막새에 두 마리의 용을 새기는 경우는 드물다.

소호헌에 걸린 글씨도 눈을 무척 즐겁게 한다. 이는 초서에 뛰어난 대구 서씨 19세손인 서명유徐命維의 글씨다. 서명유는 서명민이 소호헌을 중수하는 데 앞장선 사람이었다. 그래서 서명민은 소호헌기를 쓰면서 벽에 남아 있던 서명유의 시에 다음과 같이 화답시를 남겼다.

마루에 올라 바라보니 선조가 한층 그립고

우리 집안의 별업은 대대로 전해지리라.

시와 예가 지금까지 후손에게 끼쳤으니

가래나무와 뽕나무는 예전처럼 앞 냇물을 휩싸네.

마을의 문은 거의 큰 수레가 나갈 만하고

마루 밖에는 겨우 말이 돌아설 수 있네.

벽에 손수 쓴 글씨는 아직도 없어지지 않았고

손으로 부비면서 종일토록 눈물 적시네.

[登軒騁眺倍懷 先別業吾家世世傳. 詩禮至今遺後裔 梓桑依舊繞前川. 閭中
幾閱高車出 廳外繞容匹馬旋.壁上手書猶不泯 摩挲終日涕潸然.]

시에 등장하는 가래나무와 뽕나무는 고향을 상징하는 나무들이
다. 소호헌의 '약봉 선조가 살던 곳'을 의미하는 '약봉선려藥峯先廬' 글
씨는 큰 글씨[大字]를 잘 썼던 대구 서씨 21세손 서대유徐大有가 썼다.
경상남도 통영의 국보 제305호 '세병관洗兵館'의 글씨도 서대유가 쓴
것이다. 소호헌과 마주하고 있는 건물은 약봉 서성이 태어난 곳이
다. 그래서 현판이 '약봉태실'이다. 이는 대구 서씨 25세손 서병두徐
丙斗의 글씨다. 그는 약봉태실을 중건하는 데 큰 역할을 담당했다.

소호헌 대문 옆에는 은행나무가 한 그루 살고 있다. 높이 10미 남
짓한 이곳의 은행나무는 550살이다. 은행나무 아래 돌에 새긴 대
로 은행나무의 나이를 믿는다면 서해의 장인이나 서해가 심었을
가능성이 높다. 따라서 이곳의 은행나무는 소호헌의 역사와 함께

하고 있는 소중한 문화재다. 은행나무가 소호헌에 살고 있는 것은 이곳에 거처했던 사람들이 모두 성리학자였기 때문이다. 은행나무는 낙우송과의 메타세쿼이아와 소철과의 소철과 함께 세계 3대 '살아 있는 화석'이다. 우리나라의 성리학 관련 공간에 은행나무를 심은 이유는 알 수 없지만, 공자가 제자를 가르친 행단杏壇에서 유래한다. 그러나 행단의 '행'은 장미과의 살구나무다. 은행나무와 살구나무는 전혀 다른 종류의 나무지만 같은 '행' 자를 사용하는 공통점을 가지고 있다. 우리나라에서 성리학 관련 공간에 살구나무 대신 은행나무를 심은 것도 두 나무의 유사한 이름과 무관하지 않다. 소호헌의 주인이 은행나무를 심은 것도 공자의 정신을 계승했다는 뜻이다.

소호헌의 은행나무는 건강 상태가 썩 좋지 않다. 은행나무는 세월의 무게를 이기지 못해 줄기에 상처도 적지 않지만 가지가 거의 남아 있지 않다. 다만 줄기 옆에서 새로이 탄생한 어린 나무가 늙은 부모를 보살피고 있다. 나무는 나이가 들어 썩으면 스스로 옆에 후손을 만든다. 그래서 종종 오랜 나무들은 부모와 자식이 함께 살아가는 모습을 볼 수 있다. 모든 생명체는 나이 들면 몸이 상할 수밖에 없고 1,000년 이상을 사는 은행나무도 예외가 아니다. 소호헌의 대문 밖에는 잘린 은행나무를 방치하고 있다. 나는 유명한 문화재에 살고 있는 나무들이 잘려나간 모습을 보면 몹시 안타깝다. 경상북도 영천의 임고서원 앞의 은행나무도 가지가 잘려 옆에 그냥 방치하고 있다. 성리학 관련 공간의 은행나무도 중요한 문화재라는

소호헌 대문 옆에는 서해의 장인 또는 서해가 심었을 것으로 추정되는 은행나무. 이곳의 은행나무는 소호헌의 역사와 함께하고 있는 소중한 문화재이나, 그냥 방치되고 있다.

점을 생각하면 잘린 가지를 보관하거나 사진 및 기록으로 남길 필요가 있다. 그러나 아직 우리나라에서는 이 점에 대해서는 거의 관심조차 없는 실정이다. 소호헌의 은행나무를 관리하는 것은 단순히 한 그루의 나무를 관리하는 것이 아니라 소호헌 주인공들의 정신을 계승하는 일이다.

서해의 문집과 후손의 번창

내가 살고 있는 대구는 대구 서씨의 본이다. 그래서 서해를 비롯한 서씨와 관련한 유적이 적지 않다. 그중에서도 대구시 북구 산격동에 위치한 구암서원에는 서해와 서성을 모시고 있다. 구암서원은 1675년 대구시 중구 봉산동의 연구산에 설립할 당시 서침徐沈만 모셨지만, 1718년 현재의 위치로 옮기면서 서거정을 모시고, 1741년과 1757년에 각각 서성과 서해를 추가로 모셨다.

《함재집涵齋集》은 서해의 글을 모은 작품이다. 그러나 나는《함재집》을 구하지 못했다. 후손들에게 문집을 제대로 보관하지 못해 볼 수 없다는 안타까운 소식을 들었을 뿐이다.

우암 송시열의 수제자인 권상하權尙夏의《한수재선생문집寒水齋先生文集》에 따르면, 서해의 유고는 그의 고손자인 서문약徐文若이 정리했다. 서문약은 서해의 글을 권상하에게 가져갔다. 그런데 서문약이 서해의 글을 가져갔을 당시의 제목은《함허유고涵虛遺稿》였다. 권상하는《함허유고》의 발문을 썼다. 권상하는 서해가 돌아가신 어머

영국사 은행나무. 조선시대 지식인들이 심은 나무를 관리한다는 것은 곧 그들의 정신을 오늘날 우리가 계승하는 것과 같다.

니에게 쓴 제문祭文을 읽고 눈물을 흘렸다. 권상하는 서해의 효성을 《시경》의 "효성이 다하지 않으니 길이 너에게 복을 주리라[孝思不匱 永錫爾類]"는 구절에 비유했다. 서해의 큰형 서대徐坮도 효자로 유명했다. 서대는 부모의 병환 때에 하늘에 기도하고 손가락을 베어 피를 받아 먹였다.

서해는 친구 간의 일반적인 편지에서도 걸핏하면 경서의 훈계를 인용해 옳은 방도로 권할 정도로 도학정신을 실천했다. 서해가 죽자 그의 친구 이중립李中立이 제문을 썼다. 이중립은 제문에서 서해가 학문이 독실하고 몸단속이 엄격한 사람으로 평가했다.

서해의 학문과 정신은 그의 독자 서성이 충분히 계승하고도 남을 정도였다. 대구 서씨는 서성에 이르러 중흥의 시대를 맞았기 때문이다. 서성은 서거정 이후 대구 서씨 가문을 크게 빛낸 인물로 평가받고 있다. 서성은 여섯 개도의 관찰사와 개성 유수, 5조曹의 판서와 의정부 참찬을 지낼 만큼 탁월한 능력을 가진 사람이었다.

서성이 뛰어난 능력을 발휘할 수 있었던 것은 어머니 이씨의 헌신 덕분이었다. 서성의 어머니는 서울에서 서성을 키우면서 큰 집을 지어 주변 사람들의 화젯거리가 되었다. 서성의 어머니가 아들과 살면서도 집을 크게 지은 것은 "우리 집안이 지금은 이렇게 단출하지만 뒷날 반드시 번성해서 이 집도 좁을 것이다"라고 예언했기 때문이다. 이씨의 예언대로 서성의 후손 가운데 여덟 명의 정승과 다섯 명의 대제학이 나왔다.

서해의 유풍은 서성에서 서명선徐命善에 이르러 더욱 빛났다. 정조는 성정각誠正閣에서 칠언율시를 지어 여러 대신에게 보여주었다. 이때 서명선도 참가했다. 정조는 자신이 지은 시를 서명선에게 보여주고 생각을 물었다. 서명선은 정조의 시를 극찬했다. 정조는 그 자리에서 서명선에게 남유용南有容의 시문집《뇌연집雷淵集》의 발문을 짓도록 했다.《뇌연집》은 정조의 명으로 간행된 문집이었다. 정조는 서명선에게 다음과 같이 물었다.

"경은 함재涵齋 서해徐嶰의 후손인가?"

서명선이 대답했다.

"그렇습니다."

서명선은 정조가 즉위한 1776년 마흔아홉 살 때 우의정에, 다음해에는 좌의정에, 그 다음해에는 영의정에 올랐다. 서명선은 정조의 즉위와 함께 가문의 큰 영광을 입었던 것이다. 서명선의 형 서명응徐命膺은 홍문관과 예문관의 대제학을 지냈다.

일상문화의 가치를 알아본
농업전문의

● 서유구와 단풍나무

단풍나무는 아주 옛날부터 고귀한 나무였다. 우리나라도 창덕궁의 층당대 옆에 단풍정이 있다. 단풍나무를 많이 심어 가을이면 화려하게 붉어지기 때문에 붙인 이름이다. 정조는 단풍으로 물든 궁궐의 가을 경치를 유생들에게 시로 읊도록 했다.

일상을 학문의 주제로 삼다

조선시대 지배층인 양반은 일상에 대해서 큰 가치를 두지 않았다. 그들은 성리학의 가치를 실현하기 위해서 도학자로서의 삶을 추구했다. 그래서 그들은 일상사에 대해서는 주로 시로 표현할 뿐이지 연구의 대상으로 삼지 않았다. 조선의 성리학자들이 일상의 문제를 본격적으로 연구하기 시작한 것은 조선 후기 실학시대부터였다. 실학시대의 성리학자들은 다양한 주제에 관심을 가졌다. 그 이유는 이전보다 사회가 훨씬 복잡해졌고 경제 사정도 이전과 달랐기 때문이다.

농업은 성리학자들이 관심을 가진 일상의 주제 중에서 가장 중요했다. 당시의 농업은 지금의 농업보다 훨씬 넓은 개념이다. 당시의 농업은 임업도 포함하고 있었다. 성리학자들의 농업에 대한 관심은 결코 새롭지 않다. 농업은 조선시대가 끝날 때까지 지배층의 물적 기반이었기 때문이다. 그래서 지배층에게 농업은 언제나 천하의 큰 근본 즉, 대본大本이었다. 다만 실학시대 성리학자들의 농업에 대한 인식은 이전의 성리학자들의 시각과 약간의 차이가 있었다. 실학시대의 성리학자들은 농업을 단순히 지배 수단으로 여기지 않고 학문의 대상으로 삼았다.

일상의 주제를 학문으로 삼는다는 것은 그만큼 일상에 대한 가치를 부여했다는 뜻이다. 그러나 실학시대라도 절대다수의 성리학자들은 일상의 문제보다 지배자로서의 정치 활동이나 권력에 관심을 가지고 있었다. 시대가 바뀌면 정치 지도자들은 일상의 문제로 눈을 돌리지만 선구자는 다른 사람들이 관심을 가지기도 전에 움직인다. 그래서 서유구는 성리학자 중에서 선구자였다.

서유구의 학문 배경

나는 우리나라 역대 인물 가운데 나무와 관련한 호를 가진 사람에게 관심이 있다. 내가 서유구에게 관심을 크게 가진 것도 그가 농업 전문가라는 점 외에 호가 단풍나무와 관련 있기 때문이다. 그러나 정작 그가 남긴 《임원경제지》에는 단풍나무가 등장하지 않는다.

한나라 궁궐에는 단풍나무를 많이 심었다. 그래서 궁궐을 '풍신

楓宸'이라 부른다. 이처럼 단풍나무는 아주 옛날부터 고귀한 나무였다. 우리나라의 경우도 창덕궁의 춘당대 곁의 단풍정丹楓亭은 단풍나무를 많이 심어서 가을이 되면 난만하게 붉기 때문에 붙인 이름이다. 정조는 단풍으로 물든 궁궐의 가을 경치를 유생들에게 시로 읊도록 했다.

서유구가 바위에 살고 있는 단풍나무[楓石]를 호로 삼았던 것은 자신이 귀한 존재라는 것을 암시하고 있는지도 모른다. 그는 조선시대 양반 중에서도 서울에 거주한 명문 집안의 자식으로 태어났다. 그런데 그가 농업 전문가로 성장할 수 있었던 것은 '농학'을 가학家學으로 한 집안에서 태어났기 때문이다.

서유구는 작은 아버지인 서형수의 양자로 들어가서 양아버지에게 본격적으로 한학과 문장을 배웠다. 그런데 서유구에게 농업을 연구하는 방법론을 가르친 사람은 이의준李義駿이었다. 서유구가 이의준에게 고증학과 성리학을 배웠기 때문이다. 이의준의 어머니는 호조판서를 지낸 대구 서씨 서종옥徐宗玉의 딸이었다. 서종옥은 서유구의 증조부다. 특히 서유구가 농업을 본격적으로 공부할 수 있었던 것은 할아버지 서명응이 실학자 중에서도 북학파의 비조이고, 조선 최고의 수학자로 불린 아버지 서호수는 《해동농서》를 편찬한 인물이었기 때문이다. 더욱이 서유구의 할아버지와 아버지는 중국에 사신으로 가서 선진 문물을 직접 보았을 뿐 아니라 당시 신간 서적을 수입했다.

서유구는 그 누구보다도 가장 좋은 조건에서 공부할 수 있는 사

붉게 물든 단풍나무. 예부터 단풍나무는 고귀한 나무였다. 한나라 궁궐은 단풍나무를 많이 심어
'풍신楓宸'이라 부른다. 우리나라도 궁마다 단풍나무를 많이 심어 가을이 되면 난만하게 붉은
모습을 볼 수 있다.

람이었다. 그는 할아버지와 아버지의 적극적인 후원 아래 마음껏 책을 볼 수 있었을 뿐 아니라 당시 가장 빠르게 중국의 최신 정보를 얻을 수 있었다. 서유구의 할아버지 서명응은 죽서재竹西齋를, 숙부 서형수는 필유당必有堂을, 형 서유본은 불속재不俗齋라는 서재를 가지고 있었다. 또한 그의 형수가 빙허각憑虛閣 전주 이씨였다. 빙허각은 바로 1809년 간행한 《규합총서閨閤叢書》의 저자다. 《규합총서》는 우리나라에서 여성이 편찬한 최초의 생활 경제 백과사전이다. 더욱이 빙허각은 우리나라 최초의 여성 실학자다. 서유구는 형수에게 많은 것을 배웠다. 서유구도 태극실太極室이라는 서재에 8,000여 권의 책을 소장한 장서가였다.

서유구는 1790년 문과에 급제한 후 정조의 명에 따라 농업에 대한 개혁 정책을 펼쳤다. 1834년 호남순찰사 시절에 기근에 허덕이는 백성의 모습을 보고 고구마 재배를 장려하기 위해《종저보種藷譜》를 저술했다. 이처럼 서유구의 농업 관련 저술은 집안의 내력과 함께 자신의 경험을 바탕으로 이루어졌다.

조선의 농업을 집대성하다

나는 작년 가을에 서유구의 고향인 경기도 파주시 장단을 찾아갔다. 그러나 한참을 헤매다가 그냥 돌아왔다. 주소지를 찾아갔지만 그곳에는 아파트를 짓기 위한 공사가 한창이었기 때문이다. 허허벌판에 그의 유적지를 물을 곳도 없었다. 트럭만 먼지를 날리면서 씽씽 달리고 있을 뿐이었다. 결국 나는 먼지만 덮어쓰고 돌아와야 했다. 돌아와서 그의 작품 중에서《임원경제지》를 꼼꼼하게 보기 시작했다. 나는《임원경제지》를 읽으면서 편찬과정에 관심을 가졌다.《임원경제지》처럼 방대한 작품을 편찬하기 위해서는 엄청난 시간이 필요할 뿐 아니라 고통도 따른다. 그래서 명저는 반드시 그 과정을 이해해야 가치를 제대로 평가할 수 있다.

서유구가 본격적으로《임원경제지》를 편찬한 것은 집안이 매우 어려운 상황에 놓이면서부터였다. 서유구의 삶은 작은아버지 서형수가 대사간 김달순金達淳의 옥사사건에 연루되면서 완전히 바뀌기 시작했다. 서유구는 작은아버지가 옥사사건에 연루되어 제주도 추자도로 귀양 가자 홍문관부제학에서 물러났다. 이때부터 서유구의 삶은 끼니조차 감당하기 어려울 만큼 곤궁해졌다. 서유구의 어려운 삶은 1806년에서 1823년 회양부사로 복직하기 전까지 18년 동안 계속되었다. 학계에서는 이 기간 동안 서유구의 삶을 '방폐기放廢期'라 부른다. 그는 이 기간 동안 아홉 번 정도나 이곳저곳을 옮겨 다녔다. 그가 겨우 자리를 잡은 곳은 1813년부터 1823년까지 10년 동안 머물렀던 임진강 북쪽의 '난호蘭湖'였다. 서유구는 이곳에서 아들 서우보徐宇輔와 고기를 잡아 생계를 유지하면서 《임원경제지》를 집필하는 데 몰두했다. 그러나 아버지의 작업에 큰 도움을 주었던 아들 서우보는 아버지보다 먼저 죽은 불효자였다.

《임원경제지》는 113권 52책 250만 자에 이르는 방대한 저서다. 《임원경제지》의 가치는 조선의 농업을 집대성한 점에 있다. 한 분야의 집대성은 무척 어려운 작업이다. 중국의 공자가 주나라의 문화를 집대성해서 성균관과 향교의 '대성전'을 만들었듯이, 남송대의 주희가 성리학을 집대성했듯이, 다산 정약용이 실학을 집대성했듯이, 역사상 한 분야의 집대성은 언제나 높이 평가하고 있다. 이런 점에서 서유구의 《임원경제지》는 조선의 농업분야에서 금자탑이 아닐 수 없다.

《임원경제지》에서 인용한 900여 종의 참고문헌도 높이 평가해야 한다. 《임원경제지》는 본리지本利志 13권, 관휴지灌畦志 4권, 예원지藝畹志 5권, 만학지晚學志 5권, 전공지展功志 5권, 위선지魏鮮志 4권, 전어지佃漁志 4권, 정조지鼎俎志 7권, 섬용지贍用志 4권, 보양지葆養志 8권,

단풍나무 잎. 우리나라 농업 백과사전인《임원경제지》를 지은 서유구의 호는 풍석楓石으로, 바위에 살고 있는 단풍나무를 상징한다. 서유구가 바위에 살고 있는 단풍나무를 호로 삼았던 것은 자신이 귀한 존재라는 것을 암시하고 있는지도 모른다.

인제지仁濟志 28권, 향례지鄕禮志 5권, 유예지游藝志 6권, 이운지怡雲志 8권, 상택지相宅志 2권, 예규지倪圭志 5권 등 모두 열여섯 부분으로 구성되어 있다. 그래서 《임원경제지》를 《임원십육지林園十六志》 혹은 《임원경제십육지林園經濟十六志》라고 부른다.

서유구가 이같이 방대한 《임원경제지》를 집필할 수 있었던 것은 일찍 죽은 자식의 도움뿐 아니라 여든두 살까지 살았던 노익장을 꼽지 않을 수 없다. 건강과 시간은 어떤 분야든 집대성 과정에서 매우 중요한 조건이다. 아울러 서유구가 《임원경제지》 같은 대작을 만들 수 있었던 것은 정조의 사위였던 해거재 홍현주 같은 동지가 있었기 때문이다. 홍현주는 종종 서유구를 찾아가서 차를 나누면서 말동무 역할을 했다. 서유구는 홍현주의 《해거재시초서海居齋詩鈔序》를 통해 홍현주와의 인연과 홍현주의 다문박식多聞博識을 세상에 알렸다.

《임원경제지》에서 다룬 나무들

《임원경제지》 중에서도 식용식물과 약용식물을 다룬 관휴지, 화훼류의 일반적인 재배법과 대략 쉰 종의 화훼 명칭을 고증한 예원지, 서른한 종의 과실류와 열다섯 종의 오이류, 스물다섯 종의 나무류, 그 밖의 초목 잡류를 다룬 만학지, 뽕나무 재배를 다룬 전공지 등은 나의 관심사지만, 가장 관심을 가진 분야는 나무를 다룬 만학지다.

서유구가 만학지에서 과실류와 나무를 분리한 것은 중국의 식물 분류에서 흔히 보이는 본초학적인 방식이다. 만학지의 서른한 종의 과실류와 스물다섯 종의 나무를 살펴보면 조선시대의 나무를 상당 부분 이해할 수 있다.

만학지의 과실류에는 자두나무·살구나무·매실나무·복숭아나무·밤나무·대추나무·배나무·팥배나무·능금나무·사과나무·임금나무·감나무·고욤나무·토마토·안석류·앵두나무·모과나무·산사나무·은행나무·호두나무·개암나무·해송자나무(잣나무)·상수리나무·산초나무·후추나무·머귀나무·귤나무·홍귤나무·유자나무·비자나무·무화과 등이 나온다. 그런데 과실류에 토마토를 포함시킨 것이 독특하다. 토마토를 제외하면 서유구가 언급한 과실류는 서른네 종류이고, 그중에서 장미과가 자두나무를 비롯해서 열두 종류로 가장 많다. 특히 능금[柰]과 사과[蘋果], 능금[林檎]을 소개한 것은 다양한 사과沙果 종류를 이해하는 데 도움을 준다.

만학지의 나무는 소나무·측백나무·전나무·노송나무·느릅나무·버드나무·백양나무·회화나무·오동나무·옻나무·가죽나무·자작나무·닥나무·가래나무·붉나무·회양목·물푸레나무·광나무·오구나무·풀명자나무·멀구슬나무·주엽나무·오갈피나무·구기자나무 등이다. 나무 종류는 같은 과가 거의 없을 만큼 다양하다. 만학지에서는 차나무를 대나무와 함께 '잡식雜植'에서 소개하고 있다.

서유구는 과일과 나무를 '명칭과 품종[名品]', '적합한 토양[土宜]',

'심고 가꾸기[種藝]', '접붙이기[接換]', '시집보내는 법[嫁法]', '치료법[醫治]' 등의 방법으로 정리했다. 그런데 서유구가 각 나무마다 다양한 내용을 소개하고 있지만 그가 참고한 것은 명대 이시진의 《본초강목》을 비롯해서 가사협의 《제민요술》·《편민도찬便民圖纂》·《군방보群芳譜》등 절대 다수가 중국 자료다. 다만 중국과 다른 점이 있을 경우에는 자신의 의견을 기록했다.

자신의 세계를 구축하는
학자의 의지

● 조덕린과 오동나무

봉새가 유일하게 앉는 나무인 오동나무를 성리학자들은 무척 사랑했다. 오동나무는 세월을 가늠하는 나무다. 당시 사람들은 오동나무 잎이 떨어지는 것을 보고 가을을 느꼈다.

유배 가는 길

옥천玉川 조덕린趙德隣의 삶은 당쟁의 문제점을 지적한 상소를 계기로 완전히 바뀌었다. 그는 1691년 열아홉 살 때 과거시험에 합격해서 사관과 교리, 사간을 역임했다. 1725년 영조가 즉위하자 세자시강원의 정4품 필선弼善이었던 조덕린은 10월 20일 맑은 날, 임금의 마음을 바로잡는 말과 시대의 절박한 폐단에 대한 견해를 열 가지로 정리해서 임금에게 올렸다. 조덕린의 상소에서 가장 중요한 대목은 다음의 내용이었다.

지금의 책무는 대략 앞에서 아뢴 몇 가지입니다만, 그 큰 근본은 전하의 한 몸에 달렸습니다. 그리고 그 병폐를 일으키는 근원은 모두 붕당에서 말미암습니다. 이것은 전하께서 밤낮으로 걱정하고 탄식하며 반드시 깨뜨려 없애 탕평하고자 하시는 것이니, 생각이 여기에 있는 것입니다. 다만 붕당은 뿌리가 깊고 단단하며 지엽이 넓고 퍼져서 하루아침에 바꾸고 하루 저녁에 없앨 수는 없습니다. 그러나 성상의 마음에 참으로 바르지 않은 것이 없다면 반드시 실제의 덕을 닦아서 천재天災를 사라지게 할 수 있을 것입니다. 성상의 마음에 참으로 바르지 않은 것이 없다면 반드시 인재 초빙을 널리 하시고 관리 선발을 엄정히 해서 여러 관직에 벌여두고 그 정사를 세울 수 있을 것이며, 감사와 목사, 수령을 신중히 선발해서 백성을 편안하게 할 수 있을 것입니다. ……당인이 많아지자 현자와 어리석은 자의 구별이 없을 수 없어 저절로 언론의 갈림길이 생겨 서넛의 당이 되었습니다. 그런데 그중에서도 오직 한쪽 당인만을 등용하니 벼슬자리는 많아져도 인재는 더욱 줄어들고 임금이 불러들이기를 널리 해도 그 당의 권력만 더욱 늘어납니다. 한두 사람에서 시작했던 것이 끝내 온 나라가 나뉘어 마음과 뜻이 다른 데서 시작한 것이 끝내는 서로 죽이는 데까지 이르렀으니, 이것은 다른 이유가 있는 것이 아니라 권세와 이익으로 몰아가서 벼슬을 얻고자 하고 놓치지 않고자 해서 근심하는 마음이 다그치기 때문입니다.

조덕린의 상소는 구구절절이 옳은 말이었지만 붕당의 폐해를 지적한 것이 곧 다시 득세하고 있던 노론의 폐로 받아들여졌다. 결국 그는 함경북도 종성으로 유배를 가야만 했다. 두만강 근처의 종성은 점필재 김종직의 제자인 일두一蠹 정여창鄭汝昌이 무오사화로 귀양을 가서 죽은 곳이기도 했다. 조덕린은 1725년 귀양지 종성에서 다음과 같은 시를 남겼다.

철령鐵嶺

소신이 어리석어 눈물이 주룩주룩 흘러내리니
철령은 높고 높아 하늘 높이 솟았네.
위기를 모면코자 지팡이를 짚었으나 일고여덟 번이나 넘어지고
사람을 만나 길을 물으니 종성은 삼천리나 먼 곳에 있네.
근심으로 백발이 늘어 마음은 더욱 고통스럽고
눈물이 이별이 되어 죽을 지경이네.
북쪽 거친 들판의 눈과 바람 빠르게 불어오니
가다가 깊은 골짜기에 뼈를 묻을 것만 같네.
[小臣愚暗泣追愆 鐵嶺高高上近天. 杖策扶危顚七八 逢人間路遠三千. 愁添白髮丹心苦 淚爲生離死別懸. 朔野雪風吹正急 行當埋骨亂山邊.]

위의 시는 유배지 종성으로 가는 길에서 조덕린이 겪은 고통이 어느 정도였는지를 적나라하게 보여준다. 그는 눈보라 치는 철령을 넘어가면서 유배지에 도착하기도 전에 죽을지도 모른다고 생각했다. 그만큼 유배 생활은 도착한 후의 삶보다 가는 길이 한층 어려울지도 모른다. 조덕린은 종성으로 유배를 가면서 아들에게 정자를

짓게 했다. 정자는 바로 경상북도 봉화군 법계면 소천리에 위치한 사미정四未亭이다. 조덕린의 〈사미정기四未亭記〉에 따르면, 사미정은 그가 《중용中庸》 13장의 공자의 글을 읽고 깨달아 붙인 이름이다. 공자는 군자의 도가 네 가지 있지만 자신은 한 가지도 잘하지 못한다고 말했다. 공자가 말한 군자의 네 가지 도는, 첫째 자식으로서 부모를 잘 섬기지 못하며, 둘째 신하로서 군주를 잘 섬기지 못하며, 셋째 동생으로서 형을 잘 섬기지 못하며, 넷째 친구로서 먼저 베풀지 못하는 것이었다. 조덕린은 이 구절을 떠올리면서 정자의 이름을 '사미'로 지었다.

조덕린은 다행히 유배를 간 지 2년 뒤인 1727년 이른바 '정미환국丁未換局'으로 소론이 집권하면서 유배에서 풀려났다. 그는 유배에서 풀려난 느낌을 다음과 같이 드러냈다.

종성에 새로 부임한 권시경에게 드림[呈鍾城新伯權始經]

부족한 제가 이전에 유배를 갔는데

어찌 오늘 같은 날이 올 줄 알았겠습니까?

이별의 노래 부르면서도 재촉하지 않으니

감격해서 흘린 눈물 벌써 피를 이루었습니다.

용서를 받고 또 은혜를 입었으니

아침에 도성을 떠났습니다.

그대의 진중한 뜻이

저의 간과 피를 짜내도록 합니다.

[孤臣昔放逐 豈料有今日. 離歌且莫催 感淚已成血. 蒙宥且承恩 去朝長安日.
使君珍重意 勖我瀝肝血.]

　유배에서 풀려난 조덕린은 홍문관 부응교에 임명되면서 다시 벼
슬길에 올랐다. 그는 1728년 이인좌李麟佐의 난이 일어나자 경상도
호소사가 되었으며, 난이 평정된 뒤에는 동부승지에 올랐다. 그러
나 그는 1736년 지나친 서원 설립을 반대하는 상소 때문에 다시 노
론의 탄핵을 받아 이듬해 제주에 귀양을 가다가 전라남도 강진에
서 죽음을 맞았다. 남인이었던 갈암葛庵 이현일은 조덕린의 제문祭文
을, 대산大山 이상정李象靖은 조덕린의 행장行狀을 썼다. 이현일은 제
문에서 조덕린의 삶을 다음과 같이 평가했다.

　선생께서는

　학문으로 유종이 되셨고

　출사해 세상에 이름났습니다.

　경서에 뜻을 두어

　묘계를 깊이 생각했으니

　넓고도 요약된 것

　유학의 글과 예였습니다.

　산속 안개 속에서 문채를 더하고

　구고九臯의 울음소리 하늘에까지 들리니

　초빙하는 행차가 성대하게 이르러

수령이 비를 들고 인도했습니다.

이조와 사헌부에 임명하면서

품계와 전례를 따르지 않으니

번연히 생각을 바꾸어

성대聖代를 맞아 벼슬길에 나갔습니다.

직언하되 남을 헐뜯지 않았고

청렴하되 각박하지 않았는데

시대가 상서롭지 못함이

어찌 그리도 어긋났단 말입니까.

[惟先生 學爲儒宗 出爲名世. 抱負墳典 覃思妙契 旣博旣約 其文其禮. 山隱
霧斑 天聞皐唳 弓旌鼎來 侯伯擁篲. 郞署柏府 不循階例 幡然而改 起當盛際.
直不爲訐 廉而不劌 時之不祥 胡爲其戾.]

고향에서 후학을 양성하다

조덕린은 옥천과 함께 '창주滄洲'라는 호를 사용했다. 창주는 조덕
린이 태어난 영양군 주실마을의 다른 이름이다. 이곳에는 조덕린이
후학을 가르친 창주정사가 있다. 창주정사의 '정사精舍'는 중국 남
송시대 주희가 복건성 무이산에 만든 무이정사武夷精舍에서 빌린 이
름이다. 조덕린은 〈창주정사잡영병서滄洲精舍雜詠幷序〉를 썼다. 창주
정사는 태백산 지류인 화악산 자락의 푸른 마애바위와 함께 낙동
강 발원지인 태백산 황지에서 내려오는 물이 흐르는 절경에 위치하

고 있다. 황지의 물은 다섯 번 꺾이고 여덟 번 산을 둘러싸고, 다시
네 번 꺾여서 창주정사의 동쪽에 이른다. 창주정사의 '창주'는 바로
황지에서 내려오는 정사 앞의 물과 모래가 섬처럼 생겨서 붙인 이
름이다. 조덕린은 창주를 다음과 같이 읊었다.

창주

강물이 나를 반기니

물이 흘러 몇 시내 골짜기를 지나가네.

굽이굽이 물 가운데 섬을 이루고

사람 없이 홀로 서 있네.

[江水迎我來 來經幾川谷. 宛枉水中洲 無人立於獨.]

조덕린은 이곳에 정사를 세우기 전에는 영산, 즉 영양에 살았다.
구체적으로 경상북도 봉화군 춘양면 일대의 고려 때 행정구역이었
던 춘양현의 소라에 살고 있었다. 봉화에는 열세 살 때 조덕린에게
배운, 학봉 김성일의 5세손인 옥계玉溪 김명흠金命欽을 기리는 옥계
정玉溪亭이 있다. 조덕린의 호 옥천도 봉화 옥계에서 비롯되었다. 김
명흠은 조덕린이 귀양을 가자 스승을 변호하거나 원한을 푸는 데
앞장섰을 뿐 아니라 조덕린이 의병을 일으켰을 때 그 누구보다 솔선
했다. 더욱이 그는 스승이 죽자 스승의 가족을 물심양면으로 도왔
다. 김명흠은 퇴계의 후손 창애滄崖 이중광李重光과 교유했다. 봉화에
는 이중광이 세운 창애정이 있다.

조덕린은 영양에 오기 20여 년 전부터 봉화에서 정사를 짓고 싶었지만 지형이 좁고 어염魚鹽 장소라서 포기하고 영양으로 옮겨와서 정사를 지었던 것이다. 창주정사는 1730년 12월에 완성되었다. 당시 조덕린의 나이 일흔세 살이었다. 아래 시는 당시 조덕린의 심정을 잘 드러내고 있다.

강정江亭

늙은이 일흔 살에 세 살을 더하니

고통이 이 정자에서 더욱 심하네.

하루 편안하고 한가로이 지내고 하루를 즐기려니

오랫동안 분주하게 지냈지만 오랫동안 구속되었다네.

봄날의 강물이 따뜻하고 고기들은 뛰어놀고

가을나무 서리 맞아 푸르고 줄사철나무 드리우니

이미 창주를 향해 삶을 의지하니

이 늙은이 늦은 계책 어리석지 않으리.

[老翁七十加三 辛苦斯亭更底爲. 一日安閒一日樂 百年奔走百年羈. 春江波暖 魚龍戲 秋樹霜淸薜荔垂 已向滄洲付身世 此翁晩計未全癡.]

조덕린은 창주정사를 세운 뒤 중국 주희의 26운을 차운해서 주변 경치를 읊었다. 그는 〈창주〉를 비롯해서 〈동강桐江〉·〈부용병芙蓉屛〉·〈이화동梨花洞〉·〈운수병雲水屛〉·〈송경松逕〉·〈연좌암燕坐巖〉·〈천협泉硤〉·〈귀암龜巖〉·〈석대石臺〉·〈과포瓜圃〉·〈국체菊砌〉·〈승료僧寮〉·〈독서재讀書齋〉·〈조한당照寒堂〉·〈입석立石〉·〈화오花塢〉·〈운두雲竇〉·〈도안桃岸〉·〈선아산仙娥山〉·〈경산景山〉·〈미산眉山〉·〈중미산重眉山〉·〈연자산燕子山〉·〈병암屛巖〉·〈조기釣磯〉 등이었다. 아울러 조덕린은 〈창주팔영滄洲八詠〉, 즉 〈엄릉빈嚴陵瀕〉·〈면로주眠鷺洲〉·〈담월촌淡月村〉·〈이화동梨花洞〉·〈경원산景圓山〉·〈객성대客星臺〉·〈동은산桐隱山〉·〈칠리탄七里灘〉을 남겼다.

영양에서 조덕린의 정신을 이은 사람은 그의 손자 월하月下 조운도趙運道와 만곡晩谷 조술도趙述道다. 이들은 1773년 후학을 양성하기 위해 월록서당을 지었다. 월록서당의 현판은 정조 때 영의정을 지낸 번암樊巖 채제공蔡濟恭의 글씨다. 월록서당에 체제공의 현판 글씨가 남아 있는 것은 조술도가 할아버지의 원한을 풀기 위해 노력하는 과정에서 당시 남인의 영수였던 채제공과 자주 만났기 때문이다. 영양 주실마을의 만곡정사는 조술도의 제자들이 스승을 기리기 위해 세운 것이다. 안타깝게도 시간이 부족해서 만곡정사를 찾지 못했다.

낚시하는 엄릉의 삶을 꿈꾸다

경상북도 영양군 주실마을은 현재 우리나라의 대표적인 관광명소다. 청록파 시인이자 〈승무〉로 유명한 조지훈趙芝薰이 이곳 출신이기 때문이다. 〈승무〉는 고등학교 교과서에 인용될 만큼 친숙한 작품이다. 나는 대학원 시절에 영양군을 처음 답사한 이후 나무를 만나기 위해 두 번째 영양을 찾았다. 영양군에는 감천측백나무숲을 비롯해서 단촌만지송, 석보마을 시무나무 등의 천연기념물이 있다. 아울러 연당의 서석지瑞石池는 조선시대를 대표하는 조영이다. 최근에는 '일월산 산나물축제'가 전국 방방곡곡의 사람들을 유혹한다. 게다가 《음식디미방飮食知味方》의 저자인 장계향張桂香 덕분에 영양의 명성은 한층 높아졌다. 《음식디미방》은 동아시아에서 여성이 처음으로 한글로 쓴 음식 관련 작품이다.

나는 조덕린의 삶을 확인하기 위해 다시 영양을 찾았다. 영양 주실마을에 도착해 가장 먼저 관심을 가진 곳은 마을숲이었다. 우리나라 전통마을에는 거의 예외 없이 숲이 존재한다. 전통마을의 숲은 조성 당시에는 질병과 홍수를 막는 비보숲의 기능이 있었지만, 지금은 단순히 비보의 기능만이 아니라 자연생태와 인문생태의 가치를 함께 보여주는 중요한 문화재다. 주실마을의 가치를 한층 높여주는 것이 바로 마을숲이다. 주실의 마을숲에는 200살이 넘은 느티나무를 비롯해서 느릅나무·소나무 등 많은 나무가 유구한 전통문화를 더욱 빛나게 하고 있다. 그러나 마을숲에서 오동나무를 만나지는 못했다.

현재 주실마을에는 조덕린이 읊은 차운시와 팔영시에 등장하는 지명을 거의 확인할 수 없다. 그러나 시의 제목을 찬찬히 들여다보면 그의 뜻을 살필 수 있다. 그중에서도 〈동은산〉·〈동강〉·〈엄릉빈〉·〈조기〉 등은 조덕린의 정신을 파악할 수 있는 열쇠다. 성리학자는 도학자로서 자신의 세계를 구축하려는 의지가 강한 사람이기

청송에 있는 오동나무. 조덕린의 시에 공통적으로 등장하는 것은 엄릉·낚시·오동나무다. 조덕
린은 고향에서 엄릉의 삶을 꿈꾸었던 것이다.

때문이다. 조덕린의 시에 공통적으로 등장하는 것은 엄릉·낚시·오
동나무다. 엄릉은 중국 동한東漢의 엄광嚴光, 즉 엄자릉嚴子陵이고, 낚
시와 오동나무는 엄광이 동려현 남쪽의 동강에서 낚시한 곳과 연결
되어 있다. 결국 조덕린은 고향에서 엄릉의 삶을 꿈꾸었던 것이다.

《후한서後漢書》〈엄광전嚴光傳〉에 따르면, 엄광은 후한의 황제였던
광무제光武帝 유수劉秀와 절친한 친구였다. 엄광은 유수가 군사를 일
으켰을 때 도왔지만 친구가 황제에 오르자 이름까지 바꾸어 부춘
산에 은거했다. 광무제는 전국 곳곳에 사람을 보내 엄광을 찾도록
했다. 제나라 사람이 "어떤 남자가 양으로 만든 갓옷을 입고 연못
에서 낚시하고 있습니다"라고 아뢰자 광무제는 바로 그가 엄광임을

알아차리고 궁정으로 불러들었다. 엄광은 황제의 부름에 궁궐로 들어갔다. 광무제는 엄광이 궁궐에 도착하자 기뻐서 성대한 연회를 베풀었다. 광무제는 연회가 끝나고 피곤해 침소에서 잠을 잤다. 이 때 엄광이 자신도 모르게 광무제의 배에 다리를 얹고 잤다. 환관이 이 광경을 보고 태사에게 보고했다. 다음 날 태사가 엄광의 행동을 빗대 광무제에게 "어젯밤 갑자기 혜성이 황제의 별자리를 침범했습니다"라고 말했다. 그러나 광무제는 웃으며 "짐이 엄광과 더불어 잤을 뿐이니 신경 쓰지 마시오!"라고 대답했다.

봉새가 유일하게 앉는 나무인 오동나무는 큰 인물을 기다리는 상징이다. 그래서 성리학자들은 오동나무를 무척 사랑했다. 오동나무는 세월을 가늠하는 나무다. 사람들은 오동나무 잎이 떨어지는 것을 보고 가을을 느꼈다. 이는 중국 남송시대 주희의 〈즉흥시[偶成]〉에서도 찾아볼 수 있다.

즉흥시

젊은 날은 늙기 쉬우나 학업을 이루기 어려우매
아주 짧은 시간도 하찮게 여기지 말라.
연못가 봄풀의 꿈이 깨기도 전에
섬돌 앞 오동잎은 벌써 가을을 낸다.

[少年易老學難成 一寸光陰不可輕. 未覺池塘春草夢 階前梧葉已秋聲.]

오동나무는 각종 가구나 악기를 만드는 데 아주 적합했다. 오동나무로 악기를 만든 것은 이 나무가 비어 있기도 하지만 벌레가 없기 때문이었다. '초동焦桐'을 거문고라 부르는 것도 오동나무로 만들었기 때문이다. 이는 중국 동한시대에 채옹蔡邕이 이웃 사람이 밥을 지을 때 오동나무 타는 소리를 듣고 이것이 좋은 나무인 줄 알고 타다 남은 오동나무를 구해다가 거문고를 만들었기 때문이다. 그래서 채옹이 만든 거문고를 '초미금焦尾琴'이라 부른다. 신라 진흥왕眞興王 때 가야국 가실왕嘉悉王의 악사였던 우륵于勒이 신라로 가서 만든 가야금도 오동나무로 만들었다. 경상북도 고령군의 우륵박물관 계곡 주변의 오동나무는 우륵의 정신을 아주 잘 드러내고 있다.

조선시대 최고의
식물전문가

● 강희안과 석류나무

강희안은 우리나라 최초의 원예서인 《양화소록》을 남겼다. 그는 단순히 식물을
좋아하는 것을 넘어 관료로서 통치의 수단으로 삼고자 했다. 강희맹의 식물에 대
한 철학은 곧 성리학의 본성에 대한 이해와 맞닿아 있다. 그에게 '양화'는 곧 천하
를 경륜하는 수단이었다.

화려한 집안 환경

나는 한미한 집안에서 태어났다. 나의 고조 직계까지 그 누구도 벼
슬한 적이 없었다. 부모 덕분에 겨우 나와 형만이 대학에 입학했다.
참으로 길고 긴 세월 동안 우리 집안에서 내가 가장 높은 학위를
취득했다. 나는 나무를 공부하면서 나와 본이 같은 강희안에 대해
본격적으로 관심을 가졌다. 그러나 강희안의 집안을 살피면서 한참
동안 멍한 상태로 있어야만 했다. 그는 참으로 화려한 집안에서 태
어났기 때문이다. 강희안의 증조할아버지는 문하찬성사를 지낸 강
시姜蓍, 할아버지는 동북면순무사이자 정당문학을 지낸 강회백姜淮
伯, 아버지는 지돈녕부사를 지낸 강석덕姜碩德, 어머니는 영의정 심

222

온沈溫의 딸이다. 강희안의 동생은 좌찬성을 지낸 강희맹姜希孟이며,
세종은 강희안의 이모부다.

　고려와 조선시대에는 대대로 우수한 인재를 배출한 집안이 적지
않은데 강희안의 집안도 그 가운데 하나였다. 강희안은 동생 강희맹
과 더불어 시·서·화 삼절三絶로 유명한 인물이었다. 형제가 이처럼
당대 최고의 인물로 평가받기란 결코 쉽지 않다.

　인재仁齋 강희안은 스물네 살 때인 1441년에 식년문과에 정과로
급제해 돈녕부주부가 되었다. 조선시대 돈녕부는 왕친·외척의 친선
을 도모하는 데 필요한 사무를 담당했다. 그는 언어학에도 뛰어난
능력을 발휘해 1443년 정인지鄭麟趾 등과 함께 세종이 지은 정음正音
28자에 대해 상세하게 해석했다. 아울러 그는 1445년에는 최항崔恒
등과 함께《용비어천가龍飛御天歌》를 풀이했다. 그는 1460년 호조참
의 겸 황해도관찰사, 1462년 인순부윤으로서 사은부사 자격으로
명나라에 다녀왔다. 1463년 중추원부사를 마지막으로 벼슬을 마
감하고 마흔일곱의 나이로 죽었다.

시·서·화 삼절로 유명한 조선 선비

한 사람이 한 분야에 다른 사람보다 뛰어나기가 쉽지 않은데도 강
희안은 세 분야에 뛰어났으니, 그의 능력은 쉽게 흉내 낼 수 없는 경
지에 있었다. 그러나 안타깝게도 그는 자신의 능력을 드러내거나
작품을 남기는 데 아주 인색했다. 그가 남긴 작품은 많지 않다. 특

© 국립중앙박물관

강희안, 〈고사관수도〉, 종이와 먹, 23.4×
15.7cm, 15세기, 국립중앙박물관. 강희
안은 산수화와 인물화 모든 면에서 우수
한 작품을 남겼다.

히 현재 강희안의 문집도 남아 있지 않다. 뛰어난 그의 집안으로 보
면 분명 문집이 남아 있을 법도 한데 그렇지 않으니 오히려 그에 대
한 호기심이 높아진다. 조선 후기 이긍익李肯翊도 《연려실기술燃藜室
記述》에서 성현成俔 《용재총화慵齋叢話》의 글을 빌려 강희안을 다음과
같이 평가했다.

인재 강희안은 타고난 재질이 뛰어나서 옛 사람도 생각하지 못했던
경지를 찾아내어 산수화와 인물화가 모두 우수했다. 그가 그린 〈여인
도麗人圖〉는 털 하나도 어긋남이 없었고, 청학동青鶴洞 · 청천강菁川江

두 족자와 〈경운도耕雲圖〉는 모두 기이한 보배였다.

강희안의 그림은 이처럼 보배로 여길 만큼 뛰어났다. 강희안의 그림 실력은 중국 북송의 곽희郭熙에 견준다. 곽희는 아들 곽사郭思가 편집한 《임천고치집林泉高致集》에서 볼 수 있듯이 중국의 화론을 정립할 만큼 뛰어난 화가였다. 북송시대의 산수화를 대표하는 곽희는 원대의 화풍에 큰 영향을 주었다. 국립중앙박물관 소장의 〈고사관수도高士觀水圖〉는 강희안의 대표적인 산수화다. 물론 2009년에 한 미술전문가가 〈고사관수도〉가 강희안의 작품이 아닐 가능성이 높다는 지적이 있었다. 그러나 작품의 강희안의 호인 인재 낙관의 위조 여부나 화법에 대한 정밀한 분석 등을 기다린 뒤에야 진품 여부를 판가름할 수 있다.

권문해權文海의 아들 권별權鼈이 편찬한 《해동잡록海東雜錄》에는 강희안의 시에 대한 평가가 실려 있다.

인재는 젊었을 때 재예才藝가 뛰어났으며, 만년에 양주원루楊州院樓에 올라 시를 지었는데, 내용은 다음과 같다.

산 있으면 어디엔들 집으로 삼지 못하랴
푸른 산과 마주 앉아 한 번 크게 숨을 뿜어보노라.
벼슬살이 10년에 몸이 늙어가니
고향에 돌아감을 백발 되기 기다리지 말라.

[有山何處不爲廬 坐對靑山式一噓. 簪笏十年成老大 莫敎霜鬢賦歸歟.]

남효온南孝溫의 《추강냉화秋江冷話》에 따르면, 강희안의 시에 대해 효령대군孝寧大君의 다섯 째 아들 영천군永川君, 즉 이정李定은 "이 시는 서徐가 아니면 이李의 솜씨다"라고 평했다. 이정이 말한 '서'와 '이'는 각각 사가 서거정과 삼탄三灘 이승소李承召를 말한다. 두 사람은 당대 최고의 시인이었다. 그 가운데 서거정은 강희안과도 잘 아는 사이였다. 서거정은 강희맹이 편찬한 강회백·강석덕·강희안의 공동 문집인《진산세고晉山世稿》의 발문을 썼다.

이정은 다음 날 자신이 쓴 비평을 보고 크게 뉘우치면서 비평문을 지우고 다음과 같은 글을 남겼다.

이 시는 강산의 아취雅趣가 있고, 한 점의 티끌 낀 데가 없으니 세습에 얽매인 세속 선비의 작품이 아니다. 또한 천지가 넓고 강산이 깊은데 어찌 인재가 없을 것이라고 하필 서와 이를 거론하랴.

이정은 자신이 강희안을 서거정과 이승소에 비교한 것을 뉘우쳤던 것이다. 그만큼 강희안은 당대 최고의 시인과 견주어도 전혀 손색없었다. 어떤 사람은 강희안의 시를 중국 당대를 대표하는 시인 위응물韋應物이나 유종원에 비유한다. 강희안을 중국의 대표 시인과 비교하는 것은 그만큼 그의 시가 뛰어나다는 것을 보여준다. 그러나 강희안은 자신의 작품을 드러내기를 꺼렸다. 그의 이러한 성향은 온화하고 말이 적으며 청렴하고 소박한 성품과 맞닿아 있다. 특히 그는 젊어서부터 부귀와 영달을 구하지 않았다. 《진산세고》에 실린 김수녕金壽寧이 쓴 〈인재강공행장仁齋姜公行狀〉에 따르면, 그는 당시 정5품에 해당하는 의정부 검상에 추천되었으나 끝내 사양했다. 아울러 그는 일을 할 때 자신의 능력으로 다른 사람보다 앞서지 않았고, 복잡하고 화려한 것을 좋아하지 않았다. 특히 인맥으로 승진하려는 계책을 절대로 입에 담지 않았다. 사람들이 그 까닭을 물으면 그는 "현달하거나 못하는 것은 모두 정해져 있다. 구해도 얻지 못하고, 사양해도 피할 수 없는 것이다. 그 분수가 지나치면 재앙이 뒤따르니, 어찌 힘들게 도모해서 분수가 아닌 것을 구하겠는가?"라고 대답했다.

강희안의 곧은 성품은 박팽년朴彭年과 성삼문成三問의 옥사에 연좌되어 고문을 받았으나 결국 승복하지 않았던 데서도 드러난다. 남효온의 《추강선생문집秋江先生文集》과 조기영趙基永의 《생육신문집生六臣文集》에 실린 〈육신전六臣傳〉에는 강희안과 관련한 다음과 같은 내용이 전한다.

세조世祖가 "희안이 역모에 참여했느냐?" 물으니, 성삼문이 "실상 알지 못하오. 나으리가 이름 있는 선비를 모조리 죽였으니, 이 사람은 살려두고 쓰세요. 그는 실로 어진 선비요"라고 대답했다. 이로써 강희안이 죄를 면했다. 성삼문이 강희안을 얼마나 아꼈으면 자신의 죽음을 앞두고서도 그를 살려주라고 이야기했을까. 강희안은 성삼문의 평가대로 당대 총망받는 선비였다. 강희안도 성삼문처럼 목숨을 걸고 자신의 소신을 굽히지 않았다. 다행히도 그는 성삼문의 바람대로 세조에게 풀려나 목숨을 유지할 수 있었다.

양화, 천하를 경륜하는 수단

내가 강희안에 큰 관심을 가진 것은 《양화소록》 때문이었다. 나는 《양화소록》을 강희안이 남긴 작품 중에서도 가장 중요하다고 생각한다. 그 이유는 작품의 저자가 확실할 뿐 아니라 우리나라 최초의 원예서이기 때문이다. 《양화소록》은 강희안이 죽은 지 10년 뒤인 1474년에 간행되었다. 규장각본奎章閣本은 《진산세고》 4권 1책에서 권4에 수록되어 있다. 《양화소록》의 본문 앞에는 신숙주申叔舟·최항·정창손鄭昌孫 등의 서문이 있고, 본문 끝에는 1471년에 쓴 최호崔灝의 발문, 1473년에 쓴 김종직의 발문이 있다. 강희맹은 1474년에 서문을 썼다.

강희안 집안과 관련해 당시 유명한 사람들이 참여한 것만 보아도 《진산세고》와 《양화소록》의 가치를 짐작할 수 있다. 그러나 《양화소록》은 물론 《양화소록》을 소개하고 있는 《한국민족문화대백과사전》을 비롯한 여러 책은 적잖은 문제를 안고 있다. 《양화소록》은 '꽃을 기르는 작은 이야기'라는 뜻이다. 그러나 '꽃을 기른다'는 뜻은 원칙적으로 성립할 수 없다. 식물은 어떤 경우든 꽃만 기를 수 없기 때문이다. 《양화소록》에서는 식물, 즉 나무와 풀 재배법이나 이용법을 소개하고 있다. 강희안의 시대에는 아직 분류법을 잘 몰랐기 때문에 그냥 편하게 '꽃을 기른다'고 표현했을 것이다. 지금 《양화소록》의 내용을 분석할 때는 분류학적인 차원에서 설명해야 옳지만, 사전을 비롯한 여러 책에서는 여전히 꽃과 나무를 상대말로 사용하고 있다.

강희맹이 쓴 서문에는 《양화소록》의 의미가 담겨 있다. 강희맹은 형이 죽은 지 9년 뒤인 1473년에 형의 정원을 찾았다. 당시 정원에 살고 있던 식물이 엉망이었다. 강희맹은 그 장면을 보고 가슴이 무척 아팠다. 그래서 강희맹은 형이 남긴 《양화소록》의 유고를 찾아서 《진산세고》에 실었던 것이다. 강희맹에 따르면 강희안이 《양화소록》을 쓴 까닭은 다음과 같다.

옛 방법을 널리 모으고 자신의 견문을 첨가해서, 건조하게 할 것과 습하게 할 것을 구별하고, 모종하는 것과 꺾꽂이하는 방법을 논하면서 은연중에 세상을 다스리고 교화하는 뜻을 담았으니, 마음 깊이 지극한 도에 통달하고 세상의 이치에 정통한 사람이 아니라면 불가능한 일이다.

강희맹에 따르면 강희안이 《양화소록》을 지은 이유는 단순히 식물을 좋아하는 것을 넘어 관료로서 통치 수단으로 삼고자 했기 때문이다. 강희맹의 지적은 성리학의 공부론에서 본다면 아주 당연한 해석이다. 김수녕이 강희안의 행장에서 《양화소록》을 "경륜經綸과 조화의 뜻을 담았다"고 평가한 것과 강희맹의 지적은 일맥상통한

다. 강희맹의 서문에는 자신과 강희안의 식물에 대한 태도를 엿볼
수 있다.

아! 화훼는 식물이라서 서로 느끼거나 대화할 수 없다. 그래서 구부
리거나 펴는 것, 바로잡거나 휘게 하는 것, 꽃을 피게 하거나 꺾어주
는 일은 사람이 마음대로 할 수 있지만, 이치를 거슬러서는 안 된다.
다만 식물의 본성에 따라 온전히 할 뿐이다. 만약 하늘이 그의 수명
을 연장해서 이러한 솜씨로 세상을 다스리게 했다면 사람들에게 끼
친 어진 은혜와 이로움이 컸을 것이다. 그러니 어찌 꽃을 키우는 자그
마한 일에 매달려 교화의 신묘한 재주를 다했으랴.

강희맹의 식물에 대한 인식 중에서 돋보이는 부분은 식물의 본성
에 대한 지적이다. 식물의 본성에 대한 언급은 당나라 유종원의 〈종
수곽탁타전種樹郭橐駝傳〉에서 그 유래를 찾아볼 수 있다.《양화소록》
의 '노송'에서도 유종원의 글을 언급하고 있다. 강희맹의 식물에 대
한 철학은 곧 성리학의 본성에 대한 이해와 맞닿아 있다. 결국 강희
안의 '양화'는 천하를 경륜하는 수단이었다.

《양화소록》에는 노송老松·만년송萬年松·오반죽烏班竹·국화菊花·매
화梅花·난혜蘭蕙·서향화瑞香花·연화蓮花·석류화石榴花(백엽百葉)·치자
화梔子花·사계화四季花·월계화月桂花·산다화山茶花·자미화紫薇花·일
본척촉화日本躑躅花·귤수橘樹·석창포石菖蒲 등을 소개하고 있다.《양
화소록》에서 언급한 나무는 열세 종, 풀은 네 종이다.《양화소록》에서

표현하고 있는 식물 이름만 보아도 강희안이 식물을 꽃으로 이해하고 있다는 것을 알 수 있다. 《양화소록》에 '괴석怪石·화분에서 꽃과 나무를 심는 법[種盆內花樹法]', '꽃을 빨리 피게 하는 법[催花法]', '모든 꽃이 싫어하는 것[百花忌宜]', '꽃과 나무에게 배울 점[取花卉法]', '꽃을 기르는 법[養花法]', '화분을 배열하는 법[排花盆法]', '갈무리하는 법[收藏法]', '꽃을 기르는 이유[養花解]' 등 식물을 가꾸는 방법을 수록했다.

《양화소록》에는 강희안의 식물에 대한 철학이 담겨 있다. 특히 '꽃과 나무에게 배울 점'에서 그 일단을 확인할 수 있다.

> 화훼를 재배하는 것은 오로지 사람의 심지를 굳게 하고 덕성을 기르기 위해서다. 운치와 지조가 없는 것은 절대 감상해서는 안 되며, 울타리 주위나 담 아래 적당한 곳에 재배하되 가까이할 필요는 없다. 가까이한다는 것은 예컨대 지조 있는 선비와 비루한 선비가 한 방에 같이 있는 것과 같아서 풍격이 갑자기 떨어진다.

생태 관점에서 보면 강희안의 식물에 대한 가치 판단은 근본적인 한계를 지니고 있지만, 한 가지 분명한 것은 식물을 성리학적 공부론에 입각해서 바라보고 있다는 점이다. 강희안의 식물에 대한 인식은 '꽃을 기르는 이유'에서도 엿볼 수 있다.

> 비록 풀 한 포기 나무 한 그루의 미물이라도 각각 그 이치를 탐구해서 그 근원으로 들어가면 그 지식이 두루 미치지 않음이 없고, 마음

은 꿰뚫지 못하는 것이 없다. 나의 마음은 자연스럽게 사물과 분리되
지 않고 만물의 겉모습에 구애받지 않는다.

강희안은 식물을 통해서 《대학》의 '격물치지格物致知'를 추구했다.
따라서 그의 식물에 대한 인식은 평등한 가치를 지닌 생태 관점이
아니라 식물이 사람보다 낮은 단계에 있다는 성리학의 가치를 구현
하는 데 있었던 것이다.

《양화소록》의 가치는 우리나라 최초의 원예서라는 점 외에도 우
리나라에서 가장 오랜 매화에 대한 정보를 알려준다는 데 있다. 흔
히 우리나라에서 가장 오랜 매화를 '정당매'로 꼽는다. 정당매는 산
청군 단성면 사월리 오룡골에 살았던 고려 말 강회백이 열두 살 즈
음 단속사에서 글을 읽을 때 심은 매실나무다. 《양화소록》에는 강
회백이 매화를 심은 후 지었다는 시를 수록했다.

강회백

천지의 기운이 돌아가고 또 오니

하늘의 뜻을 섣달에 피는 매화에서 보는구나.

곧 큰 솥 가득 맛있는 국을 끓이는데

하염없이 산속을 향해 떨어졌다 또 피는구나.

[一氣循環往復來 天心可見臘前梅. 直將殷鼎調羹實 謾向山中落又開.]

정당매政堂梅는 강회백이 정당문학의 벼슬을 지냈기 때문에 붙인

이름이다. 정당매는 현재 650살 정도다. 정당매는 경상남도 산청군 단성면 운리에 위치한 단속사 뒤편에 살고 있다. 단속사는 신라시대의 사찰이었지만 언제 없어졌는지는 알 수 없다. 현재 동탑(보물 제72호)과 서탑(보물 제73호)만 남아 있었다. 남명 조식도 정당매를 찾아 다음과 같은 시를 남겼다.

단속사의 정당매[斷俗寺政堂梅]

절은 부서지고 스님은 파리하고 산도 옛날 같지 않은데

전 왕조의 왕은 집안 단속 잘하지 못했다네.

조물주가 추위에 지조 지키는 매화의 일 정말 그르쳤나니

어제도 꽃을 피우고 오늘도 꽃을 피웠도다.

[寺破僧羸山不古 前王自是未堪家. 化工正誤寒梅事 昨日開花今日花.]

조식이 찾았을 당시 정당매의 나이는 200살 정도였을 것이다. 그래서 조식이 꽃을 피우는 모습을 시로 남길 수 있었다. 그러나 지금의 정당매는 고사 직전이라 꽃조차 쉽게 볼 수 없다. 다만 주변에는 후계목이 살고 있다. 산청에는 정당매 외에도 산청군 단성면 남사리에 원정매元正梅가 살고 있다. 원정매는 원정공元正公 하즙河楫이 심은 나무다. 원정매도 정당매와 나이가 비슷하지만, 정당매보다는 몸 상태가 양호한 편이다. 이처럼 산청군은 정당매·원정매·남명매 등 이른바 고매古梅가 전국에서 가장 많은 곳이다. 정당매·원정매·남명매는 '산청삼매'로 불릴 만큼 귀한 매실나무다. 산청삼매처럼 자

연생태와 인문생태를 갖춘 매실나무가 지금까지 존재한다는 것만으로도 엄청난 문화가치를 지닌다.

《양화소록》은 단순히 원예서로서의 가치만이 아니라 실용서 혹은 농업서로서의 가치도 높이 평가받아야 한다. 조선시대 성리학자들은 실용서에 거의 관심을 보이지 않았다. 조선시대 후기에 들어서 비로소 실용서에 관심을 가지기 시작했다. 그래서 강희안처럼 조선 전기의 성리학자 중에서 실용서에 관심을 보이는 것은 아주 드문 일이다. 강희안의 동생 강희맹이 1486년 금양현, 즉 지금의 경기도 시흥에서 편찬한 《금양잡록衿陽雜錄》도 조선 전기의 대표적인 실용서다. 이처럼 강희안 형제는 조선시대의 보기 드문 실용서 저자다. 내가 《양화소록》에 관심을 가진 것도 내 전공이 농업사이기 때문이다.

다산을 상징하는 석류 열매

강희안은 《양화소록》에 수록된 열일곱 종 가운데 자신이 유독 사랑한 나무를 언급하지 않았다. 석류과의 석류를 선택한 것은 오로지 나의 기호 때문이다. 나는 늦은 봄과 초여름에 피는 석류의 꽃을 매우 좋아한다.

강희안의 석류에 대한 글은 아주 자세하다. 그는 중국 자료를 충분히 검토한 후 석류에 대한 정보를 정리했다. 석류는 중국 한나라 때 장건이 서역의 안석국安石國, 즉 안식국安息國에서 가져온 나무였

석류나무. 강희안은 석류 중에서도 백양류가 가장 아름답다고 생각했다. 그래서 그는 《양화소록》에 오직 백양류 재배법에 대해서만 자세하게 기술했다.

다. 석류는 안식국에서 가져와서 안석류安石榴라 불렀다. 석류는 장건이 호두·포도와 함께 가져온 중국의 대표적인 수입 나무였다. 우리나라에는 신라 때 중국에서 수입해서 '해류海榴'라 불렀다.

《양화소록》에는 석류의 종류를 소개하고 있다. 강희안이 살던 시대에는 반송 같은 모양을 띤 반류盤榴를 많이 재배했다. 반류는 석류 가지를 인위적으로 구불구불하게 두서너 층으로 만든 것이다. 아울러 곧은 줄기가 높이 솟아 마치 우산을 편 것 같은 것을 주석류柱石榴, 몇 그루가 총총히 나고 가지가 뒤얽힌 것을 수석류藪石榴라고 불렀다.

석류의 매력 가운데 하나는 진홍색의 꽃이다. 석류꽃은 한 줌의 붉은 수염에 좁쌀이 박혀 있는 것 같다. 나는 석류꽃 같은 색깔에 마음을 빼앗긴다. 석류꽃 중에는 겹도 있고, 노란색과 흰색도 있다. 붉은 꽃에 흰 테나 흰 꽃에 붉은 테를 두른 것도 있다지만 본 적은 없다. 석류 열매도 익으면 꽃처럼 붉다. 그래서 석류를 단약丹若이라 불렀다. 붉은 꽃과 열매는 메마른 마음을 격하게 흔들어놓는다.

석류 열매는 단맛도 있고, 신맛도 있다. 단맛은 주로 식용하고 신맛은 약용한다. 석류 열매 중에는 씨가 희며 수정처럼 맑고 반짝거리면서 단맛을 내는 수정류水晶榴가 있다. 석류 중에는 겹꽃이 피면서 열매를 맺지 않는 '백엽百葉'도 있다. 강희안은 많은 종류의 석류 중에서도 백양류栢樣榴를 가장 좋아했다. 그는 백양류를 석류 중에서 가장 아름답다고 생각했다. 그래서 그는 오직 백양류 재배법에 대해서만 자세하게 기술했다.

석류 열매. 석류의 열매는 다산을 상징한다. 석류를 무척 사랑한 강희안은 지통례문사 이곡의 딸
과 결혼했지만, 아이로니컬하게도 그의 아내는 자식을 낳지 못한 채 일찍 죽었다.

　우리 조상들은 정월 초하룻날 돌을 가지 틈에 끼우거나 뿌리에
돌을 무더기로 쌓아두면 석류의 열매가 굵어지고 많이 달린다고 여
겼다. 석류 열매는 다산을 상징한다. 석류를 무척 사랑한 강희안은
지통례문사 이곡의 딸과 결혼했지만, 그의 아내는 자식을 낳지 못한
채 일찍 죽었다. 그래서 강희안은 전주부前主簿 김중행金仲行의 딸과
재혼했고, 딸 넷을 두었다. 남효온의 어머니도 이곡의 딸이었다.

부모를 향한 마음을
붉은 홍시에 담다

● 박인로와 감나무

박인로朴仁老의 시 가운데 "몸에 품고 가져가더라도 반겨줄 사람이 없는 것이 서럽구나"는 문구는 어버이에 대한 효도를 연상시킨다. 홍시 같은 붉은 마음을 가지고 있더라도 표현할 대상이 없으면 무슨 소용이랴. 부모가 떠나간 뒤에야 비로소 박인로의 시를 이해할 수 있다.

감나무의 붉은 홍시와 효

우리나라 시가의 한 양식인 가사歌辭는 마음을 움직이는 힘이 있다. 학창시절에 만나던 가사문학은 시험공부의 대상이었지만 지금 읽어보면 정말 아름다운 작품이다. 내가 가사문학에 흥미를 느끼는 이유는 가사의 내용이 주변의 사물이나 시대를 잘 반영하고 있기 때문이다. 그래서 가사는 주로 양반이 만들었지만 일반인들도 좋아했다. 더욱이 가사문학은 지금 읽어도 다른 어떤 문학보다 정겹다.

가사문학을 대표하는 사람은 주로 전라남도의 면앙정俛仰亭 송순宋純이나 송강松江 정철鄭澈이다. 노계蘆溪 박인로에 대해서는 상대적으로 관심이 적은 편이다. 나도 그동안 전라남도에 가면 꼭 송순이

나 정철의 유적지를 잊지 않고 찾았지만 박인로에 대해서는 큰 관심이 없었다. 내가 박인로에 관심이 생긴 것은 5년 전쯤 주덕회에서 경상북도 영천지역을 답사하면서부터였다.

영천에서 태어난 박인로의 가사 중에서 우리에게 잘 알려진 작품은 1601년 마흔한 살 때 지은 〈일찍 익은 홍시 노래[早紅柿歌]〉다.

일찍 익은 홍시 노래
쟁반 속에 놓은 일찍 익은 붉은 감이 곱게도 보이는구나.
유자가 아니더라도 몸에 품고 가져갈 만하지만,
몸에 품고 가져가더라도 반겨줄 사람이 없는 것이 서럽구나.
[盤中 早紅감이 고와도 보이느다. 柚子 안이라도 품엄 즉도 ᄒ다마는. 품어 가 반기리 업슬시 글노 설워 ᄒ느이다.]

감나뭇과의 갈잎큰키나무 감나무의 익은 열매를 의미하는 홍시는 겨울 간식 중에서도 매우 귀했다. 지금은 감나무가 아주 흔하지만 조선 중기만 해도 그렇지 않았다. 감나무는 여러 가지 면에서 유용한 나무였다. 중국 당나라의 단성식段成式은 《유양잡조酉陽雜俎》에 감나무 대한 일곱 가지 장점[七絶]을 언급했다. 첫째 오래 살고, 둘째 좋은 그늘을 만들고, 셋째 새가 집을 짓지 않고, 넷째 벌레가 없으며, 다섯째 단풍이 아름답고, 여섯째 열매가 먹음직스럽고, 일곱째 잎이 크다. 감나무의 장점 가운데 열매가 들어 있다.

'오성과 한음'으로 유명한 한음漢陰 이덕형李德馨이 충청·전라·경상·강원도의 도체찰사에 임명되어 영천에 머물렀을 때 박인로에게 조홍시早紅柿를 보낸 적이 있다. 박인로의 시는 조홍시를 받은 그가 어버이를 생각하고 지은 작품이다. 박인로의 시에 나오는 홍시는 어버이에 대한 효도를 연상시킨다. 홍시와 효도는 박인로만이 아니라 중국이나 우리나라에서 흔히 볼 수 있는 사례다. 우리나라 최초의 서원인 백운동서원을 세운 신재愼齋 주세붕周世鵬의 〈행장行狀〉에 따르면, 주세붕은 아버지가 홍시를 좋아했기 때문에 죽을 때까지 차마 홍시를 먹지 못했다.

감나무는 열매만큼 잎도 중요한 특징이다. 중국 당나라의 정건鄭虔은 자은사에서 감잎에 글자를 연습했다. 그래서 '시엽임서枾葉臨書'라는 용어가 생겼다.

우리나라 감나무 가운데 유일한 천연기념물은 경상남도 의령군에 산다. 그리고 나이가 가장 많은 감나무는 산청군에 있다. 산청군 곶감은 고종에게 진상한 것으로 유명하다. 현재 산청군 단성면 남사리에 위치한 사양정사 앞에는 원정매의 주인공 하즙의 증손자인 경재敬齋 하연河演이 일곱 살 때 직접 심은 600살 된 감나무가 살고 있다. 이곳 감나무도 하연이 홍시를 좋아하는 어머니를 위해 심었다.

내게도 감나무에 대한 애틋한 추억이 있다. 내가 중학교 2학년 전까지 고향 집에는 감나무가 한 그루도 없었다. 반면 마을의 다른 집에는 한 집도 빠짐없이 감나무가 있었다. 그래서 어린 마음에 감을 풍족하게 먹을 수가 없다는 생각에 감이 열리는 시절에는 늘 기분이 좋지 않았다. 반면에 백부님 댁에는 아주 큰 감나무가 있었다.

감나무. 조선 중기만 해도 감나무는 흔하지 않았다. 그러니 그 열매는 더 귀했다. 박인로는 감나무의 열매인 홍시를 통해 어버이에 대한 효도를 노래했다.

추석 때 제사를 지내러 가서 보면 언제나 감이 풍성했다. 그러나 백부님의 감나무에 열린 감도 그림의 떡이었다. 감이 귀한 시절이라 쉽게 먹을 수 없었기 때문이다.

내가 감을 마음껏 먹을 수 있었던 시절은 고등학교 때 부모님이 동네 어느 빈집을 구입하면서부터였다. 그 집터에는 감나무가 여섯 그루나 있었다. 감나무가 많다보니 가을에 감을 따는 것이 큰 노동이었다. 감나무 위에 올라가서 감을 따는 일이 무척 힘들었다. 그래도 겨울에 홍시를 마음껏 먹을 수 있는 것만 해도 참 기분 좋은 일이었다.

특히 고향에 가면 어머님께서 주시던 홍시는 잊을 수 없지만 지금 홍시를 주시던 어머님도, 홍시를 드릴 어머님도 계시지 않으니 마음이 아프다. 홍시 같은 붉은 마음이 있더라도 표현할 대상이 없으면 무슨 소용일까. 어머님이 돌아가신 뒤에야 박인로의 시를 이해할 수 있다.

임진왜란과 박인로의 의병활동

박인로의 여든한 살 삶은 임진왜란 이전과 이후로 나눌 수 있다. 그만큼 1592년 임진왜란은 박인로의 삶에 큰 영향을 주었다. 그는 서른한 살에 임진왜란을 겪었다. 그는 전쟁이 일어나자 분연히 일어나 같은 고향 출신 의병장 호수湖叟 정세아鄭世雅의 막하에서 별시위로서 무공을 세웠다. 박인로의 의병활동은 그를 조선시대 가사문학

산청군 단성면 남사리에 경재 하연이 일곱 살 때 심은 600살 된 감나무. 이는 우리나라에서 최고
最古 감나무로 기록되어 있다.

의 대가로만 알고 있던 나로서는 약간 낯설다. 이는 그만큼 박인로에 대해 무지했다는 뜻이다. 나는 박인로의 유적지를 답사하면서 그가 의병활동에서 모신 정세아가 임진왜란에서 세운 공로를 뒤로 한 채 고향에서 후학을 가르친 강호정을 찾았다. 강호정은 영천시 자양면 용산동에 있었으나 영천댐 건설로 1977년 지금의 성곡리 쪽으로 옮겼다. 강호정에는 자호정사라는 편액과 정세아의 시를 포함한 열다섯 점의 시를 적은 액자가 걸려 있다. 이는 그만큼 강호정을 찾은 문객이 많았다는 뜻이다. 강호정에는 정세아가 자호정사를 짓고 쓴 제시題詩가 있다.

웅지로 적장의 목 벨 것을 기필했지만
쇠잔한 몸에 문득 귀밑머리 희어 놀라네.
벼슬살이하면서도 전쟁 끝내지 못하고
힘없이 두보杜甫의 근심을 부질없이 생각하네.
노쇠해서 병드니 어찌 벼슬길에 치달리겠는가?
물러나 한가로이 맑은 시냇물 즐김이 마땅하리.
흰 갈매기 강호의 늙은이를 싫어하지 않으니
지금부터라도 청안으로 죽을 때까지 쉬어보리라.
[壯志期梟敵將頭 殘骸驚却鬢邊秋. 有纓未遂終軍請 無力空懷杜老愁. 衰病
豈宜馳世路? 退閒端合玩淸流. 白鷗不厭江湖叟 靑眼從今至死休.]

강호정에서 고개를 왼편으로 돌리면 오천 정씨鄭氏 문중 묘소 앞의 울창한 소나무숲이 정세아의 호국 정신을 보는 듯 푸르고 푸르다. 강호정 옆에는 정세아의 손자인 진주목사 정호인鄭好仁이 세운 하천재와 정세아의 신도비가 있다.

박인로는 열세 살의 나이로 〈뻐꾸기 울음[戴勝吟]〉이라는 칠언절구의 한시를 지을 만큼 어린 시절부터 시를 짓는 재주가 남달랐다.

뻐꾸기 울음

자주 낮잠 깨우는 뻐꾸기 소리

어찌해서 야인의 마음을 재촉하는가?

저 서울의 화려한 집 처마에서 울어

사람들에게 밭갈이 권하는 새 있다는 것을 알게 해라.

[午睡頻驚戴勝吟 如何偏促野人心? 啼彼洛陽華屋角 令人知有勸耕禽.]

나는 젊은 시절에 두견과의 뻐꾸기 소리를 자주 들었다. 수컷의 소리는 암컷을 찾는 애절한 구애의 몸짓이다. 농부들도 뻐꾸기의 소리를 들으면 괜히 마음이 바쁘다. 이즈음은 늦은 봄인지라 점심을 먹으면 몸이 나른해서 낮잠을 청해야 한다. 어린 박인로가 낮잠을 즐기는 모습이 눈에 선하다.

박인로는 의병활동을 하면서도 시를 짓는 일을 결코 게을리하지 않았다. 그만큼 그는 가사에 온몸을 바쳤던 것이다. 〈태평사太平詞〉는 박인로가 병사들을 위로하기 위해 만든 작품이었다. 1598년 늦겨울 부산에 주둔한 왜적이 밤을 틈타 도망갔다. 이때 수군절도사

강호정에 있는 소나무숲. 강호정에서 고개를 왼편으로 돌리면 보이는 오천 정씨 문중 묘소 앞의
울창한 소나무숲이 정세아의 호국 정신처럼 푸르고 푸르다.

성윤문成允文 휘하에 있던 박인로가 군대를 인솔해 부산으로 달려 가 10여 일 정도 머물다가 본영으로 돌아왔다. 성윤문은 박인로에 게 병사들을 위로하는 〈태평사〉를 짓게 했다. 박인로의 나이 서른 여덟 살 때 지은 〈태평사〉는 그의 가사 중에서도 가장 이른 시기에 지은 작품이다. 이 작품은 병사를 위로하는 것이 목적이었기 때문 에 충효사상이 짙게 깔려 있다.

강태공의 소박한 삶을 기리다

박인로는 임진왜란이 끝난 후 본격적으로 시작에 몰두했다. 〈노계 에 터를 잡아 살다[蘆溪卜居]〉는 그가 고향에서 어떤 자세로 살아갔 는지를 알려준다.

노계에 터를 잡아 살다

세속의 무리 떠나 산중에 들어와

홀로 있는 낚시터 실버들에 바람이 일어나네.

천년 뒤 서백西伯의 사냥 없지 않겠지만

가련하다! 헛되이 늙어가는 시냇가 늙은이여.

[離群脫俗入山中 獨釣苔磯細柳風. 千載非無西伯獵 可憐虛老一溪翁.]

노계는 박인로의 고향 지명이다. 박인로가 고향에서 보낸 심정은 '낚시터', '천년 뒤 서백의 사냥' 대목에서 엿볼 수 있다. 낚시터와 서

백의 사냥은 모두 중국 제나라의 시조인 강상姜尙, 즉 이른바 강태
공姜太公과 관련한 이름이다. 동해에서 간난하게 살던 강상은 집안
을 돌보지 않아 아내가 집을 나갔을 정도로 괴짜였다. 그는 늘 집안
은 돌보지 않고 섬서성 위수에서 낚시를 했다. 이때 전국에 인재를
찾아다니던 주나라 서백, 즉 문왕을 만나 재상이 되었다. 지금도 우
리나라에서 낚시하는 사람을 '강태공'이라 부르는 것도 여기서 비
롯되었다. 박인로가 강태공을 흉내 내고 있다는 것은 초야에서 생
활하고 있지만 언젠가는 군주가 자신을 부를 것이라는 일말의 희
망을 버리지 않고 있었다는 뜻이다.

영천시 주변에는 박인로의 흔적이 적잖이 남아 있지만 그중에서
도 입암서원 주변은 그의 유유자적한 공간이었다. 입암서원은 현재
포항시 북구 죽장면에 위치하고 있지만 영천과 인접한 곳이다. 입암
서원은 글자대로 입암 때문에 생긴 이름이다. 입암은 일제당 앞에
자리 잡고 있다. 일제당은 장현광을 비롯해서 영천 출신의 수암守菴
정사진鄭四震과 윤암綸庵 손우남孫宇男 등이 학문을 강론하던 곳이었
다. 현재 일제당은 입암서원의 부속 건물이다.《여헌선생속집旅軒先生
續集》에는 장현광이 지은 〈일제당日躋堂〉 시가 수록되어 있다.

일제당

성탕成湯도 성스럽고 또한 공경했으니

하물며 우리가 뜻을 두지 않을 수 있겠는가.

제때에 넓히고 건축해서

길이 강학할 장소가 되었으면 하네.

[成湯聖且敬 況吾初無志. 恢築願及時 永作藏修地.]

'일제당'은 성스러움과 공경이 날로 진전된다는 뜻이다. 이 말은 《시경》〈상송商頌·장발長發〉의 "탕왕湯王의 탄생이 늦지 않아 성스러움과 공경이 날로 진전되었다[湯降不遲 聖敬日躋]"에서 따온 것이다. 일제당은 1907년 의병조직이었던 산남의진山南義陣이 일본군 영천수비대를 맞아 입암전투를 벌이는 과정에서 소실되었다가 1914년 복원되었다.

박인로가 이곳에 온 것은 여헌 장현광을 만나기 위해서였다. 장현광은 임진왜란 때 이곳에 피난했으며, 1636년(인조 14) 병자호란 때는 패전 후 이곳에 들어왔다. 박인로는 이곳에 들러 장현광을 만난 후 그를 대신해 〈입암가立巖歌〉 29수를 지었다. 1704년 정규양鄭葵陽이 쓴 박인로의 〈행장行狀〉에 따르면, 장현광은 박인로를 "무하옹, 즉 박인로는 늙고 또 병들었으나 발분해서 먹는 것도 잊었고 뜻을 대인의 도에 두었으니 동방을 떨칠 일찍이 없었던 호걸이다"라고 높이 평가했다. 장현광도 박인로를 위해 〈무하옹구인산기無何翁九仞山記〉의 발문을 썼다. 박인로는 따로 〈입암별곡立巖別曲〉을 남겼다. 이처럼 입암은 박인로가 〈입암별곡〉 앞부분에서 표현하고 있듯이 무릉도원으로 여길 만큼 아름다운 곳이다.

입암별곡(부분)

진세상 사람들아 입암풍경 보았는가

무릉이 좋다 한들 이 어서 나올소냐.

봉두에 뜬 백학은 운간에 춤을 추고

심원의 숨은 두견 월하에 슬피 운다.

봉래가 어디인가, 영주가 여기로다.

[塵世上 살암들아 立巖風景 보앗는다. 武陵이 좃타 흔들 이예셔 나올쇼냐. 峯頭
에 쓴 白鶴은 雲間애 춤을 츄고. 深淵의 숨은 杜鵑 月下의 슬피 운다. 蓬萊가 어
듸메오 瀛洲가 녀긔로다.]

입암서원은 장현광·정사진·손우남을 모시고 있다. 입암서원의
계곡은 박인로의 업적을 기려서 '가사천'이라 부른다. 서원 앞 가사
천 주변에는 박인로가 남긴 〈입암立巖〉을 시비로 만들어놓았다. 그
만큼 이곳은 박인로로 인해 빛난다. 서원 앞에는 장현광이 심었다
는 향나무 한 그루와 1657년 서원 건립 때 심은 것으로 추정하는
은행나무 한 그루가 살고 있다. 장현광이 이곳에 향나무를 심은 것
은 중국 산동성 곡부의 공부 안에 공자가 직접 심었다는 향나무를
계승한 것이다. 은행나무는 공자가 '행단杏壇'에서 제자를 가르친 것
을 기념하기 위해서 심은 것이다. 서원 앞 혹은 안에 은행나무와 향
나무가 있는 것은 성리학을 지배 이념으로 삼았던 조선시대에는 자
연스러운 현상이지만, 향나무와 은행나무가 같은 공간에 살고 있
는 사례는 아주 드물다. 입암서원 앞과 안에는 서원에 모시는 사람

들의 변치 않는 마음을 담은 배롱나무가 살고 있다.

　나는 박인로 무덤 앞에서 그의 삶을 되새겨보았다. 박인로를 기리는 서원인 도계서원 맞은편에 그의 무덤이 있다. 도계서원은 박인로의 고향에 세운 서원이다. 그래서 서원 앞에는 박인로의 대표작인 〈조홍시가早紅枾歌〉와 더불어 〈노계가〉의 시비를 세워놓았다. 〈노계가〉는 박인로가 자신의 고향에 대해 읊은 것이다. 박인로의 무덤은 참 소박하다. 그의 소박한 무덤은 그가 왜 무하옹無何翁이라는 호를 사용했는지를 알게 한다. 그는 〈무하옹전無何翁傳〉을 지어 자신이 무엇을 추구했는지를 숨기지 않았다. '무하無何'는 '무하유지향無何有之鄕'의 준말이다. 이는 유무有無와 시비是非 등 모든 갈등이 사라진 이상향을 의미한다. 이 말은 《장자》〈소요유〉의 "지금 그대가 큰 나무를 가지고 있으면서 쓸모가 없다고 걱정한다면, 어찌해서 아무것도 없는 시골 마을[無何有之鄕]의 넓은 들판에다 심어놓으려고 하지 않는가?"에서 빌린 것이다. 박인로와 동시대를 살았던 홍주원洪柱元의 호도 무하당無何堂이었다. 고산孤山 윤선도尹善道 및 정철과 함께 조선의 삼대 가인歌人으로 불린 박인로의 삶은 자유자재 그 자체였다.

제4부

변함없이 고고한

겨울나무에게

지조를 배우다

스님의 곧은 도를
상징하는 나무

● 지엄스님과 소나무

벽송사 대웅전 뒤편에 살고 있는 두 그루의 소나무를 바라보면 조선 중종 15년에 벽송사를 중창한 지엄대사智嚴大師의 호가 왜 벽송碧松인지 알 수 있다. 곧은 자세로 하늘 높이 솟은 '도인송'의 자세는 선승 지엄스님의 참선하는 모습을 닮았다.

오도, 길을 깨닫는 과정

집에서 길을 나설 때마다 마음이 설렌다. 길은 언제나 새로운 풍경을 보여주고, 늘 다니던 길도 떠나는 순간 새롭기 때문이다. 경상남도 함양은 여러 번 찾았지만 갈 때마다 가슴 벅찬 순간을 맛본다. 경상남도 동쪽 끝자락을 고향으로 둔 내가 경상남도 서쪽 끝의 함양으로 가는 길이기 때문이다. 여기서 해와 달, 양과 음을 동시에 만날 수 있다. 더욱이 중국사를 전공한 나로서는 함양咸陽이 중국 진나라 수도와 한자가 같고, 함양을 상징하는 천연기념물 상림上林이 중국 한나라 황제의 정원 이름과 같다는 인연만으로도 애정이 깊어질 수밖에 없다. 아울러 중국 섬서성 함양도 서쪽에 위치한다.

함양을 갈 때마다 반드시 거창 휴게소에 들른다. 이유는 오로지 호떡을 사 먹기 위해서다. 내가 전혀 특별하지도 않은 호떡에 감동하는 이유는 산세가 아주 좋은 가조면의 산을 바라보면서 먹을 수 있기 때문이다. 이곳 호떡이 더욱 맛있는 까닭은 거창에 가장 좋아하는 친구가 살기 때문이다. 이곳에서 호떡을 먹으면서 간혹 중국 송나라 때 나온 화두 모음집《벽암록碧巖錄》에 나오는 '운문의 호떡'을 떠올린다. 한 스님이 화상에게 물었다.

"부처의 말도 조사들의 말도 너무 들어서 싫으니 그들이 하지 않은 한마디만 해주십시오."

즉시 운문화상은 "호떡" 하고 대답했다. 운문화상의 호떡 운운은 스님의 질문이 터무니없다는 뜻이다. 나의 휴게소 호떡 이야기도 분명 호떡 같은 소리에 지나지 않을 것이다.

함양군 마천면에 위치한 벽송사에 가기 위해서는 오도재를 넘어야 한다. 해발 773미터의 오도재는 지리산과 마주하는 삼봉산과 법화산이 만나는 고개다. 함양 영원사 도솔암에서 수도하던 청매青梅 인오조사印悟祖師가 이 고개를 오르내리면서 도를 깨달았기 때문에 붙인 이름이라 전한다. 오도재는 김종직·정여창·유호인兪好仁 등 조선시대 유명 인사들이 넘었던 고개다. 누구나 이 고개를 넘다보면 깨달음을 얻을 수 있다. 그만큼 오도재는 쉽게 넘을 수 없는 고개다. 그래서 힘들게 고개를 넘다보면 자연스럽게 도를 얻는다. 지금은 자동차로 쉽게 올라 가슴 시리도록 아름다운 고갯길을 충분히 감상할 수 있지만, 걸어서 고개를 넘던 시절을 상상하면, 생존을 위해 고개를 넘었던 상인들의 고통을 생각하면, 저절로 눈물이 난다. 오도재를 바라보면 어린 시절에 지게를 지고 땔감하기 위해 건너던 멀고도 먼 산길의 고개가 떠올랐기 때문이다. 나의 길[吾道]은 곧 길을 깨닫는 오도悟道의 과정이다.

소나무는 한적한 가운데 만난 벗

나는 붓다의 가장 이른 시기의 말씀을 기록한 《숫타니파타*Sutta Nipāta*》가운데 〈뱀의 품, 무소뿔의 경〉을 아주 좋아한다. 그중에서도 71절에 나오는 다음 구절에 마음을 빼앗긴다.

소리에 놀라지 않는 사자처럼

그물에 걸리지 않는 바람처럼

흙탕물에 더럽히지 않는 연꽃처럼

무소의 뿔처럼 혼자서 가라.

바람은 그물에 걸리지 않는다. '걸린다'는 것은 '구속'을 의미한다. 그래서 누구나 그물에 걸리지 않는 바람처럼 살고 싶다. 그러나 누구나 어디에 걸리면서 살아간다. 중국 전국시대 굴원屈原의 《이소離騷》는 '근심에 걸리다'는 뜻이다. 굴원은 초왕楚王을 충성스럽게 섬겼지만 간신들의 모함으로 추방당했다. 이처럼 많은 사람이 근심 걱정으로 살아갈 수밖에 없는 것이 인생이라지만, 매일 근심과 걱정에서 벗어나길 꿈꾼다.

　벽송사는 '푸른 소나무가 있는 사찰'을 뜻한다. 내가 벽송사를 찾아간 것도 소나무를 만나기 위해서였다. 혹 오도재에서 도를 깨닫지 못했더라도 벽송사까지 가는 길에서 도를 얻을 수 있다. 그만큼 오도재에서 벽송사까지 가는 길도 청정한 마음을 드러내는 데 충분하다. 벽송사는 지리산의 명소 가운데 하나인 칠선계곡으로 가는 입구에 위치하고 있다. 벽송사는 깊은 계곡에 자리 잡은 한국 산중사찰의 특징을 잘 보여준다.

　벽송사에 도착하니 벌써 해가 나뭇가지에 걸린 즈음이었다. 주차장에 도착하니 등산객들이 하산을 서두르고 있었지만, 나는 주차장에 서서 천천히 벽송사 전체를 둘러보았다. 주차장을 지키고 있는 나무는 소나뭇과의 전나무다. 두 그루의 전나무 사이에서 벽송사 전경을 바라보니, 내 눈에는 오로지 소나무만 가득했다. 벽송사 대웅전 뒤편에 살고 있는 두 그루의 소나무를 바라보면 1529년 (중종 15)에 벽송사를 중창한 지엄대사의 호가 왜 벽송碧松인지 알 수 있다.

　벽송 지엄대사는 달마부터 시작하는 중국 선종의 정통을 계승한 사람이다. 벽송 지엄의 법을 이은 사람이 바로 청허당 휴정休靜, 즉 사명대사四溟大師다. 지엄의 법통은 다음과 같이 《청허당집서淸虛堂集序》에 전한다.

　　달마대사의 정법안장正法眼藏은 도장신범道藏神範에게 전수되어 청량

벽송사 전경. 벽송사는 '푸른 소나무가 있는 사찰'을 뜻한다. 대웅전 뒤편에 두 그루의 소나무가
눈에 띈다.

清凉의 도국道國, 용문龍門의 천은天隱, 평산平山의 회해懷澥·현감玄鑑·각조覺照, 두류頭流(지리산)의 신수信修 등 6세世를 거쳐 보제나옹普濟懶翁을 얻었고, 나옹은 오랫동안 중국에 있으면서 모든 선지식善知識을 널리 찾아 두루 통하고[圓通] 즉시 체득[卽詣]해 울연蔚然히 선림禪林의 사표가 되었다. 또 그의 법을 전수받은 이는 남봉수능南峯修能이 적사嫡嗣가 되었고, 정심등계正心登階가 이를 바로 계승했는데, 정심은 벽송 지엄의 스승이다. 벽송은 다시 부용영관芙蓉靈觀에게 전수했는데, 그 도道를 체득한 이는 오직 청허노사淸虛老師를 수위首位로 일컫고 있다.

벽송지엄은 지리산 스님 중에서도 선행禪行이 가장 뛰어났다. 지엄의 뒤를 이은 스님이 부용영관이었다. 이 같은 사실은 소세양蘇世讓의 아래 시에서도 확인할 수 있다.

두류산이 성희가 상원사에 와서 머물다가 돌아가면서 시를 그에게 주다[頭流山人性熙來住上院寺於其還也詩以贈之]

지리산은 삼한 밖인데
이름은 천하에 알려졌다네.
지리산에는 지금 시승詩僧이 많으니
부용영관 선사는 지엄을 이었다네.
네가 장차 전할 탁발을 기약하니
작별하면서 시를 주노라.

다른 날 계곡을 지나갈 때

한번 웃으면서 미간을 두 번 펴리라.

[方丈三韓外 玆名天下知. 山今多韻釋 觀也繼嚴師. 期爾將傳鉢 臨分爲贈詩. 他時過

溪去 一唉兩伸眉.]

　지엄이 벽송을 호로 삼은 이유는 허백당盧白堂 성현成俔의 《허백
당집盧白堂集》〈엄상인벽송당기嚴上人碧松堂記〉에 자세하게 기록되어
있다.

　선사禪師는 호남인이다. 지엄은 그의 법명이고 자주慈舟는 그의 호인
데, 벽송으로 그 당堂의 편액을 삼았다. 어느 날 우리 사위 최생崔生의
소개로 우리 집에 와서 나에게 기문을 구했다. 내가 선사에게 말했다.
"대체로 형형색색 허다하게 천지간에 가득 차 있는 것은 모두 물상物
象입니다. 물상의 종류가 참으로 많은데 어찌하여 유독 소나무에서
당호를 취하십니까. 나는 명리名利에 골몰해 이 티끌세상에서 늙어가
고 있습니다. 비록 소나무를 흠모한다는 이름이 있긴 하지만 아는 것
이라곤 그저 조박糟粕일 뿐입니다. 어찌 소나무의 지극한 맛을 다해
내가 선사를 위해 기문을 지을 수 있단 말입니까. 머리가 다 벗어진
자가 머리털을 논하는 것에 가깝지 않겠습니까."
그러자 선사가 말했다.
"그렇다면 소나무로 우리의 도를 증명하면 될 것입니다. 소나무의 속
이 곧은 것은 우리의 도가 사악함이 없이 지극히 바른 것과 같고, 소

나무의 성질이 곧은 것은 우리의 도가 자신의 마음을 바르게 보아 본성을 깨닫는 것과 같고, 소나무의 색이 변하지 않는 것은 우리의 도가 차별을 초월해서 통일되어 있고 견고해 파괴되지 않는 것과 같고, 소나무의 깊은 뿌리가 뽑히지 않는 것은 우리 도의 본원이 움직이지 않으면서 중생이 모두 선에 교화되는 것과 같고, 소나무의 가지와 잎이 층층이 층을 이루어 무성히 자라는 것은 우리 중생이 모두 큰 지혜를 우러러 그 지혜에 의지하고 비호를 받는 것과 같습니다.

소나무가 처음 날 때는 그 씨앗이 터지고 꼬부라진 새싹이 겨우 보이는 정도여서 그 형체가 지극히 작습니다만, 조금 자라서는 한 줌이 되기도 하고 두 손으로 잡을 만하기도 하며, 크게 자라서는 서너 아름이 되고, 가장 컸을 경우에는 수백 수천 아름이 되기도 합니다. 그리하여 빈 골짜기에 서서 위로 천 길이나 되는 산과 어깨를 나란히 해 그 크기가 끝이 없고, 보이는 것 역시 그와 더불어 끝이 없이 솟아 아득합니다. 이는 바로 우리 도가 작은 것에서 커지고 아래에서 위로 올라가되, 끊임없이 정진해 나아가 끝내는 대광명大光明의 경지에 도달하는 것과 같습니다.

은거하는 골짜기가 깊고 깊어 족제비와 원숭이 같은 작은 짐승마저 쑥이나 명아주 등의 잡풀로 우거진 오솔길에 몰려드는 상황으로 말하자면, 거처하는 집의 앞과 뒤에 가득한 것은 모두 푸른 나무들뿐입니다. 때때로 대지가 숨을 내쉬어 바람이 불면 요란하게 나뭇잎이 흔들리는 소리가 나기도 하고 무언가 부르짖는 소리나 화살이 날아가는 소리가 들리기도 합니다. 바람이 절로 일어나 나의 마음을 깨울 뿐 티끌세상에 대한 생각은 일어나지 않아 문득 내가 청정한 세계에 앉아 천인天人과 팔부八部의 음악을 듣는 것만 같습니다.

대지가 추위로 얼어붙는 계절에는 한 칸의 난야蘭若를 지키면서 책상에 호롱불을 켜고 홀로 앉아 경전을 넘기다가, 새벽에 일어나 문을 밀고 밖을 내다보면 청녀青女가 눈앞에 흐릿하게 어른거리고 등륙騰六 경옥瓊玉을 날려 흩어져 떨어지게 합니다. 이러한 때 샘물을 길어다가 차를 끓이면 그 맛이 담박해 싫증이 나지 않습니다. 마치 설산雪山에서 고행하는 것과 같지만 고행하는 가운데 절로 즐거움이 있답니다.

아, 세상 어느 곳엔들 산이 없겠으며, 어느 산엔들 소나무가 없겠습니까. 내가 가는 곳이라면 소나무가 따르게 마련이니, 소나무와 나는 바로 한적한 가운데 만난 벗이요, 소나무는 모두 무진장한 것이라 하겠습니다. 취해도 고갈되지 않고 써도 금하는 사람이 없으니 말입니다. 그렇다면 내가 소나무를 버리고 어디로 간단 말입니까."

이에 서로 마주 보고 한번 웃었다. 마침내 〈벽송당기〉를 지어 상문枽門을 후일 다시 만날 장본張本으로 삼는다.

기미년(1499, 연산군 5) 중추 하순에 서산노수西山老叟 적는다.

나는 소나무를 보고 싶은 욕망을 가까스로 참으면서 천천히 벽송사 전경을 바라보았다. 산중사찰은 산세에 따라 느낌이 아주 다르기 때문이다. 벽송사의 소나무는 다른 사찰에서 쉽게 찾아볼 수 없을 만큼 정말 특별하다. 나는 어둠에 점점 자신의 몸을 숨기는 소나무에 바람이 걸린 것을 본 뒤에야 발걸음을 옮기기 시작했다. 바람은 왜 떠나지 않고 소나무에 머물렀을까?

벽송사 소나무에 깃든 각별한 사랑

벽송사의 두 그루 소나무는 '도인송道人松'과 '미인송美人松'이라 부른다. 두 나무에는 사랑 이야기가 전한다.

나는 나무에 얽힌 이야기를 무척 좋아한다. 나무에 얽힌 이야기에는 늘 슬픈 사연이 숨어 있다. 사랑에 슬픈 사연이 담겨 있는 까닭은 슬픔 없는 사랑은 결코 아름답지 않기 때문이다. 아름다운 사랑은 슬픔의 두께에 비례한다. 내가 벽송사를 찾아간 것도 나무에 대한 깊은 사랑 때문이다. 벽송사의 사랑 이야기에 감동하는 것도 나무에 대한 깊은 사랑이 자리 잡고 있기 때문이다.

나무에 슬픈 이야기가 숨어 있는 것은 그만큼 나무에 대한 사람들의 애정이 각별하기 때문이다. 게다가 얽힌 이야기가 애절해야만 오랫동안 기억한다. 나는 나무에 얽힌 이야기의 출처를 확인하지 않는다. 전설과 설화에는 애초부터 출처가 없기 때문이다. 출처가 없으면 혹 신빙성이 떨어진다고 생각할지 모르지만 결코 그렇지 않다. 출처가 없다는 것은 문헌으로 확인할 증거가 없다는 뜻이지, 정말 출처가 없다는 의미는 아니다. 전설과 설화의 출처는 곧 살아 있는 사람들의 기억이다. 기억의 역사는 문헌보다 훨씬 생명력이 강하다. 지금까지 이어진 도인송과 미인송 이야기의 생명력이 이를 증명

도인송과 미인송. 벽송사에는 도인송과 미인송이라 불리는 두 그루의 소나무가 그곳을 지키고 있다. 도인송은 참선하는 도인처럼 곧은 자세인 반면 미인송은 도인송을 향해 굽어 있다.

한다.

미인송은 도인송을 사랑했다. 그러나 도인송은 미인송의 사랑을 허락하지 않았다. 미인송은 도인송의 태도에 무척 화가 났지만 그런 모습에 더욱 끌렸다. 그래서 도인송을 향한 미인송의 사랑은 날이 갈수록 깊어갔다. 도인송은 미인송의 처절한 구애에도 아랑곳하지 않았다. 결국 미인송은 도저히 도인송의 마음을 움직일 수 없다는 사실을 알고 더는 접근하지 않기로 했다. 대신 죽을 때까지 도인송 곁에서 지내기로 했다.

도인송과 미인송의 사랑 이야기는 두 나무의 모습으로 금방 알수 있다. 도인송은 대웅전 뒤편에서 벽송사 3층 석탑(보물 제474호)으로 올라가는 길에 있고, 미인송은 3층 석탑 앞에 있다. 도인송은 참선하는 도인처럼 곧은 자세인 반면 미인송의 줄기는 도인을 향해 굽어 있다. 미인송의 모습에서 도인송을 향한 사랑이 얼마나 간절했는지를 알 수 있다. 350년 동안 살아온 도인송을 보면 매 순간 곧은 자세로 살았다는 것을 알 수 있다. 도인송은 금강송처럼 아주 굳세다. 특히 줄기 가까이에서 위로 바라보면 마치 하나의 우산이 하늘을 덮고 있는 것처럼 보인다. 3층 석탑에 올라서 도인송을 보면 소나무가 벽송사를 지키고 있는 것 같다. 그러나 미인송에서 도인송을 바라보면 가슴이 시려서 오래 바라볼 수가 없다.

누구나 나무처럼 땅에 기대며 살아간다

벽송사 입구의 목장승(민속자료 제2호)은 사찰을 지키는 수호신이다. 우리나라에 석장승은 많이 남아 있지만 목장승은 드물다. 특히 벽송사의 목장승은 두 개다. 목장승 가운데 왼쪽은 금호장군禁護將軍, 오른쪽은 호법대장군護法大將軍이다. 금호장군은 1969년에 일어난 산불로 머리가 훼손되었다. 목장승은 참나뭇과의 밤나무로 만들었다. 옛날 조상의 사당에 모시는 신주를 만들 때 밤나무를 사용했다. 그래서 밤나무로 만든 신주는 믿음을 상징한다. 목장승도 밤나무로 만들었으니 벽송사를 지키는 신주와 같은 존재다.

벽송사의 목장승은 마천면에 전하는 변강쇠와 옹녀의 일화를 담은 〈가루지기타령〉 덕분에 더욱 인기를 끌고 있다. 〈변강쇠전〉으로도 불리는 〈가루지기타령〉에 장승이 등장한다. 성 해학을 다룬 판소리에 장승이 등장하는 것 자체가 해학적이다. 장승을 성 해학의 대상으로 삼고 있는 것은 그만큼 벽송사가 민중의 삶과 함께하고 있었다는 것을 의미한다. 특히 벽송사에 두 개의 사랑 이야기가 전한다는 점에서 벽송사는 매우 중요한 역사와 문화 현장이다.

벽송사에서 집으로 돌아가는 길에 의평부락의 수호신 느티나무를 만났다. 안내문에 따르면 느티나무의 나이는 620살이다. 이곳 느티나무의 가지 하나는 땅에 닿아 있다. 600살 동안 살면서 얼마나 힘들었으면 가지를 땅에 내려놓았을까. 나무들은 왜 쉬고 싶지 않겠는가? 사람이 나무에 쉬는 것을 '휴休'라 한다. 그러면 나무가 땅에 쉬는 것을 무엇이라 불러야 할까. 누구나 살면서 기대고 싶지만 의평부락의 수호신 느티나무는 땅에 기대면서 살아간다. 나는 오늘도 땅을 밟고 살아간다. 그렇다면 내가 매일 밟고 다니는 땅은 어디에 기댈까. 나는 늘 가슴에 땅을 품지 않으니, 땅은 얼마나 힘들까. 땅은 가장 낮은 곳에 위치하면서 가장 위대한 나무를 키운다. 그래서 땅은 모든 생명체의 어머니다.

민족 신앙의 상징, 벽송사의 산신각

사찰의 산신각은 불교가 우리나라 전통신앙을 수용한 대표적인 사례다. 불교가 산신을 수용한 것은 불교의 확장성을 보여주는 상징이다. 나는 사찰에 가면 반드시 산신각을 찾는다. 산신각도 겉과 속이 비슷할 것 같지만 자세하게 보면 아주 다양하다. 산신 신앙은 산이 많은 우리나라의 경우 자연스러운 현상이다. 산신각은 생태적인 관점에서 보면 지금도 매우 소중한 문화유산이다. 벽송사의 산신각은 독립 건물이다. 산신만 따로 모신다는 것은 사찰에서 그만큼 산신을 소중하게 여긴다는 뜻이다. 물론 산신이 아무리 소중할지라도 산신각은 사찰의 가장 뒤편에 위치한다. 그러나 산신각이 사찰의 뒤편에 위치하더라도, 사찰의 경계에 있더라도 사찰을 찾는 사람들의 발길은 언제나 끊이지 않는다. 그만큼 산신은 우리 민족의 역사에 깊숙이 자리 잡고 있다.

나는 벽송사의 산신각에서 도인송과 미인송을 바라보았다. 산신각에서는 미인송이 가까워서 도인송보다 잘 보인다. 더욱이 미인송

작자미상, 〈산신과 호랑이, 깨달음을 얻은 존재[山神幀 獨聖幀]〉, 종이에 채색, 96.7×43.2cm, 조선, 국립중앙박물관. 산신각 그림에 등장하는 나무는 대부분 소나무다. 이를 통해 소나무가 우리 민족의 신상에 깊숙이 자리 잡고 있음을 확인할 수 있다.

은 도인송보다 위쪽에 자리 잡고 있기 때문에 더욱 우뚝하다. 미인송 옆에는 키가 그다지 크지 않은 소나무들이 많이 살고 있다. 나는 한참 동안 미인송을 바라보다가 산신각 안 그림의 소나무를 보았다. 산신각에 등장하는 나무는 대부분 소나무다. 산신각을 통해서도 소나무가 우리 민족의 신상에 깊숙이 자리 잡고 있다는 것을 확인할 수 있다.

선비들이 추구하는
맑은 정신의 상징

● 이광진과 백송

월연정과 금시당에 백송을 심은 까닭은 이 나무가 곧 선비의 정신을 상징하기 때문이다. 백송의 하얀 껍질은 선비들이 추구하는 맑은 정신을 뜻한다. 그래서 선비들은 백송을 귀하게 여겼다.

〈아리랑〉의 고장, 밀양

나에게 밀양은 가깝고도 먼 곳이다. 경상남도 밀양시는 고향과 경계지역이라서 무척이나 가깝지만 젊은 시절에는 한 번도 가보지 못해서 먼 곳이었다. 그러나 대학에 들어간 후부터 지금까지 밀양은 수없이 찾았던 곳이기도 하면서 그 어떤 지역보다 애틋한 곳이다. 대부분 사람들이 기억하는 밀양은 〈아리랑〉의 고장이다.

〈밀양아리랑〉은 어린 시절부터 많이 듣던 민요였다. 경상도의 강한 억양이 돋보이는 〈밀양아리랑〉의 탄생 이야기는 밀양 영남루 옆의 아랑각에서 그 유래를 확인할 수 있다. 조선 명종明宗 때 인물이 빼어난 밀양부사의 외동딸 윤동옥尹東玉 혹은 윤정옥尹貞玉이 유모의 꾐에 빠져 영남루에 달구경을 갔다가 관노에게 정조를 빼앗기자 죽음으로 거절했다. 〈밀양아리랑〉은 아랑 낭자의 정절을 기초로 만든 민요다. 2007년의 영화 〈밀양〉도 밀양을 알리는 데 중요한 역할을 했다.

나에게 밀양은 화왕산 정상의 창녕 조씨 시조 탄생지와 관련한 기억으로 강렬하게 남아 있다. 나는 어린 시절부터 어른들에게 '화왕산 정상의 연못에 숟가락을 넣으면 밀양에서 떨어진다'는 이야기를 자주 들었다. 어른들의 이야기는 지금 생각하면 화왕산 정상과 밀양이 아주 가깝다는 뜻이다. 그래서 밀양 버스인 밀성여객이 고향 면소재지를 지나갔다. '밀성'은 밀양의 옛 이름이다.

남천강에 마음을 비추며 자신을 돌아보다

조선시대 밀양의 인물 중에서 여주 이씨를 빼놓을 수 없다. 밀양시 퇴로는 여주 이씨의 집성촌이다. 용평동의 월연정은 여주 이씨 이태李迨가 지은 별장이다. 월연정의 '월연月淵'은 이태의 호다. 요즘 이곳은 2003년 개봉 영화 〈똥개〉의 촬영장소로 알려지면서 찾는 사람이 늘어나고 있다.

월연정을 돋보이게 하는 것은 정자 바로 옆의 월연터널과 정자 앞의 남천강이다. 월연터널은 요즘 아주 보기 드물 정도로 옛스럽고, 남천강은 이태가 이곳에 터를 잡던 당시 자연 상태 그대로다. 그는 1519년 함경도도사 재직 중에 기묘사화己卯士禍가 일어나 벼슬을 그만두고 고향으로 내려왔다. 월연정은 이태가 고향에 내려와서 1520년에 세운 것이다. 월연정은 월연사가 있는 곳이다. 조선시대에는 숙수사 자리에 우리나라 최초의 서원이자 사액서원인 소수서원이 들어선 것처럼 양반은 종종 사찰 자리에 자신의 거처를 세웠다. 월연정의 처음 이름은 '쌍경당'이었다. 1592년 임진왜란 때 불에 타자 1757년 이태의 후손 월암月菴 이지복李之復이 복원하면서 월연정으로 고쳤다. 월연정 동편에 위치한 월연대는 1866년 이태의 후손 이종상李鐘庠과 이종증李鐘增이 중건했다.《월연선생문집月淵先生文集》에 수록되어 있는 통정대부 최효술崔孝述이 쓴 〈행장〉에 따르면, 쌍경당은 연못을 거울로 삼고, 옛것을 거울로 삼아 붙인 이름이다. 당호를 쌍경당으로 지은 것은 물에 비친 달을 보면서 마음을 깨끗하게 만들기 위해서였다.

나는 오래전 나무를 촬영하기 위해 처음 월연정을 찾았다. 월연정은 남천강을 따라 걸어가는 길이 무척 아름답다. 아직 남천강에 뜬 달을 보지는 못했으니 월연정의 진면목을 경험하지는 못했다. 다만 남천강에 마음을 비추면 쌍경당의 뜻을 실천할 수 있다. 당시 내가 월연정을 찾은 것은 월연정과 남천강의 아름다운 모습에 마음을 빼앗기고 싶은 욕망 외에도 소나뭇과의 백송을 만나기 위해서였다. 이곳의 백송은 월연정 동편에 자리 잡은 월연대 옆에 살고 있었다. 그러나 지금은 월연대의 백송이 명을 다해서 만날 수 없다.

어둠에 깔린 금시당을 바라보다

밀양시 활성동에 위치한 금시당은 월연정과 얼마 떨어지지 않았지만, 나는 최근에서야 이곳을 찾았다. 금시당은 월연정에서 다리만 건너면 다다를 수 있건만 왜 진작 이곳을 찾지 못했는지 원망스러울 정도로 아름다운 공간이다. 금시당은 이광진李光軫이 죽은 해에 만든 별장이다. 좌승지를 역임한 이광진은 같은 집안의 이태 후손이다. 나는 차문화를 전공하는 대학원생들과 처음으로 이곳에 찾았다. 당시 해가 저물고 주변이 공사 중이라서 찾는 데만 한참 걸렸다. 금시당 앞에 도착하니 남천강에 어렴풋이 달그림자가 비쳤다. 금시당은 월연정에서 내려오는 남천강가에 자리 잡고 있다. 저문 해를 바라보면서 집으로 돌아갈까 마음먹었다가 혹시나 주인이 계시나 해서 큰소리로 불러보았다. 마침 주인께서 나오더니 왜 부르냐고 물었다. 그래서 여차여차해서 금시당을 보러 왔다고 말씀드렸다. 아! 지성이면 감천이던가. 주인 어르신께서 여러 명의 불청객을 기꺼이 맞아주셨다. 우리 일행은 정말 미안해서 주저주저하다가 집안으로 들어가 경내를 구경했다.

어둠에 깔린 금시당은 정말 아름다웠다. 나는 돌아와 구한말 황현黃玹·김택영·이건창과 교유했던 심재深齋 조긍섭曺兢燮의《암서집巖棲集》의 아래 시를 보면서 다시 금시당의 아름다운 모습에 감동하던 순간을 떠올렸다.

"칠월 열엿새에 남강에서 뱃놀이를 하기로 약속했으나 날씨가 흐린 탓에 하지 못하고 남호의 가을 물에는 밤에 안개가 없네"라는 시의 글자로 운을 나누었는데 '야' 자를 얻어 읊다[既望約舟遊南江 以天陰未果 用南湖秋水夜無烟分韻 得夜字]

7월 열엿새 날 밤

소선이 옛적 임고정 아래 노닐 때

당시에 조각배가 바람과 안개 갈랐으니

오늘까지 이부가 사람들 입에 오르내리네.

후대에 많이들 그 고사를 따르니

누가 그 의기를 마침내 넘어서랴.

그대는 보지 못했는가!

영남루 앞 드넓게 펼친 물결

맑은 경치가 황주에 버금감을

세시로 남녀들이 그림 같은 배 띄우고 놀아

피리 불고 북 치는 소리에 어룡이 겁내네.

금시당과 월연정이 (영남루) 상류에 있으니

그 터가 번화하고 온자함을 차지했네.

갈대꽃과 대나무가 양쪽 언덕에 빛나고

흰 돌과 맑은 모래가 빠르게 흘러가네.

시인이 이곳에 소요하기 알맞으니

어촌의 집에서 조각배 얻었네.

[七月之秋十六夜 蘇仙昔遊臨皐下 當時一葉破風烟 至今二賦人膾炙. 後來

274

紛紛踵故事 誰將意氣終凌跨. 君不見! 嶺南樓前千頃波 淸勝足與黃州亞 歲

時士女泛畫船 簫皷動盪魚龍怕. 今堂月亭是上流 占地繁華兼醞藉. 蘆花竹

樹兩岸明 白石晴沙一濫瀉.政宜騷人此逍遙 扁舟問買漁村舍.]

시인은 월연정과 금시당이 자리 잡은 남강, 즉 남천강에서 뱃놀
이를 하고 싶었지만 날씨가 흐려 뱃놀이를 하지 못했다. 대신 중국
의 시선詩仙 이백의 〈족숙 형부시랑 엽과 중서사인 가지를 모시고
동정호에 놀다[陪族叔刑部侍郎曄及中書賈舍人至遊洞庭]〉 가운데 두 번째 시
의 제1구를 빌려서 자신의 심정을 읊었다.

조긍섭의 시에서 흥미로운 것은 그가 금시당에서 뱃놀이를 하기
로 약속한 기망, 즉 7월 16일이다. 이날은 중국 북송시대 소식이 호
북성 황주에 귀양 가서 뱃놀이를 하다가 시를 지은 날이다. 소식은
뱃놀이한 뒤 〈적벽부〉를 지었다. 소식이 이곳에서 뱃놀이한 덕분에
황정견黃庭堅·범성대范成大·주희 등이 그를 '소선蘇仙'이라 불렀다. 시
인도 월연정과 금시당 앞 남천강에서 뱃놀이하면서 신선놀음하고
싶었지만 아쉽게도 뜻을 이루지 못했다. 월연정과 금시당 앞의 남천
강은 지금도 뱃놀이할 수 있을 만큼 물이 깊다.

선비의 맑은 정신을 담은 백송

처음 금시당을 찾은 지 얼마 지나지 않아 그곳을 다시 찾았다. 늦은
시간 금시당을 찾은 탓에 내부 전경을 제대로 볼 수 없었고, 아울러

금시당의 단풍나무와 은행나무, 백송나무. 금시당처럼 사적인 장소에 은행나무를 심은 점은 독특하다.

주인어른의 호의에 감사하는 마음을 전하고 싶었기 때문이다. 다시 찾아가기 위해 어른께 전화를 드렸지만 댁에 계시지 않았다. 이번에도 볼 기회가 없겠구나 생각하고 있던 차에 어른께서 빈집에 들어가서 구경하라면서 방법을 일러주었다. 또 한 번 주인어른의 호의에 감동했다. 주인어른의 호의 덕분에 주인 없는 금시당을 마음껏 즐길 수 있었다.

이곳에서 가장 마음에 들었던 것은 당호인 금시당의 뜻이었다. 금시당은 모든 성리학자들이 흠모했던 중국 동진시대의 오류선생五柳先生 도연명의 〈귀거래사〉에서 빌린 이름이다.

돌아가자!

전원이 황폐하게 변하는데 어찌 돌아가지 않겠는가?

벌써 스스로 육신을 위해 마음을 부렸으나

어찌 상심해서 슬퍼만 하겠는가?

이미 지난 일은 돌이킬 수 없고,

앞으로 다가올 일은 추구할 수 있다는 것을 알았다.

사실 길을 잘못 들긴 했지만 아직 멀리 벗어나지 않았으니,

지금은 옳고 지난날은 틀렸다는 것을 깨달았네.

[歸去來兮! 田園將蕪胡不歸? 旣自以心爲形役 奚惆悵而獨悲? 悟已往之不諫,知來者之可追.寔迷途其未遠,覺今是而昨非.]

고향에 돌아와 전원에서 살아가는 지금이 옳다는 것은 지난날의

벼슬살이보다 학자로서 자신을 성찰하면서 살아가겠다는 강한 의지를 반영하고 있다. 금시당은 이광진이 죽은 후 그의 아들 이경홍李慶弘이 아버지의 뜻을 이어받아 후진을 양성하는 강학소로 사용했지만, 임진왜란 때 불에 타 1743년 백곡栢谷 이지운李之運이 복원했다. 그 뒤 1860년 이지운을 추모하기 위해 백곡재栢谷齋가 새로 건립되었다. 그래서 금시당에서는 백곡재를 함께 볼 수 있다. 이지운은 1872년 선조들의 글을 모아 《철감록攝感錄》을 편찬했다. 순암順菴 안정복安鼎福이 《철감록》의 발문을 썼다.

금시당의 은행나무와 백송과 매화는 나를 더욱 감동시켰다. 이광진이 직접 심었다는 은행나무는 성리학자들의 공간에서 흔히 볼 수 있다. 다만 금시당의 450살 암은행나무는 서원이나 향교 같은 공적인 장소가 아닌 금시당처럼 사적인 장소에서 쉽게 볼 수 없다. 금시당의 나무 중에서 나의 눈길을 끈 것은 소나뭇과의 백송이었다. '백송白松'은 글자대로 껍질이 흰 소나무를 말한다. 그래서 북한에서는 '흰소나무'라 부른다. 백송을 '백피송白皮松'이라 부르는 것도 껍질이 희기 때문이다. 그렇다고 모든 백송의 껍질이 하얀 것은 아니다. 어린 백송의 껍질은 푸른색을 띠고 있다. 백송은 리기다소나무처럼 잎이 세 개다.

우리나라의 백송 중에는 충청남도 예산의 추사고택 근처의 추사 선조 무덤에 살고 있는 '예산의 백송(천연기념물 제106호)'이 유명하다. 추사고택 근처의 백송은 김정희가 북경에서 가져온 씨앗이 살아남은 것이다. 중국산 백송은 영국의 식물학자인 로버트 포천Robert

Fortune이 중국에서 채집해 본국으로 가져갔다. 중국산 백송이 영국에 도착한 때는 1846년 5월이었다. 그래서 백송을 '당송唐松'이라 부른다. 식물에서 '당'은 '중국'을 의미한다.

금시당의 백송은 아직 어리지만 나는 이곳의 백송이 죽은 월연정의 백송을 계승한 나무라 생각한다. 월연정과 금시당에 백송을 심은 것은 이 나무가 곧 선비정신을 상징하기 때문이다. 백송의 하얀 껍질은 선비들이 추구하는 맑은 정신을 뜻한다. 그래서 선비들은 백송을 귀하게 여겼다. 백곡재의 '백'은 우리나라에서 소나뭇과의 잣나무를 의미하지만, 이곳의 백송이 곧 잣나무와 같은 뜻을 품고 있다.

한 송이를 피우기 위해 자강불식하는 삶

두 번째 금시당을 찾았을 때 매화는 겨울을 이기느라 무척 애쓰고 있었다. 나는 백곡 이지운 선생께서 직접 심었다는 매화에 꽃이 핀 모습을 보기 위해 다시 금시당을 찾았다. 세 번째 금시당을 찾아가서야 주인어른에게 감사 인사를 드릴 수 있었다. 이처럼 한 그루 나무는 온갖 정성을 다해야 진정으로 만날 수 있다. 더욱이 정성을 다하면 만남의 기쁨도 깊을 수밖에 없다.

금시당과 백곡재 사이 언덕 자락에 살고 있는 이곳의 매화는 그 자태가 무척 아름답다. 그런데 이곳 매화가 아름다운 것은 한 송이 꽃을 피우기 위해 자강불식自彊不息하는 삶의 태도 때문이다. 선비들

금시당의 백송. 금시당의 백송은 아직 어리지만, 나는 이곳의 배송이 죽은 월연정의 백송을 계승한 나무라고 생각한다.

이 매화를 즐기는 것도 꽃 자체의 아름다움 때문이기도 하지만 나무의 삶이 치열하기 때문이다.

매화를 누구와 함께 감상하느냐에 따라 보는 느낌도 다르다. 매화를 사랑하는 사람과 함께 본다면, 매화같이 맑은 마음을 가진 사람과 함께 마주한다면, 하루도 찰나처럼 짧을 것이다. 160살이 넘은 금시당의 고매古梅는 금시당에서 보는 것과 백곡재에서 보는 느낌이 아주 다르다. 백곡재보다 낮은 곳에 위치한 금시당에서는 매화를 우러러보아야 하는 반면 금시당보다 높은 곳에 위치한 백곡재에서는 매화를 마주하면서 볼 수 있다. 백곡재에서 매화를 바라보면 매화의 가지가 금시당 쪽으로 뻗어 있기 때문에 운치를 더한다. 금시당의 매화에서 나오는 향기는 담장 밖 남천강으로 넘어가 세상을 정화시킨다.

금시당에서 나와 남천강 아래쪽 '아리랑 둘레길'을 걸었다. 두 번째 이곳을 찾았을 때도 둘레길을 걸었지만 매화를 본 뒤 다시 걸으니 감회가 달랐다. 금시당 뒤편의 둘레길은 많은 사람이 찾는 밀양의 명소다. 나는 지금까지 많은 둘레길 중에서도 이곳만큼 아름다운 곳을 별로 보지 못했다. 그만큼 금시당은 경내뿐 아니라 밖의 풍경도 눈물 나도록 아름답다. 특히 이곳 둘레길은 한 사람만 걸을 수 있을 만큼 좁아서 더욱 아름답다. 선비들이 혼자서 성인의 길을 찾았듯이 좁은 둘레길도 혼자서 사색할 수 있는 훌륭한 철학의 길이다. 길을 따라 걷다가 남천강에 그림자를 드리우고 살아가는 나무 한 그루 한 그루와 이야기를 나누면 삶의 가치는 훨씬 올라간다.

나무를 사랑하는 사람과 둘레길을 앞서거니 뒤서거니 걷다보니 금시당 선생의 후손 만성晩惺 이용구李龍九의 《금시당십이경今是堂十二景》 〈꾀꼬리봉우리의 봄꽃[鸎峯春花]〉이 떠올랐다.

꾀꼬리봉우리의 봄꽃

하룻밤 봄바람에 삶이 만족스러운데

비에 씻긴 푸른 산이 안개를 걷었네.

관청에서 돌아온 지 언제던가

해마다 진달래는 잊지 않고 꽃을 피우네.

[春風一夜足生涯 雨洗山顏碧破顏. 金馬歸來曾幾日 年年留發杜鵑花.]

금시당과 주변에는 진달래만 꽃을 피우지 않는다. 사계절 푸른 소나무도 봄마다 꽃을 피워서 솔방울을 만든다. 백곡재는 주변에 잣나무가 많아서 생긴 이름이지만 지금은 잣나무보다 소나무가 금시당과 백곡 선생의 정신을 대변한다. 지금 수백 년이 지난 금시당을 찾아서 행복한 시간을 보낼 수 있는 것은 언제 찾아도 반갑게 맞아주는 후손의 관리와 정성 덕분이다. 나는 쌀쌀한 어느 봄날, 금시당의 매향을 함께 맡은 사람이 준비한 차를, 현재 금시당의 주인어른과 함께 나눈 시간을 아직도 가슴 깊이 품고 있다.

저렇게 사시에 푸르니,
그를 좋아하노라

● 윤선도와 대나무

윤선도의 다섯 벗은 물·돌·소나무·대나무·달이다. 사물을 벗으로 삼는 것은 곧 사물에 대한 인격화 과정이다. 사물에 대한 인격화는 성리학적으로 보자면 '공부'에 해당한다. 성리학의 공부 대상은 이 세상에 존재하는 만물이기 때문이다.

더디게 자라는 만큼 단단한 비자나무

주목과의 늘푸른큰키나무 비자나무에 바람이 앉자 해남 윤씨의 종갓집 녹우당綠雨堂(사적 제167호)의 이름이 탄생했다. 녹색 나무에 앉은 바람 소리가 빗소리처럼 들리기 때문이다. 비자나무숲에 비가 내리면 '비우당榧雨堂'이 생길지도 모른다. 비자나무는 잎이 아닐 비非 자처럼 생겨서 붙인 이름이다. 해남 녹우당을 찾는 사람들 중에서 녹우당의 진면목을 알 수 있는 비자나무숲을 찾는 경우는 아주 드물다. 특히 단체 관람객들은 시간 관계상 잘 찾지 않는다. 녹우당 뒤편의 비자나무숲은 녹우당만큼 문화적인 가치를 지닌다. 현재 해남 녹우당비자나무숲은 천연기념물 제241호다. 이곳 비자나

녹우당의 비자나무숲. 이 숲은 일종의 마을숲이다. 대부분의 마을숲은 마을 앞에 위치하지만
이곳은 바위의 기운을 막기 위해 마을 뒤편에 세웠다.

무의 나이는 500살 정도이고, 심은 사람은 고산 윤선도의 선조다.

녹우당의 비자나무숲은 일종의 마을숲이다. 마을숲의 기능은 홍수 방지, 질병 방지, 바람막이 등 다양하다. 마을숲은 대부분 마을 앞에 위치한다. 그런데 이곳 비자나무숲은 마을 뒤편에 위치하고 있다. 이는 산 쪽의 기운을 숲으로 막기 위해서다.

왜 산 쪽의 기운을 막아야 할까. 대부분은 산 쪽의 기운을 얻어야 하는데 말이다. 녹우당 뒷산의 바위가 문제였다. 바위는 나무의 기운과 달리 사람의 기운을 압도한다. 그래서 공부하는 사람은 바위를 직접 바라보는 것을 삼가야 한다. 경상북도 안동시 하회마을 만송정의 소나무(천연기념물 제473호)도 북쪽 부용대의 돌을 가리기 위해 심었으며, 경상남도 하동군 북천면 직하재의 소나무도 산 쪽 바위의 기운을 막기 위해 심었다. 아울러 마을 뒷산의 바위가 드러나면 마을이 가난하다는 속설도 전한다. 녹우당의 비자나무숲은 이러한 속설에 따라 심었을 뿐 아니라 그 덕분에 지금까지 보호하고 있다. 만약에 그런 속설이 없었다면 비자나무는 500년 전에 땔감이나 목재로 사라졌을 것이다

녹우당비자나무숲의 나무들은 대부분 20미터 정도까지 자랐다. 500년 동안 20미터밖에 자라지 않았다면 이 나무가 아주 더디게 성장한다는 뜻이다. 제주시 구좌읍의 비자나무숲(천연기념물 제374호)은 우리나라 최대로, 여기서 가장 나이가 많은 800살 나무도 높이가 14미터에 불과하다. 비자나무는 나이테를 구분할 수 없을 만큼 조직이 치밀하다. 그래서인지《고려사高麗史》〈열전列傳〉43에 따르면 원나

라는 궁궐을 짓기 위해 제주도의 비자나무 50근을 요구했다. 비자나무는 목질이 아주 단단함과 동시에 탄력성까지 갖춘 나무라서 제일의 바둑판 재료였고, 고위직의 관과 배를 만드는 데도 사용되었다. 비자나무는 성장이 더딘 만큼 20년이 넘어야 열매를 맺는다.

윤선도의 파란만장한 삶

학창시절에 배웠던 윤선도의 〈어부사시사漁父四時詞〉를 떠올리면 자연과 유유자적한 그의 삶이 상상된다. 그러나 윤선도의 삶은 고향 해남의 파도만큼 파란만장했다. 윤선도의 유유자적한 삶이 문학가로서의 이미지라면 파란만장한 삶은 정치가로서의 삶처럼 보이지만, 그에게 정치와 문학은 불가분의 관계였다. 윤선도의 삶은 유배로 점철되어 있다. 윤선도의 유배 생활은 그의 파란만장한 삶의 배경을 제공한다.

윤선도의 첫 유배는 1616년 성균관 유생 시절에 있었다. 1612년(광해군 4) 진사를 거쳐 성균관 유생이 된 그는 당시 젊은 혈기에 이이첨李爾瞻을 비롯한 권력자들의 횡포를 상소했다. 그러나 상소의 결과는 유배였다. 유배지는 함경도 경원과 경상도 기장이었다. 그는 경원에서 1년을 유배 생활하다가 기장에서 6년 동안 유배 생활했다.

나는 몇 년 전 윤선도가 유배 생활했던 기장군 죽성리를 찾았다. 그곳에는 서낭신을 모시는 국수당이 있다. 국수당에는 전국에서 아주 보기 드문 다섯 그루의 해송이 살고 있다. 1623년 인조반정仁

祖反正은 윤선도를 유배에서 풀려나게 했을 뿐 아니라 그를 다시 의금부도사 자리에 앉게 했다. 그러나 그는 유배 생활에서 겪은 고통 때문에 곧 사직하고 고향에서 일상을 즐겼다.

윤선도는 1628년 마흔두 살 때 별시문과 초시에 장원으로 합격하면서 새로운 인생을 시작했다. 인조의 둘째 아들이자 훗날 효종으로 등극한 봉림대군鳳林大君, 그리고 인평대군麟坪大君의 스승에 임명되었기 때문이다. 봉림대군은 이름부터 예사롭지 않다. '봉림'은 곧 '봉새의 숲'을 의미하고, '봉새'는 큰 인물을 상징하기 때문이다. 봉림대군의 호인 죽오竹梧는 봉림과 아주 잘 어울린다. 봉새가 앉는 곳이 오동나무이자 봉새가 먹는 것이 대나무의 열매이기 때문이다.

훗날 왕위에 오른 봉림대군은 스승 윤선도에게 은혜를 갚기 위해 수원에 집을 지어주었다. 녹우당은 바로 1660년 효종이 죽자 윤선도가 고향으로 내려오면서 수원 집의 일부를 옮겨 와서 지은 것이다. 녹우당 현판은 옥동玉洞 이서李漵의 글씨다. 이서는 성호星湖 이익李瀷의 이복형이다. 더욱이 이서는 윤선도의 증손자인 공재恭齋 윤두서尹斗緖와 절친한 사이였다.

윤선도는 봉림대군의 스승이 되면서 인조의 사랑도 함께 받았다. 인조와 봉림대군은 윤선도의 생일에 푸짐한 음식을 제공하는 등 그에게 큰 관심을 보였다. 그러나 윤선도를 향한 그들의 관심은 주변 사람의 시기심을 자극했다. 그가 왕자의 스승 자리에 올랐으면서도 1629년과 1631년 각각 공조좌랑과 호조정랑, 1632년 한성부서윤 자리에 오르는 등 승진을 거듭했기 때문이다. 왕자의 스승에 임명되면 관직에서 물러나는 관행을 따르지 않고 오히려 관직을 탐한 사람으로 인식되었던 것이다. 윤선도는 1633년 증광문과에 급제해서 세자시강원문학에 임명되었다. 문학 벼슬은 정5품 벼슬에 해당한다.

윤선도는 1638년에도 경상북도 영덕에 유배되었다. 그 이유는 1636년 병자호란 때 왕을 모시고 가지 않았기 때문이다. 윤선도는 병자호란이 일어나자 의병을 이끌고 강화도로 갔다가 조선 정부가 청나라와 화친했다는 소식을 듣고는 제주도로 가다가 풍랑을 만나 해남 보길도에 은거했다. 그는 1년 동안 영덕에서 유배 생활을 하다가 해남으로 돌아왔다.

선비의 다섯 가지 벗

해남군 현산면 금쇄동은 윤선도의 작품을 이해하는 데 중요한 장소다. 윤선도는 서울 종로구 연지동에서 아버지 윤유심과 어머니 순흥 안씨 사이에 차남으로 태어났지만, 여덟 살 때 해남 윤씨 종가의 윤유기尹唯幾의 양자로 들어갔다. 그는 열일곱 살 때 남원 윤씨와 결혼해서 아들 인미仁美·의미義美·예미禮美와 두 딸을 두었다. 아들의 이름은 모두 유교의 핵심가치인 인·의·예를 사용했다. 윤선도의 자식 중에는 첩실에서 낳은 순미循美와 직미直美를 비롯해서 2남 3녀를 두었다. 그러나 의미와 순미는 아버지보다 먼저 세상을 떴다. 윤선도는 나이 스물두 살 때 양어머니를, 스물세 살 때 친어머니를 여의었다. 그는 스물다섯 살 때 탈상한 후 해남 선조 묘소에 성묘차 해남에 왔다. 윤선도는 어려울 때마다 선조들이 살았던 해남에 와서 마음을 가다듬었다.

윤선도가 해남 생활에서 남긴 작품 가운데 〈오우가五友歌〉는 많은 사람의 기억에 남아 있다. 나도 중학교 시절 〈오우가〉를 외우면서 자랐다. 〈오우가〉는 윤선도가 금쇄동에 살던 시절의 작품이다. 그는 1641년 나이 쉰다섯 살 때 《신사세모금쇄주인기辛巳歲暮金鎖主人記》, 즉 《금쇄동기金鎖洞記》를 지으면서 본격적인 '금쇄동 시기'를 열었다. 당시 금쇄동은 해남현에서 남쪽으로 30리에 위치했다. 그는 문소동 동편 제일봉의 가장 높은 곳에 위치한 금쇄동을 '일월이 곁에 있고 풍우가 임하는 곳'이라 평가했다.

《금쇄동기》는 금쇄동 예찬론이다. 윤선도의 《금쇄동기》는 이전 시대에는 결코 쉽게 볼 수 없었던 자연생태에 대한 예찬이다. 조선의 선비들은 주자의 무이구곡을 빌려서 구곡문화를 통해 자연생태를 예찬했지만, 윤선도의 《금쇄동기》는 구곡문화와는 성격이 다르다. 그의 《금쇄동기》는 자연생태를 통해 인문생태를 만들어내는 과정을 자세하게 보여준다. 나는 지금까지 자연생태를 이렇게 자세하게 표현한 사례를 접하지 못했다. 《금쇄동기》는 윤선도의 관찰력과 표현력을 가장 잘 드러낸 작품이다. 《금쇄동기》의 가치는 보물 제482-2호로 지정된 데서도 알 수 있다.

〈오우가〉는 윤선도가 금쇄동에 지낸 지 1년 뒤인 쉰여섯 살 때 지은 《산중신곡山中新曲》 속에 들어 있다. 〈오우가〉는 윤선도의 '다섯

'벗'을 상징한다. 인용하면 다음과 같다.

　내 벗이 몇인가 하니 수석水石과 송죽松竹이라.

　동산東山에 달 오르니 그 더욱 반갑구나.

　두어라 이 다섯 밖에 또 더해서 무엇하리.

　[내버디 몇치나하니 水石과 松竹이라. 東山의 둘오르긔 더욱 반갑고야. 두어라

　이 다숫밧긔 또 더호야 머엇호리.]

　윤선도의 다섯 벗은 물·돌·소나무·대나무·달이다. 다섯 벗 중
에서 나무는 소나무와 대나무다. 사물을 벗으로 삼는 것은 곧 사물
에 대한 인격화 과정이다. 사물에 대한 인격화는 성리학적으로 보
자면 '공부'에 해당한다. 성리학의 공부 대상은 이 세상에 존재하는
만물이기 때문이다. 윤선도가 다섯 벗을 어떻게 칭찬했는지 하나
하나 살펴보자. 우선 물을 살펴보면 다음과 같다.

　물[水]

　구름 빛이 맑다 하나 검기를 자주 한다.

　바람 소리 맑다 하나 그칠 때가 많도다.

　맑고도 그칠 때 없기를 물뿐인가 하노라.

　[구룸빗치조타하나 검기롤즈로흐다. 부람소리 몱다하나 그칠 적이 하노매라. 조코

　도 그츨뉘업기 눈믈뿐인가 흐노라.]

윤선도가 물을 벗으로 삼은 것은 구름과 바람 소리는 맑지만 검거나 그치고, 물은 맑으면서도 그치지 않기 때문이다. 윤선도의 물에 대한 철학은 《논어》〈자한子罕〉 가운데 공자가 시냇가에 있으면서 "가는 것이 이 물과 같구나. 밤낮을 그치지 않는도다[逝者如斯夫, 不舍畫夜]"라고 이야기한 것을 연상시킨다. 윤선도는 돌에 대해 다음과 같이 칭찬했다.

> 돌[石]
>
> 꽃은 무슨 일로 피면서 쉬이 지고
> 풀은 어이해서 푸른 듯 누르나니
> 아마도 변치 않음은 바위뿐인가 하노라.
> [고즌 므스 일로 퓌며서 쉬이 디고. 플은 어이하야 프르는 둣 누르느니. 아마도 변티아닐손 바회뿐인가 하노라.]

윤선도가 돌을 칭찬한 것은 변하지 않았기 때문이다. 그는 쉽게 떨어지는 꽃과 일찍 누렇게 변하는 풀을 돌과 대비시켰다. 꽃은 열흘 동안 피어 있기 어렵고, 대부분의 풀은 가을이면 누렇게 변해서 떨어진다. 반면 바위는 겉으로 보면 언제나 변하지 않고 그대로일 것 같다. 바위도 비바람에 닳아서 모래로, 모래는 다시 흙으로 바뀌지만, 윤선도 눈에는 바뀌지 않은 존재였나보다. 윤선도는 소나무를 다음과 같이 칭찬했다.

소나무[松]

더우면 꽃피고 추우면 잎 지거늘.

솔아 너는 어찌 눈서리를 모르느냐.

지하의 뿌리 곧은 줄을 그것으로 아노라.

[더우면 곳 퓌고 치우면 닙디거놀. 솔아 너는 얻디 눈서리롤 모로는다. 九泉의 블희

고든 줄을 글로 ㅎ야 아노라.]

    소나무는 매화와 대나무와 더불어 '세한삼우歲寒三友'라 불린다.
그 이유는 윤선도의 지적처럼 눈서리에도 잎이 시들지 않기 때문이
다. 윤선도가 소나무를 칭찬한 또 하나의 이유는 곧은 뿌리 때문이
었다. 소나무의 특징 가운데 하나가 직근성直根性이다. 직근성은 하
나의 뿌리를 거의 직각으로 땅에 내리는 것을 말한다. 직각으로 땅
에 뻗은 뿌리는 소나무가 균형을 잡는 데 중요한 역할을 담당한다.
그래서 소나무는 옮겨 살기가 어렵다. 선비들은 소나무의 이러한
특성을 존경했다. 그러나 소나무의 잎도 2년마다 떨어진다는 사실
을 알아야 한다. 《논어》〈자한〉에서 공자도 "날씨가 추운 뒤에야 소
나무와 측백나무가 뒤에 시든다는 것을 안다"고 말했다. 윤선도가
말한 '식물은 더우면 꽃피운다'는 내용도 식물학적으로 본다면 어
불성설이지만 자신이 처한 상황에서 이야기한 내용이라는 사실로
받아들일 수밖에 없다. 윤선도의 대나무 예찬은 다음과 같다.

대나무[竹]

나무도 아닌 것이 풀도 아닌 것이

곧기는 뉘가 시켰으며 속은 어이 비었는가.

저렇게 사시에 푸르니 그를 좋아하노라.

[나모도 아닌거시 플도 아닌 거시. 곳기는 뉘 시기며 속은 어의 뷔연는다. 뎌러코

四時예 프르니 그를 됴하ᄒᆞ노라.]

윤선도가 대나무의 정체성을 제기한 것은 의미심장하다. 현재 대
나무는 식물학적으로 나무와 풀을 구분하는 리그닌lignin, 즉 목질
소木質素가 없기 때문에 풀이다. 그런데도 식물학자들은 '대'를 '나
무'로 분류하고 있다. 대나무는 애초에 목질소를 가지고 있었지만
진화과정에서 풀로 성질이 바뀌었다. 대나무는 풀이기 때문에 죽순
의 크기가 곧 나무의 부피다. 대나무와 관련해서 한 가지 유의할 것
은 대나무는 나무의 이름이 아니라 대나무의 '군群'을 일컫는 단어
라는 사실이다. 쉽게 말해 지구상에 '대나무'는 없다. 흔히 말하는
대나무는 맹종죽·왕죽·오죽·해죽·산죽 등을 통칭하는 단어다.
　대나무의 곧은 모습은 윤선도가 좋아하는 이유 가운데 하나다.
대나무의 곧음은 마디가 만들어준다. 그래서 대나무의 마디는 '절
개節介'라는 단어를 낳았다.
　대나무의 이름과 관련해 꼭 기억할 단어는 '차군此君'이다. 이 말
은 중국의 동진시대 서성書聖으로 불리는 왕희지의 아들인 왕헌지
가 대나무를 아주 좋아해 남의 집에 잠시 기거할 때마다 대나무를

윤선도가 사랑한 대나무의 곧은 모습. 윤선도는 대나무에게서 '절개節介'라는 정체성을 제기했다. 사물에 대한 인격화는 성리학적으로 보자면 '공부'에 해당한다.

심도록 하면서 "어찌 하루라도 이분[此君]이 없을 수 있겠는가?"라고
한 데서 유래했다. 이 같은 대나무의 이름은 남명 조식이 김해 산해
정에서 지은 아래 시에서 확인할 수 있다.

種竹山海亭

종죽산해정種竹山海亭

대나무가 외로운가, 외롭지 않은가?

소나무와 이웃이 되었네.

풍상 치는 때 보려고 하지 말게나

살랑거리는 모습 속에 참된 뜻 보겠네.

[此君孤不孤 髥未則爲隣. 莫待風霜看 潚潚這見眞.]

마지막으로 윤선도는 〈오우가〉 중에서 달을 다음과 같이 읊었다.

달[月]

작은 것이 높이 떠서 만물을 다 비추니

밤중의 광명이 너만한 이 또 있느냐.

보고도 말 아니하니 내 벗인가 하노라.

[쟈근거시 노피 떠셔 萬物을 다 바취니. 밤듕의 光明이 너만ᄒ니 또 잇느냐. 보고
도 말 아니ᄒ니 내 벋인가 ᄒ노라.]

윤선도는 밤에 만물을 비추는 달을 사랑했다. 달은 윤선도만이 아
니라 중국 당나라 이백의 비롯해 수많은 시인이 사랑한 대상이었다.

나는 특히 달빛이 만들어내는 나무의 그림자를 무척 좋아한다. 낮에 해가 만드는 나무의 그림자도 아름답지만 달빛에 생긴 그림자는 마른 마음을 한층 촉촉하게 만든다. 〈오우가〉가 들어 있는《산중신곡》이 윤선도의 걸작이라면, 그가 쉰아홉 살 때 지은《산중속신곡山中續新曲》은 신곡의 흥을 더한다.

어부의 사계절을 작품에 담다

보길도의 부용동은 윤선도의 작품 가운데 최고의 걸작으로 꼽히는 〈어부사시사〉를 지은 현장이다. 이 작품은 어부의 노래를 사계절로 만든 것이다. 내가 다니던 중학교에서는 시조 100수를 기본으로 외웠다. 한 편의 시조를 다 외울 때까지 교실에 남아 있어야만 했다. 〈어부사시사〉의 경우는 수업시간에 일어나서 외우는 시험을 쳤다. 그 당시에는 시조의 멋을 모르면서 무조건 외웠지만 지금 다시 윤선도의 작품을 읽으니 맛이 완전히 다르다. 특히 〈어부사시사〉의 경우 보길도 부용정을 직접 눈으로 본 뒤에 작품을 읽으니 내용도 쉽게 이해할 수 있다.

보길도는 윤선도가 제주도에 가면서 풍랑을 만나 정착한 곳이다. 보길도는 제주도에 왕래하는 사람이 바람을 피하는 곳이기도 했지만 왜적의 소굴이기도 했다. 〈어부사시사〉는 윤선도가 이곳에서 예순다섯 살 때 지은 작품이다. 〈어부사시사〉는 사계절을 각각 열 편씩 노래했으니 전체 마흔 편이다. '봄노래' 중에서 나의 관심을 끄는 작품은 버들꽃이 등장하는 일곱 번째 작품이다.

어부사시사(부분)

석양이 기울었으니 그만하고 돌아가자.

돛 내려라 돛 내려라.

물가의 버들꽃은 고비고비 새롭구나.

찌거덩 찌거덩 어야차

정승도 부럽잖다 온갖 일 생각하랴.

[夕陽이 빗겨시니 그만ᄒ야 도라가쟈. 돋디여라돋디여라. 岸柳汀花ᄂ고븨고븨

새롭고야. 至匊窓 至匊窓 於思臥. 三公을 불리소냐 萬事를 ᄉᆡᆼ각ᄒ랴.]

봄에 피는 버드나무꽃은 꽃가루를 싫어하는 사람들에게는 고통을 안겨주지만 그렇지 않은 사람들에게는 더없는 축복을 선사한다. 나는 수양버들 꽃을 무척 사랑한다. 바람에 흔들리는 수양버들 가지도 가슴이 벅차게 하지만 거기에 꽃을 더하면 가슴이 벅차다 못해 터질 것만 같다. 윤선도도 버드나무를 무척 좋아했던지 여름을 읊은 다섯 번째 작품에서 "버들숲이 우거진 곳에 조각돌이 가득하다"고 노래했다.

윤선도는 파란만장한 삶을 보냈지만 당시에는 아주 드물게도 여든다섯까지 살았다. 그가 죽은 곳은 가장 행복한 시간을 보냈던 보길도 부용동 낙서재다. 윤선도는 쉰여섯 살 때 보길도에 노닐면서 낙서재에서 우연히 시상이 떠올라 다음과 같이 노래했다.

낙서재에서 우연히 시상이 떠올라서[樂書齋偶吟]

청산을 보면서 거문고 소리 들어

세상의 어떤 일이 마음에 드나.

이 마음에 큰 뜻을 아는 사람 없어

미친 듯이 한 곡조를 홀로 읊네.

[眼在青山耳在琴 世間何事到吾心. 滿腔浩氣無人識 一曲狂歌獨自唫.]

윤선도는 보길도에서 죽었지만 고산孤山에서 태어났다. 그가 태어
난 고산은 서울 근교 한강 자락, 지금의 경기도 남양주 수석동의 산
이다. 윤선도가 고산에 처음 간 것은 나이 예순여섯 때였다. 그는 고
산에 처음 온 느낌을 〈처음 고산에 와서 지음[初到孤山偶吟]〉에 남겼
다. 고산에는 소나무숲이 있었다. 그는 예순여섯 살 때 이곳에서 거
문고와 피리 소리를 듣고 〈고산송림문금적유감孤山松林聞琴篴有感〉 시
를 지었다. 고산은 홍수에도 잠기지 않을 만큼 좋은 위치에 있었다.
그는 일흔세 살 때 고산에 대한 고마움을 다음과 같이 드러냈다.

고산만은 항복하지 않네[孤山獨不降]

큰 물결 일어나 푸른 바다같이 넓어져

큰 벌판인지 큰 강인지 분간할 수 없구나.

어찌해서 이 산만은 침몰해 잠기지 않는지

천만의 작은 언덕들은 늘어서서 항복하듯 조회하고 있네.

[滄浪便作青溟闊 莫辨長郊與大江. 底事玆山不埋沒 千岡萬皐忽駢降.]

고산 윤선도의 자연에 대한 관심과 사랑은 세상 사람들과 적잖게 불편한 관계를 겪으면서 형성되었다. 그가 사람 사이의 관계에서 겪은 갈등은 조선시대 사대부 중에서도 보기 드물게 수차례 유배 생활을 겪었던 데서도 알 수 있다. 그래서 윤선도는 사람에 실망한 나머지 사람과 달리 실망을 안겨주지 않는 자연생태에 더욱 관심을 가졌던 것이다. 나는 윤선도가 일흔네 살 때 지은 아래 작품에서 그의 인생관을 확인했다.

병환 중에 고산으로 돌아올 때 배 위에서 감회를 읊음[病還孤山舡上感興]

물고기와 새는 그냥 서로 친하고

강산의 빛깔이 참 아름답구나.

인심이 사물의 뜻과 같다면

사해가 모두 봄을 함께하리라.

사람 사는 세상에 참 벗이 적으나

자연 속에 벗들이 많구나.

벗이란 또한 무엇일까

산에 사는 새와 산에 사는 꽃이로다.

[魚鳥自相親 江山顏色眞. 人心與物意 四海可同春. 人實知已少 象外友于多.

友于亦何物 山鳥與山花.]

차나무의 강직함을
닮으려던 성리학자

● 김종직과 차나무

....

차茶는 성리학의 목적 가운데 하나인 '수양'의 대상이었다. 차나무를 만나는 것은
단순히 한 그루의 나무를 만나는 것이 아니라 선비정신과 마주하는 것과 같다. 선
비정신은 자신을 위하는 일이 곧 천하를 위하는 일임을 깨닫고 실천하는 자세다.

....

김종직의 차茶 수양법

우리나라의 차나무는 주로 경상남도 하동 쌍계사 주변이나 전라남
도 보성군을 중심으로 살고 있다. 그래서 우리나라 찻잎의 대부분
도 이들 지역에서 생산한다. 나는 나무를 공부하면서 꽤 오래 전에
차나무와 관련한 문화를 책으로 엮어 출판했다. 그 당시에는 아직
차나무에 대한 공부가 상당히 부족했다. 물론 지금도 차나무에 대
한 공부가 많이 부족하지만 이전과 비교하면 훨씬 많은 정보를 얻
었다. 그중에서도 우리나라의 이른바 차인茶人과 전국의 차나무 재
배 지역을 찾아다니면서 차에 대한 지식을 많이 얻을 수 있었다.

　점필재 김종직은 영남 사림파의 핵심인물이다. 그는 한훤당 김굉

필과 일두 정여창 등의 제자들에게 늘 《소학小學》을 강조했다. 《소학》은 인간의 삶에 필요한 가장 기본적인 내용을 담고 있다. 김종직이 자신은 물론 제자들에게 《소학》을 강조한 것은 기본의 중요성을 강조하기 위해서였다. 그의 호인 점필재의 '점필'은 '책을 엿본다'는 뜻이다. 즉 '점필'은 책의 글자만 읽을 뿐 그 깊은 뜻은 알지 못한다는 의미다. 이는 주인공이 자신을 낮추어서 표현한 것이다. 김종직은 조선의 차문화사에서도 빼놓을 수 없는 핵심인물이다.

김종직에게 차는 성리학 목적의 하나인 수양의 대상이었다. 특히 김종직은 함양군수 시절 이 지역 백성들의 차세茶稅를 덜어주기 위해서 함양군 휴천면 동호마을 엄천사지 근처에 관영차밭을 조성했다. 나는 혜산서원과 밀양의 김종직 유적지를 찾기 전, 학생들과 함께 관영차밭을 다녀왔다. 당시 차밭에는 하얀 꽃이 피었을 뿐 아니라 열매도 달려 있었다. 그래서 차나무를 열매와 꽃이 만나는 '실화상봉수實花相逢樹'라 부른다. 김종직의 〈다원茶園〉 시에서 당시 차밭의 상황을 알 수 있다.

다원

신령한 차 싹 올려 성군의 장수를 기리고자 하는데

신라 때의 남긴 종자 오랫동안 찾지 못하다가

지금에야 지리산 밑에서 채취하고 보니

장차 우리 백성 조금이라도 힘 펼 것을 생각하니 기쁘네.

[欲奉靈苗壽聖君 新羅遺種久無聞 如今撷得頭流下 且喜吾民寬一分.]

엄천사지 차밭. 김종직은 함양군수 시절 이 지역 백성들의 차세茶稅를 덜어주기 위해 관영차밭을 조성했다.

죽림 밖 황량한 동산 두어 이랑 언덕에

붉은 꽃 검은 부리가 언제 무성할까.

다만 백성이 가난해서 생긴 병을 치유하게 할 뿐이요

싸라기 같은 차싹 바구니에 담아 임금에게 진상하길 바라지 않네.

[竹外荒園數畝坡 紫英烏觜幾時誇. 但令民療心頭肉 不要籠加粟粒芽.]

동호마을 앞 공터에 조성한 차밭은 김종직이 만든 관영차밭을 상징적으로 보여주기 위한 노력이지만, 뭔가 어설픈 느낌을 지울 수 없다. 차나무의 특성을 고려하지 않은 채 평지에 조성했기 때문이다. 김종직의 시에서 알 수 있듯이 당시의 차나무는 언덕에 살고 있었을 뿐 아니라 대나무숲 근처에 있었다. '죽로차竹露茶'에서 알 수 있듯이 차나무와 대나무는 밀접한 관계가 있다. 따라서 차밭은 마을 뒤편 산자락에 조성해야만 한다. 차밭 조성에 필요한 땅을 구입하는 데 어려움이 있었는지 알 수 없다. 그러나 의지만 있다면 얼마든지 가능했을 것이다. 더욱이 동호마을 뒷산 전체를 차밭으로 조성해서 마을의 주요 소득으로 삼아도 손색없을 것이다.

차나무의 숭고한 삶을 추억하다

김종직은 경상남도 밀양에서 태어났다. 밀양에 그의 생가와 묘소가 있다. 나는 학생들과 함께 혜산서원에 이어 김종직의 유적지를 찾았다. 그의 생가는 부북면 제대리에 위치한 추원재고, 묘소는 추원재 뒤편이다. 김종직의 부모 묘는 추원재에서 조금 떨어진 곳에 있다. 나는 학생들과 추원재를 다녀온 뒤로 여러 차례 다시 추원재를 찾았다. 추원재는 아주 깊숙한 곳에 자리 잡고 있어서 찾는 사람이 드물다. 온종일 그곳에 있어도 한두 사람 방문할까 말까 한다. 주말도 평일과 크게 다르지 않아 찾는 발걸음이 아주 드물다.

추원재는 성리학자의 공간답게 아주 아담하고 고즈넉해서 들어가는 순간 고향에 온 것처럼 마음이 편안하다. 마당 오른편에는 한 그루 감나무가 살고 있다. 듬성듬성 자란 풀 위에 감꽃이 떨어지면 주워서 팔찌와 목걸이를 만들 수 있다. 나는 이곳의 감꽃을 주워 만든 목걸이를 아직도 연구실에 간직하고 있다.

감꽃을 말려 만든 목걸이. 추원재 마당 오른편에는 감나무가 산다. 듬성듬성 자란 풀 위에 떨어진 감꽃으로 팔찌와 목걸이를 만들 수 있다.

　추원재에서 잊을 수 없는 기억은 비오는 날 이곳에 들러 다락방에서 차를 마신 일과 김종직 선생의 묘소에 헌다한 일이다. 추원재의 다락방은 청소를 하지 않아 앉기조차 어렵다. 그러나 신문지를 깔고 앉아 차를 마시면 더는 바랄 것이 없다. 특히 다락방의 문틈으로 바라보는 추원재의 마당은 가슴이 벅차서 감당할 수 없을 만큼 아름답다. 나는 다락방에서 차를 마시며 느낀 감동을 주체할 수 없어서 다음과 같은 시를 지었다.

　기억과 추억 사이
　기억합니다.

9년 동안 동굴에서 수행하던
달마대사의 눈썹에서 태어나

그리움으로 하얀 꽃을 피우다가
끝내 하늘을 닮은 열매를 만나

사랑에 목마른 사람들의 마음을 적셔주는
차나무의 숭고한 삶을.

잎을 가장 먼저 딴 차茶
일을 가장 늦게 딴 명茗
잎이 세상에서 가장 향기로운 설蔎을
그대와 함께
추억합니다.

　추원재 담 사이에는 향나무가 살고 있다. 향나무 앞에는 우물이
있다. 공자를 상징하는 향나무가 추원재가 살고 있는 것은 당연하
지만 향나무의 삶의 터전이 매우 척박해서 보는 사람으로 하여금
측은지심을 자극한다. 그래도 자르지 않고 살려둔 것만으로도 다
행스러운 일이다.
　추원재 대문 안쪽 서쪽에 살고 있는 장미과의 모과나무는 김종
직의 성품만큼이나 강직한 나무다. 모과는 '나무의 오이'를 뜻하는

'목과木瓜'에서 온 말이다. 중국 사람들은 모과나무의 열매를 '나무에 달린 오이'로 생각했던 것이다. 봄철에 추원재를 찾으면 모과나무가 잎과 꽃을 만들기 위해 줄기의 물관세포로 물을 올리는 모습을 볼 수 있다. 다른 나무들은 잎과 꽃을 만드는 과정을 눈으로 볼 수 없지만 모과나무는 훤히 볼 수 있다. 나는 추원재에 들릴 때마다 모과나무 가지 사이로 추원재 건물을 바라보곤 한다. 나무 사이로 추원재를 바라보면 마루에 앉아 있는 아름다운 사람이 눈에 들어오기 때문이다.

나는 추원재를 뒤로하고 길을 나서다가 마을 입구 느티나무에 잠시 머무른다. 느티나무에서 추원재 방향으로 바라보면 소나무숲에 안긴 김종직 선생의 묘소가 눈에 들어온다. 그러면 소나무잎이 나의 정수리에 꽂힌다. 죽은 후에도 부관참시당한 김종직의 아픔이 바늘잎을 통해 내 몸으로 들어왔다. 그때 나는 1498년 제자 김일손金馹孫이 스승의 〈조의제문弔義帝文〉을 사초史草에 넣은 것이 발단이 되어 일어난 무오사화를 다시 생각했다. 무오사화戊午史禍는 조선시대 '4대 사화' 중에서 유일하게 역사 '사史'를 사용하는 비극의 역사였다.

내가 군이 무오사화를 떠올리는 것은 〈조의제문〉이 중국의 항우項羽가 죽인 의제義帝와 관련한 중국사이기 때문이다. 무오사화로 김종직과 관련한 김일손은 죽고, 제자인 정여창과 김굉필은 큰 피해를 입었다. 그런데 무오사화는 운명의 장난처럼 나의 고향이 김굉필의 후광을 입는 계기가 되었다. 김굉필의 둘째 아들이 무오사화를 피해 나의 고향으로 와서 성리학을 보급했기 때문이다. 내가 성리학에 관심을 가질 수 있었던 것도 김종직의 부관참시와 결코 무관하지 않다.

김종직을 추모하는 공간, 예림서원

추원재가 김종직의 탄생 및 죽음을 기념하는 공간이라면, 추원재에서 얼마 떨어지지 않은 곳에 위치한 예림서원은 김종직의 추모기념공간이다. 예림서원은 지방의 유림들이 1567년 김종직의 덕행과 학문을 추모하기 위해 세운 덕성서원을 1669년 사액받은 이름이다. 성리학에서 김종직을 높이 평가하는 것은 포은 정몽주鄭夢周, 야은 길재吉再, 부친 김숙자金叔滋를 계승한 조선의 도학道學 정신을 몸소 실천했을 뿐 아니라 이른바 '동방오현東方五賢', 즉 김굉필·정여창·조광조趙光祖·이언적·이황 가운데 김굉필과 정여창을 가르친 위대한 스승이었기 때문이다. 아울러 조광조가 김굉필의 제자라는 점을 감안하면 동방오현 가운데 세 명이 김종직과 인연을 맺고 있다. 따라서 조선의 성리학에서 김종직을 빼놓고 이야기할 수 없을 만큼 그의 업적은 위대하다. 인간의 업적 중에서 가장 위대한 것은 인재 양성이다. 김종직은 진정 인간다운 인간을 배출한 위대한 스승의 표본이다.

예림서원의 독서루는 좀 독특한 이름이다. 서원의 루 이름은 주로 유교 경전에서 빌리거나 성리학의 정신을 드러내는 단어를 사용한다. 그런데 독서루讀書樓는 기존 서원에서 사용하는 이름과 달리 아주 평범하다. 독서루는 평생《소학》을 강조한 김종직의 정신을 잘 드러내고 있다. 독서루에 올라 서원을 바라보면 가장 먼저 계단 오른편에 한 그루 소나무가 눈을 푸르게 한다. 서원 경내에 소나무가 살고 있는 사례도 흔하지 않다. 예림서원의 강당인 구영당 앞에는 매실나무가 살고 있다. 강당에 앉아 다시 독서루를 바라보면 김종직의 뜻을 계승하고자 하는 학생들이《소학》을 읽는 소리가 쩌렁쩌렁 귀에 들리는 것 같다.

김종직이 제자들에게 당시 삶에 가장 기본적인 내용을 담고 있는《소학》을 강조한 것은 그것이 가정과 국가를 유지하는 근본이었기 때문이다. 김숙자와 김종직 부자의 행적을 기록한《이준록彝尊錄》의 목판본이《점필재문집佔畢齋文集》의 목판본과 함께 예림서원에 보관되어 있다. 나는 서원으로 나와 다시 독서루 앞의 느티나무에서 서원을 바라보았다. 나는 예림서원 앞의 느티나무를 보면서 경상남도 함양군 함양초등학교 앞의 함양학사루느티나무(천연기념물 제407호)를 떠올렸다. 함양학사루느티나무는 김종직이 아들을 잃은 뒤 심은 나무로 알려져 있다. 나는 아들을 잃은 김종직이 나무를 심었다는 이야기에 무척 감동했다. 이곳의 느티나무는 우리나라 천연기념물 느티나무 중에서 가장 건강하다. 김종직이 죽어서도 가슴에 묻은 자식 같은 느티나무가 오래오래 살길 기도하기 때문일지도 모른다.

차나무의 직근성과 선비의 강직함

대구로 돌아오는 길에 경상남도 밀양시 상외면 다죽리에 위치한 혜
산서원에 들렀다. 혜산서원은 일직一直 손씨孫氏 가운데 5현賢을 모
시던 곳이다. 특히 혜산서원은 수양대군首陽大君의 계유정난癸酉靖難
에 분개해 고향으로 돌아와 학문에 전념한 손조서孫肇瑞를 모시던
서산서원을 중건한 곳이다. 서원 주변에는 차나무가 제법 많이 살
고 있다. 그중에서도 혜산서원 내의 차나무는 일직 손씨 밀양 입향
조인 손관孫寬이 지금의 산청군 단성면에서 진성현감을 할 때 가져
와서 심은 것이다. 600살의 차나무는 우리나라에서도 아주 보기
드물 만큼 나이가 많다. 더욱이 고택 안의 차나무는 하동이나 보성
의 넓은 차밭과 다른 느낌을 준다. 나는 학생들과 이곳을 찾아 가장
먼저 차나무에게 정중하게 인사했다. 600년 동안 한곳에 살고 있
는 나무는 분명 위대한 스승이기 때문이다.

특히 손관과 손관의 맏이 손조서와 관련한 공간에서 차나무를
만나는 일은 단순히 한 그루의 나무를 만나는 것이 아니라 선비정
신을 마주하는 것과 같다. 선비정신은 자신을 위하는 일이 곧 천하
를 위하는 일임을 깨닫고 실천하는 자세다. 손관이 굳이 차나무를
가져온 것은 이 나무의 특성과 자신의 생각을 맞추고 싶었기 때문
일지도 모른다. 차나무는 '직근성'이다. 그래서 옮겨 심는 것을 꺼린
다. 딸을 출가시킬 때 부모가 차씨를 주는 것도 변함없이 시댁에서
잘살길 바라는 뜻을 담고 있다.

혜산서원 앞에는 다원재茶院齋가 있다. 다원재 내에는 다원서당茶

차나무 열매. 차나무는 '직근성'이 특징이다. 하나의 뿌리를 거의 직각으로 땅에 내리는 것이다.
선비들은 나무의 이러한 특성을 강직하다 여겨 존경했다.

院書堂도 있다. 조상에게 한 잔의 차를 올리는 일은 최고의 공경이다.
우리나라 서원 가운데 혜산서원처럼 나이 많은 차나무가 있는 사
례도 드물지만 다원재와 같은 공간도 찾아보기 어렵다. 따라서 혜
산서원과 다원재는 우리나라 성리학자의 차문화를 이해하는 데 매
우 중요한 공간이다. 내가 혜산서원의 차나무를 다른 차밭보다 자
주 찾은 이유도 이 점 때문이다.

　혜산서원과 다원재에는 차나무 외에도 선비정신을 상징하는 나
무들이 살고 있다. 두 공간에 살고 있는 매화·배롱나무·향나무·
동백나무·소나무·전나무 등도 차나무와 더불어 선비정신을 담고
있다.

혜산서원. 이곳 혜산서원 내의 차나무는 일직 손씨 밀양 입향조인 손관이 진성현감 때 가져와서 심은 것이다. 손관이 굳이 차나무를 가져온 것은 이 나무의 특성과 생각을 맞추고 싶었기 때문일 것이다.

세상 모든 일은
힘쓰는 데 달렸다

● 김득신과 잣나무

김득신金得臣은 스스로 어리석은 줄 알면서도 자신의 한계를 예단하지 않고 부지런히 공부해 나름대로 이룬 바가 있다. 그는 겨우 열 살에 이르러서야 글을 읽혔지만 끝까지 포기하지 않고 스스로를 한계 짓지 않았다. 이러한 그의 노력이 결국 그를 당대 제일의 지식인으로 이끌어주었다.

스스로를 한계 짓지 말라

어린 시절 천연두를 앓던 백곡栢谷 김득신에게 주변 사람들은 '둔하니 공부하지 말라' 했다. 이 이야기를 읽는 순간 가슴이 먹먹했다. 천연두에 걸린 것도 서러운데 공부조차 하지 말라고 했으니, 그런 이야기를 들은 김득신의 심정이 어떠했을지 이해할 수 있었기 때문이다. '둔하니 공부하지 말라'고 하지 않고, '둔하니 더욱 열심히 해라'고 할 수는 없었을까. 왜 둔한 사람은 공부를 하지 말아야 하는지, 왜 둔하지 않은 사람만 공부해야 하는지 설명하지 않은 채, 그냥 '너는 둔하니까 공부하지 말라'고 한다면 누가 납득할 수 있겠는가. 공부하는 방법을 일러주어야 둔한 사람도 살아갈 수 있지 않는가 말이다.

　김득신의 삶을 접하면서 석사과정을 졸업한 후 더는 공부하지 말라던 나의 지도교수의 이야기가 다시 들리는 것 같았다. 김득신은 주변 사람들의 이야기에 아랑곳하지 않고 목숨을 걸고 공부하기 시작했다. 《백곡집栢谷集》 부록 〈가선대부동지중추부사안풍군김공묘갈명병서嘉善大夫同知中樞府事安豐君金公墓碣銘幷書〉에는 김득신이 자신의 한계를 어떻게 극복했는지 설명하고 있다.

　　학문에 힘쓰는 자는 재주가 남만 못하다고 스스로 한계 짓지 말라.

　　나보다 어리석고 둔한 사람도 없겠지만

　　결국 이룸이 있었다.

　　모든 것은 힘쓰는 데 달렸을 뿐이다.

　　[勉學者無以才不猶人自畫也. 莫魯於我 終亦有成. 在勉强而已.]

　내가 김득신의 삶에 관심을 가진 것은 그가 스스로 어리석은 줄 알면서도 한계를 예단하지 않고 부지런히 공부해서 나름대로 이룬 바가 있었기 때문이다. 김득신은 열 살에 이르러서야 겨우 글을 익혔지만 익힌 글을 돌아서면 잊어버릴 만큼 둔했다. 그러나 그는 지금 조선시대 최고의 시인으로 평가받고 있다. 나의 석사과정 지도교수가 나에게 더는 공부하지 말라고 한 것도 당시 나의 수준으로는 도저히 학문할 재주가 보이지 않았기 때문이었을 것이다.

　김득신이 끝까지 포기하지 않고 자신의 능력을 발휘할 수 있었던 데는 아버지 남봉南峯 김치金緻의 격려가 아주 큰 역할을 했다. 아들 김득신이 처음으로 시를 짓자 김치는 덩실덩실 춤을 추고는 '열심히 하면 반드시 대기만성하리라' 하면서 격려하고 또 격려했다. 김득신의 아버지는 스무 살에 문과에 급제할 만큼 젊어서부터 능력이 뛰어났다. 김치의 아버지 김시회金時晦도 스물다섯 살 때 문과에 급제했다. 그런데도 김득신의 아버지는 우둔한 아들의 능력을 끝까지 믿고 격려했다.

김득신이 김시민金時敏 장군의 손자라는 사실을 주목하고 싶다. 김득신이 김시민의 손자였던 것은 나라를 위해 목숨 바친 김시민이 자식 없이 돌아가자 문중에서 김득신의 아버지 김치를 양자로 삼았기 때문이다. 그래서 김득신은 김시민 장군의 손자가 되었다.

김득신의 공부법

김득신의 공부법은 오로지 반복 연습뿐이었다. 그는 금방 읽은 것도 돌아서면 잊을 만큼 기억력이 약했다. 그는 자신의 기억력을 잘 알고 있었기 때문에 오로지 같은 내용을 읽고 또 읽어야만 했다. 김득신의 이러한 공부법을 '다독多讀'이라 한다. 조선시대의 다독은 같은 내용을 반복해서 읽는 것을 의미했다.

나는 김득신의 공부법을 생각하면 학교 다닐 적에 늘 나에게 일러주신 아버지의 말씀이 떠오른다. 아버지께서는 특별히 공부를 강조하지 않았지만 간혹 "공부하다가 모르면 두 번 보고, 두 번 보고 모르면 세 번을 보아라"고 말씀하셨다. 아버지도 내가 당신을 닮아 기억력이 아주 좋지 않다는 것을 잘 알고 계셨던 것일까. 나는 평소에도 상처를 받을 만큼 큰일이거나 강한 인상을 받은 경우가 아니면 잘 기억하지 못한다.

다독을 가장 먼저 강조한 사람은 공자였다. 다독의 중요성은《논어論語》〈학이學而〉 첫 구절 "배우고 때로 익히면 또한 기쁘지 않겠는가[學而時習之不亦說乎]?"에서 확인할 수 있다. 이 구절은 공자의 제자들이 스승의 말씀을 정리하면서 가장 먼저 소개한 글이다. 내가 이 구절을 다독의 원류라 여기는 것은 시습의 '습習' 때문이다. '습'은 새가 태어나 날갯짓하면서 어미와 소통하기 위해서 소리 내는 모양의 글자다. 공부하면서 '익힌다'는 것은 어린 새처럼 같은 동작을 수천, 수만 번씩 반복하는 과정을 의미한다. 김득신은 철저하게 공자의 다독법을 실천했다. 그러나 나는 기억력이 좋지 않으면서도 김득신처럼 실천하지 못하고 있다. 다만 글쓰기로 기억력의 한계를 극복하고 있다.

김득신이 가장 많이 다독한 글은 중국 사마천《사기史記》의 〈백이열전伯夷列傳〉이었다. 그는 〈백이열전〉을 1억 3,000번 읽었다. 김득신이 〈백이열전〉을 읽은 사실은 순암 안정복의《순암집順菴集》〈상헌수필하橡軒隨筆下〉에서 확인할 수 있다.

백곡 김득신이 있으니 자가 자공子公이다. 성품이 어리석고 멍청했으나 글 읽기만은 좋아해 밤낮으로 책을 부지런히 읽었다. 고문은 만

번이 되지 않으면 중지하지 않았다. 특히 〈백이열전〉을 좋아해서 무려 1억 1만 8,000번을 읽었기 때문에 그의 소재小齋를 '억만재億萬齋'라 불렀다.

다산 정약용도 김득신의 독서에 큰 관심을 가졌다. 그러나 정약용은 《다산시문집茶山詩文集》〈변辨〉에서 김득신의 독서량에 대해서는 의심했다.

김백곡金柏谷은 그의 《독서기讀書記》에 자기가 읽었던 여러 책의 읽은 번수番數를 기록했다. 《사기》〈백이열전〉의 경우 무려 1억 3,000번을 읽었다고 한다. 우리나라 사람들은 편遍을 일러 번番이라 한다. 그리고 사서삼경·《사기》·《한서漢書》·《장자》·한문韓文 등의 여러 책 중에서도 어떤 것은 6, 7만 번씩이나 읽었으며, 적게 읽은 것도 수천 번씩은 읽었다고 한다. 그러고 보면 글자가 있은 후로 상하上下 수천 년과 종횡縱橫 3만 리를 통틀어도 독서에 부지런하고 뛰어난 사람으로 당연히 백곡을 으뜸으로 삼아야 할 것이다. 비록 깊이 생각해보건대, 독서를 잘하는 선비라면 하루에 〈백이열전〉을 100번은 읽을 것이다. 그렇다면 1년에 3만 6,000번은 읽을 수 있어서 3년을 계산하면 겨우 1억 8,000번을 읽을 수 있겠으나, 그사이에 질병의 우환과 왕래의 문답이 어찌 없을 수 있겠는가. 더구나 백곡으로 말하면 독실하게 실천하는 군자였으니, 그가 어버이를 효도로 섬기되 혼정신성昏定晨省(조석으로 부모의 안부를 물어서 살피는 일)과 도규수수刀圭漱瀡(부모의 질병을 잘 간호하는 일과 맛있는 음식으로 봉양하는 일)의 공양도 모두 충분히 날짜를 허비했을 것이고 보면 4년이 아니고는 1억 1만 3,000번을 읽을 수가 없다. 이와 같은 〈백이열전〉만 해도 벌써 4년의 세월이 필요한데 어느 겨를에 여러 책을 저토록 읽었단 말인가. 나는 생각건대 〈독서기〉는 백곡이 직접 쓴 것이 아니라 그가 작고한 뒤에 누가 그를 위해 그 전해 들은 말을 기록한 것으로 여겨진다. 백곡의 다음 시가 이 사실을 입증한다.

한유 문장 사마천《사기》1,000번을 읽고서야
금년에 겨우 진사과에 합격했네.
[韓文馬史千番讀 董捷今年進士科.]

아울러 이른바 한문韓文·마사馬史라 한 것도 선본選本을 말한 것이요, 전부는 아닌 것이다. 그러나 또한 장하다고 할 만하다.

  정약용은 김득신의 다독에 대해서는 그 실제를 의심했지만 대단한 인물임을 인정하는 데는 인색하지 않았다. 그런데 정약용의 주장 중에는 김득신의《백곡집》원문과 다른 점이 있다. 김득신이 직접 쓴 것인지의 여부를 떠나 정약용이 인용한 〈독서기〉는 〈고문삼십육수독수기古文三十六首讀數記〉가 원제목이다. 아울러 정약용은 김득신이 〈백이열전〉을 1억 3,000번 읽었다고 했으나 원문에는 1억 1만 1,000번이라 적혀 있다. 이처럼 김득신의 독서에 대해서는 사람마다 의견이 조금씩 다르다. 훗날 유명 인사들이 김득신에게 관심을 보이고 있다는 것은 그만큼 그가 후세에 미친 영향이 크다는 것을 증명한다.

김득신은 환갑의 나이 즈음에 중국 당나라 한유의 문장과 사마천의 사기를 1,000번 읽고 난 후 과거시험 가운데 진사과에 합격했다. 요즘 간혹 만학도들이 대학에 입학하는 경우도 있지만 조선시대에 환갑 나이에 과거시험에 합격한 사람은 아주 드물었다. 그만큼 김득신은 다른 과거 응시자들에 비해 능력이 부족했다. 그러나 그는 자신의 한계를 극복하면서 조선시대 최고의 시인으로 평가받고 있다. 효종 임금은 김득신의 〈용호龍湖〉를 보고 중국 당나라 시에 넣어도 손색이 없다고 평가했다. 이백과 두보가 살았던 당나라는 중국의 시 역사에서 가장 뛰어났다. 따라서 효종이 김득신의 시를 당나라의 시와 대등하게 평가하는 것은 최고의 찬사다.

용호

고목은 찬 구름 속에 있고
가을 산에는 소나기 들이치네.
저무는 강에 풍랑이 일어나니
어부가 급히 배를 돌리네.

[古木寒雲裏 秋山白雨邊. 暮江風浪起 漁子急回船.]

스스로 침묵하며 몸을 보존하다

나는 몇 년 전 김득신을 알고 난 뒤 그가 만년을 보낸 충청북도 괴산군 괴산읍 능촌리에 위치한 취묵당을 일곱 번 정도 찾았다. 취묵당은 내가 조선시대 정자 중에서 가장 많이 찾은 곳이다. 이토록 취묵당에 빠진 이유는 김득신의 삶에 심취한 탓도 있지만 이곳으로 가는 길과 취묵당의 주변 풍경이 정말 아름답기 때문이다. 김득신의 《취묵당기醉黙堂記》에 따르면, 그가 괴산과 인연을 맺은 것은 그의 아버지 김치가 1601년에 괴산에 머물면서였다. 김득신은 1662년 과거에 합격하면서 이곳에 머물렀다. 취묵당을 건축할 당시 주변에는 큰 소나무와 작은 소나무가 아주 많았다. 김득신은 당시 청당태수, 즉 지금의 괴산군수에게 개오동나무 천장千章(1,000그루)을 얻어서 두 칸짜리 집을 지었다. 취묵당은 1663년에 완성되었다.

김득신이 당호를 취묵당이라 지은 것은 세상 사람들이 술에 취해도 침묵하지 않고, 술에 취하지 않아도 침묵하지 않아서, 자신은 술에 취해도 침묵하고, 술에 취하지 않아도 침묵하고자 하는 강한 의지 때문에 붙였다. 그가 굳이 침묵하고자 했던 것은 말 때문에 화를 당한다고 생각했기 때문이다. 김득신이 살았던 시대는 효종이 죽은 후 사대부들의 예송논쟁禮訟論爭으로 정국이 매우 혼란했기 때문이다. 그래서 그는 혼란한 정국에 휩싸이지 않기 위해 스스로 침묵하면서 자신의 몸을 보존했던 것이다.

그는 취묵당을 지은 후 취묵당과 관련한 〈괴협취묵당팔영槐峽醉黙堂八詠〉, 즉 '옹암 바위에서 꽃을 보다[瓮巖看花]', '부처 바위에서 눈을 감

취묵당에서 바라본 괴강. 괴강槐江은 '느티나무 골짜기'란 뜻이다. 취묵당에 올라 괴강을 바라보면 김득신이 읊은 시의 의미를 충분히 느낄 수 있다.

상하다[佛嶽賞雪]', '강 입구의 장삿배[江口商船]', '나루 머리의 고깃배[渡頭漁火]', '들다리의 행인[野橋行人]', '강 모래톱의 놀란 기러기[浦沙驚雁]', '쇠골의 아침 기운[牛峽朝嵐]', '용 연못의 저녁 비[龍湫暮雨]'를 남겼다.

괴산군은 우리나라에서도 노거수 느티나무가 가장 많을 뿐 아니라 느티나무 중에서 가장 나이가 많은 천연기념물이 살고 있는 지역이다. 취묵당이 자리 잡고 있는 곳이 김득신이 읊은 괴협이다. 괴협은 '느티나무 골짜기'라는 뜻이다. 지금은 '괴강槐江'이라 부른다. 이처럼 괴산은 느티나무과 관련한 지명으로 유명하다. 취묵당에 올라 괴강을 바라보면 김득신이 읊은 시를 충분히 느낄 수 있다. 나는 지금도 취묵당에서 마신 괴산의 막걸리를 잊을 수 없다. 특히 비가 멈춘 오후에 안개 자욱한 괴강을 바라보면서 마신 향기로운 차[茶]를 죽을 때까지 잊을 수 없다. 분명 김득신도 아래의 시에서 보듯이 이곳에서 무척 즐거운 시간을 보냈을 것이다.

괴강 여울에서 낚시하다[槐灘釣魚]

삿갓 쓰고 도롱이 입고 돌기둥에 기대어

여울머리에 가랑비가 한 가닥 긴 실처럼 내리네.

때때로 포동포동한 물고기 잡아 집으로 돌아갈 것을 잊어버리고

얼마간의 은빛 물고기를 맛볼 수 있다네.

[戴笠被簑倚石梁 灘頭微雨一絲長. 時時得魚忘歸處 多少銀鱗此可嘗.]

취묵당으로 가는 길은 두 방향이다. 하나는 취묵당을 기준으로 괴강 상류에서 괴강 둑을 따라 취묵당 뒤편으로 가는 방법이고, 다른 방법은 괴강 하류에서 김득신의 할아버지 김시민 장군을 모신 충민사에서 가는 것이다. 나는 일곱 번 모두 충민사 방향에서 취묵당으로 갔다. 굳이 이 방법으로 간 것은 이 길이야말로 취묵당의 정취를 만끽할 수 있을 뿐 아니라, 이곳을 찾을 수 있도록 나라를 목숨 바쳐 지킨 장군의 사당에 인사를 할 수 있기 때문이다. 김시민 장군은 임진왜란 때 진주성 전투에서 3,800명의 병력으로 2만여 명의 왜적을 격퇴한 후 전사했다. 충민사 내에는 그를 기리는 소나무와 독일가문비가 살고 있다. 특히 소나뭇과의 늘푸른 독일가문비는 우리나라 사당에서 좀처럼 보기 어려운 나무다.

당대 최고의 시인과 잣나무

김득신의 진가는 16세기 말에서 17세기 초인 선조에서 인조에 이르는 시기 '한문사대가漢文四大家' 즉, 이정구·장유·이식·신흠 가운데 한 사람이었던 이식이 그를 '당대 제일'이라고 평가하면서 드러나기 시작했다. 김득신의 수많은 시 중에서도 〈구정龜亭〉과 〈농가田家〉가 가장 높이 평가받고 있다.

구정(부분)

맑은 종소리 절집에 은은히 울리고

푸른 안개는 강가의 나무를 적시네.

어부의 도롱이 눅눅해지니

분명 지난밤 비가 왔다는 것을 알겠네.

[清鍾殷佛舍 綠霧沈江樹. 漁客濕蓑衣 應知前夜雨.]

농가

낡은 울타리 밖 늙은이 개에게 소리치고

아이 불러 일찍 문을 닫네.

어젯밤 눈 속의 발자취 보니

분명 호랑이가 마을로 왔다 갔구나.

[籬弊翁嗔狗 呼童早閉門. 昨夜雪中跡 分明虎過村.]

취묵당 주변에는 애초에 많았던 소나무들이 거의 없다. 소나무

충민사에 위치한 독일가문비나무. 김득신의 할아버지인 김시민 장군을 기리기 위해 심은 것이다. 김득신의 호인 백곡栢谷은 할아버지의 정신을 잇겠다는 강한 뜻을 담고 있다.

대신 참나뭇과의 굴참나무와 상수리나무가 울창하다. 이 같은 현상은 세월이 흐르면서 숲의 천이遷移가 일어났기 때문이다.

　나는 김득신의 호인 백곡에서 잣나무를 생각했다. 백곡의 '백'은 중국에서는 측백나무이지만 우리나라에서는 잣나무로 해석한다. 김득신의 호는 할아버지 김시민 장군의 출생지인 목천현 백전동(현 충청남도 천안시 동남구 병천면 가전리 잣밭)에서 빌렸다. 그래서 김득신의 호는 할아버지의 정신을 잇겠다는 강한 뜻을 담고 있다. 충민사의 소나무와 독일가문비는 단순히 김시민 장군을 상징하는 것이 아니라 김득신의 정신도 담고 있다.

- 강희안, 서윤희 · 이경록 옮김,《양화소록》, 눌와, 1999.
- 경상대학교 경남문화연구원 남명학연구소,《면우 곽종석의 학문과 사상》, 술이, 2010.
- 《溪陰集》, 民族文化推進會, 2005.
- 〈금시당 이광진 선생의 시대정신과 그 계승양상〉, 제12차 밀양향현추모학술대회, 밀양문화원, 2016.12.17.
- 金文基 역주,《國譯 蘆溪集》, 亦樂, 1999.
- 《南華經》 乾 · 坤, 學民文化社, 1993.
- 大丘徐氏僉樞公派安東宗會,《蘇湖軒》, 大寶社, 2008.
- 驪州李氏今是堂派宗會,《금시당요람》, 大寶社, 2016.
- 文集編纂委員會,《俛宇先生文集》1, 2권, 景仁文化社, 1990.
- 民族文化推進會 엮음,《谿谷集》, 民族文化推進會, 1992.
- ──,《溪陰集》, 民族文化推進會, 2005.
- ──,《東山遺稿》, 民族文化推進會, 2007.
- ──,《俛宇集》1~5권, 民族文化推進會, 2004, 2005.
- 박세당, 박헌순 옮김,《박세당의 장자 읽기: 남화경주해산보 1》, 유리창, 2012.
- 《栢谷集》, 民族文化推進會, 1993.
- 보경문화사 편집부,《여한십가문초》, 보경문화사, 2011.
- 서울대학교박물관 엮음,《오원 장승업》, 학고재, 2000.

- 徐有榘,《林園十六志》1권, 민속원, 2005.
- ──, 박순철·김영 역주,《임원경제지 만학지》1, 2권, 소와당, 2010.
- 송재소·유홍준·정혜렴 외 옮김,《한국의 차 문화 천년: 조선 후기의 차문화 시》, 돌베개, 2009.
- 안동림 역주,《벽암록》, 현암사, 2014(개정2판).
- 《玉川先生文集》1~3권, 경인문화사, 1996.
- 尹柱玹·朴浩培 엮음,《孤山尹善道文學選集》, 정미문화, 2003.
- 이건창, 송희준 편역,《조선의 마지막 문장》, 글항아리, 2008.
- 이계호, 최강현 역주,《휴당의 연행록》1, 2권, 신성출판사, 2004.
- 이양재,《오원장승업의 삶과 예술》, 해들누리, 2002.
- 조식, 경상대학교 남명연구소 옮김,《남명집》, 한길사, 2001.
- 최완수 외 엮음,《澗松文華: 吾園畵派》제74호, 결, 2008.
- 韓國文獻研究會,《象村集》, 寶蓮閣, 1981.

- 한국고전종합DB(http://db.itkc.or.kr/)

사계절 나무에 담긴 조선 지식인의 삶

나무를 품은 선비

초판 1쇄 인쇄 2017년 6월 15일   초판 1쇄 발행 2017년 6월 22일

지은이 강판권
펴낸이 연준혁

출판 1본부 이사 김은주
출판 4분사 분사장 김남철
편집 이지은
디자인 이세호

펴낸곳 (주)위즈덤하우스 미디어그룹 **출판등록** 2000년 5월 23일 제13-1071호
주소 경기도 고양시 일산동구 정발산로 43-20 센트럴프라자 6층
전화 031)936-4000 **팩스** 031)903-3893 **홈페이지** www.wisdomhouse.co.kr

값 16,000원 ⓒ강판권, 2017
ISBN 978-89-6086-380-4 03900

국립중앙도서관 출판시도서목록(CIP)

나무를 품은 선비 : 사계절 나무에 담긴 조선 지식인의 삶 / 지은이: 강판권.
-- 고양 : 위즈덤하우스 미디어그룹, 2017
  p. ; cm

참고문헌 수록
ISBN 978-89-6086-380-4 03900 : ₩16000

선비(학자)
조선 시대[朝鮮時代]

911.05-KDC6
951.902-DDC23   CIP2017013063